地铁工程与隧道施工

张 斌 李智慧 乔 艺 主编

吉林科学技术出版社

图书在版编目（CIP）数据

地铁工程与隧道施工 / 张斌，李智慧，乔艺主编
. — 长春：吉林科学技术出版社，2020.4
ISBN 978-7-5578-6902-1

Ⅰ．①地… Ⅱ．①张… ②李… ③乔… Ⅲ．①地下铁
道－铁路工程②地铁隧道－隧道施工 Ⅳ．①U231

中国版本图书馆 CIP 数据核字（2020）第 050039 号

地铁工程与隧道施工

DETIE GONGCHENG YU SUIDAO SHIGONG

主　　编　张　斌　李智慧　乔　艺

出 版 人　宛　霞

责任编辑　朱　萌

封面设计　李　宝

制　　版　张　凤

开　　本　16

字　　数　290 千字

印　　张　13

版　　次　2020 年 4 月第 1 版

印　　次　2020 年 4 月第 1 次印刷

出　　版　吉林科学技术出版社

发　　行　吉林科学技术出版社

地　　址　长春净月高新区福祉大路 5788 号

邮　　编　130118

发行部电话 / 传真　0431—81629529　　81629530　　81629531
　　　　　　　　　　81629532　　81629533　　81629534

储运部电话　0431—86059116

编辑部电话　0431—81629520

印　　刷　北京宝莲鸿图科技有限公司

书　　号　ISBN 978-7-5578-6902-1

定　　价　55.00 元

前　言

随着经济的不断发展，外来人口不断涌入国内的各大城市，这虽然是经济发展和城镇化建设必然需要经过的阶段，但是因为城市的基础设施较为落后，跟不上城市人口增加的步伐，所以绝大多数的一二线城市出现了城市空间容量不足和交通严重负荷的情况。为有效缓解或解决城市人口激增带来的各方面压力，诸多城市实施了地铁工程。从实际的地铁工程施工来看，各类安全事故层出不穷，这些问题极大程度影响到地铁工程的施工进程，并且在社会中造成了严重的负面影响，因此加强对地铁工程施工现场安全风险管理的研究具有非常重要的现实意义。

地铁隧道工程已经成为城市铁道施工的主要方法，对施工过程中进行的施工管理问题也成为人们关注的重点。如何保证地铁隧道施工安全有效地进行，成为关系到整体工程施工的重要因素，因此探索出科学有效的施工管控方法，才能保证工程管理得到全面提升。

因此，本书将通过对城市地下空间开发利用、城市轨道交通系统综合效益体系、城市轨道交通建设与地面交通组织管理技术、地铁工程建设、地铁隧道工程、地铁隧道施工安全管理、地铁车厢环境空气质量管理等方面进行简单的论述。

目 录

第一章　城市地下空间开发利用

第一节　城市空间与城市地下空间

一、城市空间

城市空间是一个非常广泛的概念，既包含宏观的层面，也包括微观的层面，在城市中，凡是涉及相对空间位置关系上的各种物质要素及其组合关系均可视为城市空间。城市空间主要包括三个方面：空间结构、城市形态和用地功能。

城市空间结构是一种内涵的、抽象的描述，高度概括了城市用地功能及其内在联系。城市的形态则主要描述了城市发展变化着的空间形式的构成及其特征，是对城市用地功能和空间结构表象的描述。用地功能主要表现为生产功能、居住功能和服务功能等形式，是城市空间存在的基础。对于城市空间的发展，存在着各种有关城市规划的理论，其中不乏相关争论：在城市空间结构的理论中，单中心发展和多中心发展是主要的对立观点；在城市形态的理论探讨中，紧凑型发展和分散型发展是大家较为关注的两种观点；在用地功能的讨论中，混合利用和功能分区是大家争论的焦点。争论的目的不是彰显哪种观点更优越，而是为了促进城市空间的发展更加合理、优化。

影响城市空间结构演变的因素有很多，最主要的动力是城市经济发展的需要。现代经济社会发展的规律显示，城市经济发展的基础是产业，因为城市经济发展的方式受限于城市产业结构的构成，城市空间结构的布局也深受产业结构的影响。同时，城市的土地利用结构也必然随着城市产业结构的调整而调整，可以说产业结构与土地利用结构两者之间相互制约，具有密切的耦合关系：一定程度上，城市的产业结构会受到土地利用功能和性质的影响，反过来，城市土地利用结构和利用效率又会对城市产业要素的集聚产生影响，甚或改变城市产业空间及其布局路径。

西方国家通过经济学、地理学等多学科交叉融合对城市内部空间结构展开研究。早期主要研究城市的静态分布。20 世纪初期至 20 世纪 50 年代，随着城市空间新的结构形态的出现，人们城市空间功能的研究产生了兴趣。20 世纪 60~90 年代，随着人们生活水平的不断提高，聚居行为、生态环境等人文关怀方面的研究成为城市空间结构研究的重点。

20 世纪 90 年代以后，知识经济、信息时代主导着社会的发展，区域一体化、网络化随之成为城市空间结构研究的发展方向。城市内部空间结构紧随着时代的发展在不断变化，学者们的研究在各个阶段也都取得了相应进展。

二、城市地下空间

地下空间作为城市发展的第二空间已经得到了国际的认同，我们所处的世纪必将成为开发利用地下空间的新世纪。城市地下空间利用国际学术会议于 1991 年在东京会议上通过的《东京宣言》提出，21 世纪是人类地下空间开发利用的世纪。第七届地下空间国际学术会议（1997 年在加拿大蒙特利尔召开）的主题是"明天——室内的城市"。1998 年在莫斯科召开的地下空间国际会议其主题为"地下城市"。可以看出，21 世纪的城市发展应以广泛、合理地利用地下空间为主题。

什么是城市地下空间，建设部在 2001 年 11 月修正并施行的《城市地下空间开发利用管理规定》（以下简称《规定》）中已经对城市地下空间做了详细的描述，定义为"城市规划区内地表以下的空间"。对这一定义的理解，可以分为以下几个层次：

（1）将"城市规划区内"规定为城市地下空间的空间范围。城市是一个各种要素高度聚集的空间，他在不断变化着，是一个动态的发展空间。从城市发展变化的历史角度可以发现，城市的规模在不同的历史时期都不尽相同，从城市建成区和城市建设用地的变化（线性甚至是跳跃性的增长）上能得到直观地反映。由于城市是目前中国地下空间大规模开发利用的主要区域，因此，城市是《规定》约束的主要对象。

（2）"地表以下的空间"是城市地下空间的竖向范围。向地下延伸已经是现代化城市空间开发利用的方向之一。

（3）《规定》出台的时间。《规定》最早制定于 1997 年，那时城市建设用地充足，土地资源的供求矛盾还没有突显，城市地下空间也仅局限在人防和普通地下室的开发利用上，无论是城市的决策者，还是管理者和运营者，对地下空间在城市发展中所具有的重大战略意义都还没有足够的认识。《规定》于 2001 年重新修订时，正值各地大搞开发区、科技园区的建设，城市土地资源供需矛盾逐渐尖锐的时候。

从以下两个方面可以看出：城市经济的发展与城市地下空间的开发有着密不可分的关系：一个是推力——城市地面价格不断上涨，导致传统的开发模式无法承受，转而开发地下空间；另一个是拉力——地下空间的技术条件已经具备，与地面开发方案相比，成本较低。一般认为，人均 GDP 达到 500 美元后，就具备规模开发利用地下空间的条件；达到 1000 美元时，城市地下空间就进入规划和开发阶段；达到 3000 美元后，城市地面价格上涨，地下空间开发条件已经成熟，进入开发高峰时期。根据国际货币基金组织（IMF）公布数据显示，2011 年中国人均 GDP 达到 5414 美元，说明中国已经具备了城市地下空间开发利用向高水平发展的经济基础。北京、上海等一些城市人均 GDP 已超过 12000 美元，加之城市建设用地的限制、城市交通产生的巨大压力，开凿地铁已经成为很多城市建设的选择，可以认为，在我国地下空间的开发热潮已经到来。

城市地下空间是一种自然空间，其开发利用受地质条件、经济实力以及技术水平等因素的制约，随着城市发展的需要，地下空间资源会被逐渐开发利用，虽然随着经济实力的提高和技术水平的提升，其利用的范围和深度会不断发展扩大，但其天然储量毕竟是有限的，不可能取之不尽，用之不竭。随着城市的发展，可供开发利用的地下空间会逐渐减少，因此，若想充分利用现有空间、实现城市的可持续发展，就应树立对城市地下空间资源进行合理规划、有序开发和保护的意识。

三、开发利用城市地下空间的战略意义

人类得益于生产力的发展和科学技术的提升，正以前所未有的速度发展壮大，取得了巨大的进步。这种进步的重要标志之一就是城市化水平的不断提高：城市数量、规模和城镇人口比重的不断增长。支撑这一模式发展的前提是要有充足的资源——土地、水和能源。然而现实是残酷的，随着人类社会的发展，土地变得越来越稀缺、自然环境也日趋恶化和传统的能源面临枯竭的边缘。如何能维持和促进人类社会的可持续发展，在城市建设和发展领域，人们关注到地下空间——这一类人一直拥有且迄今为止尚未被大规模开发利用的自然资源的开发利用具有重要的战略意义。

1.地下空间的开发利用可以有效缓解生存空间危机

随着世界人口的增长和生活水平的提高，人类对于生存空间的总需求量在不断地攀升，在现有条件下，陆地表面空间的容纳能力和人口增长的问题、城市空间的扩容和城市建设用地供给的矛盾问题，加之自然条件日益恶化、自然资源渐趋枯竭的现实，都对人类生存空间提出了新挑战，这些都是摆在人们面前的生存空间危机。

社会必须为每一个新增的人口提供一定的生存空间（指生产粮食等生活必需品的空间）和生活空间（指供人居住、交通、物质生产等从事各种社会活动所占用的空间），显然，可耕种土地是这两类空间的主要依托，所以可以将单位面积耕地供养人口的能力作为衡量生存空间质量的标准，生活空间质量的衡量标准则可以使用人均占有城镇或乡村居民点用地面积和人口的平均密度，当然前提是保证有足够的生存空间。

从世界范围来看，在现有的 15 亿公顷耕地不再减少的情况下，如果 2150 年人口达到 150 亿，土地供养人口的能力将达到极限；我国人口约占世界人口的 22%，而人均耕地面积仅为世界平均水平的 30%，即使按较低的粮食消费标准计算，在现有 18 亿亩耕地不再减少的前提下，可耕地要有较高的年产粮能力才能供养 15 亿人口（2030 年），虽然通过科学技术能够提高粮食的单产，但这一途径对提高粮食的总产量而言是有限的，这还要建立在现有耕地面积不再减少的基础上，事实上，要求可耕地不再减少是很困难的，仅 1993 年全国耕地减少量就相当于 13 个中等县的耕地面积。虽然自国务院总理温家宝在十

届全国人大五次会议提出"一定要守住全国耕地18亿亩这条红线，坚决实行最严格的土地管理制度"以来，城市建设用地在管理审批上越来越严格，但违规使用土地的现象仍屡禁不止。2012年12月28日，国家土地总督察约谈贵州遵义、山东聊城、安徽宿州等11个市县人民政府的"一把手"，就2011年度违法用地的情况进行面对面督察。这一方面体现了国家对耕地保护的决心和力度；另一方面也反映出城市建设发展对土地的渴求。

从生活空间方面看，要容纳不断增长的人口并提高原有人口的生活质量，也是需要大量土地的，到1987年，全国生活空间用地占国土总面积的6.9%，约为66.2万平方公里，其中包括城市用地和农村居民点用地，如果到21世纪中叶我国国民经济总体上达到当时中等发达国家的水平，则城市化水平必须从1990年的19%提高到65%左右，有人计算届时的城市人口总的生活空间用地需增加7.34万平方公里，约相当于台湾、海南两省面积的总和，这无疑将给我国本已十分有限的可耕地造成巨大的压力，因此，必须寻求在不占用或少占用土地的情况下拓展生活空间的途径，否则不但会影响我国城市化的进程，制约国民经济的发展，而且必然导致生态空间的缩减，加剧生存空间的危机。

为了拓展人类的生存空间，现在可供选择的途径有三种：第一种是利用宇宙空间。太空移民一直是人类的梦想，自古以来，人类对太空产生过无数的畅想，近几十年来，人类对宇宙空间——特别是太阳系的探索取得了大量的研究成果，可是迄今为止，人们仍然在为寻找一颗能够适宜人类生存的星球而努力，大量的太空移民技术还在讨论之中，所以大量的太空移民在可以预见的未来几乎是不可能的；第二种是海洋空间。随着海平面的不断上升，有些国家如马尔代夫，面临着被海水淹没的可能，建造一个可以漂浮的岛锚固在海面上的设想，为这些国家的生存和发展提供了可能。但这种设想的实现，不但投资巨大，而且会因自然界的一些不可抗拒力而存在较大的风险，因此，在现有的技术条件下不可能被大规模应用。围海造田虽然是可行的扩展人类生存空间的办法之一，但造价高、风险大，且随着海岸线不断向深海推进，海水越来越深，开发成本越来越高，还需要有更先进的技术作支撑，因此也不可能被大规模推广。可供开发使用的海洋空间还包括水下空间，海洋覆盖了地球绝大部分的表面，其下是覆盖着坚硬岩石的海床，虽然可供开发利用的空间蕴藏量极其巨大，但是诸如阳光、空气和水供应却非常困难，因此，在可预见的将来，依靠开发利用海底的水下空间来扩展人类的生存空间是不可能的；第三种是地下空间，这类空间就在我们的脚下，开发利用的技术难度和成本远小于其他空间，可以说地下空间的利用在扩展人类生存空间方面，就目前来看是可行的。

2. 利用地下空间可以应对城市发展中遇到的困难和挑战

城市地下空间的开发利用可以有效缓解在传统的城市发展过程中遇到的一些困难和挑战，在我国尤其如此。

（1）人口增长的压力。中国是世界上的第一人口大国，尽管将计划生育作为一种国策，由于基数过大，2010年人口总数仍然增加到13.7亿人。根据2010年第六次人口普查的数据预计，按现行人口政策，到2030年前后人口达到巧亿峰值时，才有可能停止增长。同时，中国的城市化将使城市人口从2000年的4亿人增加约1倍。人口增长必然导致对粮食和居住空间需求的增加，对耕地有着直接的需求，我国耕地有限，现有耕地面积不能再减少；但城市的发展又需要更多的城市空间，对耕地的需求有着极大的胃口，这就与保证我国居民的生存空间产生了矛盾。可是城市的发展不能也不会停滞，也就是说，中国发展城市的前提只能是不占用或少占用耕地。

（2）能源枯竭的危机。人类社会的发展离不开能源，城市的发展更是离不开能源。据《2012年BP世界能源统计年鉴》公布的数字，全世界2011年消耗石油40.59亿吨、天然气32229亿立方米、煤53.2亿吨，且消耗量每年都在增长。以2011年已探明的储量和开采量相比较（储产比），石油还可开采52.4年，天然气还能维持63.6年，煤较多，为112年。也就是说，到21世纪中后叶，人类将面临传统能源的危机。中国煤的储量较为丰富，但石油和天然气的探明储量都比较少，安全期预计为10~30年，只能越来越多地依赖进口，因此，面对传统能源的枯竭，未来可以选择的出路有两条：一是节约，降低能耗，将能源枯竭到来的那一天尽量延后；二是开发利用新能源，从根本上解决能源的危机。

（3）环境危机。人类为了自己的发展需要，不断改变这环境，为了满足日益增长的物质需求，制造了大量的工业品，随着人类知识的丰富、生产力的发展，在创造繁荣的城市和富足的生活的同时，也品尝了自己亲手种下的苦果——生态失衡和环境污染日趋严重。近年来，诸如沙漠化（或称荒漠化）、臭氧层流失、全球性气候变暖、极端气候灾害频繁等词汇人们已耳熟能详。对于居住于城市中的居民来说，水污染、土壤污染仍然困扰着他们，生产生活产生的废气造成的空气污染更是让人们无法"深呼吸"，雾霾、酸雨、沙尘暴已经严重影响到很多城市居民的正常生活。此外，噪声污染和噪光污染会对人体产生一定的危害。城市环境的污染已十分严重，城市传统的发展模式已经没有能力解决这一问题。

（4）自然和战争灾害。我国是地震多；由于受季风的影响，水、旱、风等灾害频繁，特别是近年来，极端气候频频出现；纵观世界格局，仍处于复杂动荡之中，仍存在爆发战争的可能性，因此，同时面临多种自然灾害和战争的威胁，城市的安全无法得到充分的保障。地下空间由于其天然具有很好的防护能力，可以为城市的综合防灾提供大量有效的安全空间，除了水灾和内部火灾外，对于其他灾害的防护，是地面空间不可比拟的。

地下空间有很多特性远远优于地上空间，如恒温性、恒湿性、隔热性、遮光性、气密性、隐蔽性、空间性、安全性等。开发利用地下空间不但能够大量减少对可耕地的占用，且地下建筑物相对而言能节省大量的能源，对外部环境的污染较小，在防灾减害方面也有着天然的优势，使之能在化解城市现代化过程中出现的诸多矛盾方面发挥重要的作用。

3. 地下空间在城市现代化发展中的作用

城市现代化（urban modernization）是指城市的经济、社会、文化、生活方式等由传统社会向现代社会发展的历史转变过程，在科学技术和社会生产力高度发展的基础上，为城市居民提供越来越好的生活、工作、学习条件和环境，城市经济、社会、生态和谐的运行并协调发展。

"现代化"在不同的发展阶段有着不同的含义，比如发展中国家将发达国家的"现代"定义为"现代化"的目标，而最不发达国家"现代化"的目标则是发展中国家的"现代"，因此对于世界上数以千计的城市来说，"现代化"既是一个共同的目标，又是一个相对概念。也就是说，城市的"现代化"都必将经历一定的历史阶段，符合自己的实际情况。

2011年，我国人均 GDP 水平达到 5400 美元，开始进入中等收入国家行列。然而，同世界先进的现代化城市发展水平相比，我国城市的现代化水平还很低，差距很大，依据发展的观点来看，走上现代化的道路是或迟或早的事，而且还会将现代化水平不断提高。根据我国的国情判断，由现在起到 21 世纪上半叶，中国城市"现代化"发展大致可分为两个阶段：第一阶段，由 2011 年至 2030 年，多数城市普遍实现城市现代化，人均 GDP 超过 1 万美元；第二阶段，由 2031 年至 2050 年，人均 GDP 将达到 2 万美元以上，居民生活水平达到当时发达国家的中上等水平，在经济、科学技术、文化教育、基础设施等方面将全面达到或接近国际先进水平，这是中国城市达到发达国家城市水平的重要发展阶段。按现在的认识水平，届时城市现代化的主要标志应当是：高度发达的生产力和科学技术；完善和高效的城市基础设施；清洁优美的城市环境；丰富的城市文化；高水平的城市管理；高素质的城市人口和高度的精神文明；有效的防灾减灾能力；土地资源、水资源和能源的高效利用。此外，部分有条件的城市还应开展充分的国际合作与区域合作，实现某些重点城市功能的国际化。

地下空间的开发利用可以在实现城市"现代化"过程中起到重要的推动作用，主要表现在：

（1）实现城市空间的三维式拓展，节约土地资源，提高土地的利用效率，保证城市可持续发展；

（2）缓解城市传统发展模式中出现的各种矛盾；

（3）能有效保护和改善城市现有的生态环境；

（4）可将水、能源的贮存和循环使用系统建于地下，既节省了地面空间，又能促进循环经济的发展；

（5）完善的地下防灾体系在城市遭受自然和人为灾害时能为城市提供安全保障，提高城市的生存能力；

（6）集约化发展和可持续发展是城市发展的目标，地下空间的开发利用为实现这一目标提供了可能。

四、城市地下空间发展的后发优势

1. 我国城市地下空间的开发利用具有后发生上的可能性

《经济落后的历史透视》的作者美国经济学家格申克龙在该书中提出相对后进性假说，即所谓的"后发优势"，这一理论认为，后进性国家由于可以直接吸收和引进先进国家技术以及可以利用本地区劳动力和土地资源费用较低等有利条件，实现跨越式发展。中国城市规划研究设计院徐巨洲在《城市规划与城市经济发展》一文中提出："对于正在进行现代化建设的中国城市，要尽快摆脱不发达经济状况，迅速发展生产力，一个十分重要的战略就是在实现工业化的同时，首先发挥城市的后发优势，跳过发达国家曾经走过的某些发展阶段，实现现代化城市的跨越式发展"。

解决城市日益凸显的矛盾问题，最终实现可持续发展的状态是我国目前大规模开发利用地下空间的出发点。建设综合性的地下空间需要投入大量的资金，实现这一目标需要分步实施。第一步，"TOD"的发展战略对轨道交通的需求巨大，在带动相关地下空间发展的同时，附近区域的发展也能得到大力的提升，从而实现城市得可持续发展；第二步，城市的规划者和管理者已经意识到地下空间的利用对城市现代化发展的重要性，此时开始对地下空间的利用进行整体地、全面地综合考虑，并在整个城市中广泛应用。我国城市的现代化建设较国外发达城市有较大差距，若想实现跨越发展，就应充分借鉴他们的建设经验，对其成功经验、先进理念和失败原因展开深入研究，绕开他们走过的弯路，发挥后发优势。

2. 后发优势的经济与政府背景

权力的分配使用与适当集中在我国城市的建设过程中还起着十分重要的作用。"集权主义理论"在城市规划与城市管理中能起到非常重要的作用，这一点得到了普遍认同。"人为力"能够影响地下空间开发利用的各个环节。不同于城市的地面允许出现修修补补的行为，地下空间由于其可逆性差，其建设必须有一个具有前瞻性的发展规划，这一点对于一个城市的发展尤为重要。对城市的整体形态做规划，并适时做出调整，才能有效地扩展城市的发展空间。现如今，个体性的地下空间开发利用行为所占的比重越来越少，据大多数都是城市性的，所以"人为力"所能起到作用的重要性是显而易见的。

由于"人为力"的主导作用，政府就有能力集合一切力量通过地下空间的开发利用实现城市的目标。权力集中是集权体制的特征，集权有利于政府充分调动人口、资源的配置，即使在较为恶劣的环境中也能将国家的区域规划落实到具体的项目中。比如北京和上海，在建设奥运和世博场馆的同时，地铁建设也实现了飞速发展，一大批标志性的地下空间相继建成：北京中关村西区、上海虹桥枢纽、上海南站、上海井字形交通等。有中国特色的社会主义市场经济的发展并没有减弱中国政府的调控能力，反而使投融资模式更加开放，形成了多渠道、多层次的融资体系，解决了城市发展地下空间时出现的投融资问题。

3. 影响后发优势的现实因素

（1）关于政府失灵与市场失灵

城市在自身发展过程中会出现一系列严重的社会、经济和环境问题，如城市基础设施不堪重负、土地开发和利用极不合理、环境污染日益严重等现象屡见不鲜；如果政府没有强大的控制能力，市场化不规范，很容易在优势结合的轨道上产生偏差，形成政府与市场的伪结合——政府反被市场牵着鼻子走，出现在城市规划、建设上短视和利益至上，这种情况就是政府在城市建设上的管理失灵。

市场机制可以有效促进经济的发展，在地下空间的开发利用过程中也能起到积极的作用，但是这一机制并不是万能的，在世界上的很多国家都出现过市场失灵的现象。这里所说的市场失灵主要表现在：首先，市场以获取利润最大化为第一追求目标，但地下空间的开发利用多以公共品的形式出现，投入的资金在短期内无法获利，所以通过市场需求的方式无法形成一个有效的开发机制，相反，为了获得高额的利润，大量的、随意的地下浅层开发反而会严重影响地下空间的综合利用能力；二是由于市场体系不健全，极易形成垄断，这会妨碍公平竞争，严重影响市场的健康发展；三是市场机制并不能解决全部的城市地下空间开发利用问题（特别是地下市政管线和交通设施），反而会导致矛盾和差距日益扩大，因此，城市的发展和城市的规划不能完全满足市场的需求，反而应该发挥引导市场的作用，防止市场失灵现象的发生。在现实生活中，市场机制已经成为政府决策的工具之一，而且发挥着越来越重要的作用，同时政府也越来越难以掌控市场的发展变化。实际上，政府经营土地获得的资金在城市的发展建设中占有很高的比例，如果不具备长远的、发展的眼光，这种土地开发策略最终可能成为许多政府在城市的发展决策和综合管理上的掣肘。

（2）建成区改造造成的成本增加

中国城市建筑的建设速度远高于城市基础设施建设的速度是一个不争的事实，这种巨大的差异给城市的发展带来了很多问题，在城市建设初期，对基础设施依赖的程度较低，不投资或少投资节省了大量的开发成本，但随着城市的发展，基础设施的重要性越来越凸显，这时在建成区再投资建设基础设施，将会增加巨额的成本。

事实上，如何开发利用城市密集建成区的地下空间，是许多城市空间拓展面临的棘手问题，这也是城市发展与城市规划不协调造成的。由于过去我国城市建设中并不注重地下空间的开发利用，浅层地下空间开发无序，加之地面建筑在规划和建设事业没有为地下空间的开发利用作考虑，从而为浅层地下空间的总可开发利用设置的障碍。诸如北京和上海，在经历了几十年的快速发展建设后，开发理念的落后导致对地下空间的开发利用受到了极大的限制，就目前情况看，地下空间开发利用的成本很高，且不利于大规模开发。

（3）避免"后发劣势"

所谓"后发劣势"，指的是后发者在发展过程中为了加速发展，往往会选择较为成熟的技术或者制度来加以模仿，技术的模仿能够在短期内让后发者取得骄人的发展成绩，但是相对于技术，由于所受的影响因素较多，制度的模仿却很困难，不健全的制度是不能为长期的发展提供保证的，甚至会导致发展的失败。

目前，在地下空间开发利用过程中遇到的最大困难已不是技术问题，而是机制问题。如果不成立一个具有管理职能的协调部门，有些规划思想就很难实现，毕竟在现实社会中，只有在各职能部门的通力合作下才有可能完成一些高强度集约化的项目。从某种意义上说，对城市做规划就是选择城市未来的发展方向，在做选择时，有可能出于技术性考虑、也可能出于方法上的考虑，当然还会有制度性的考虑。制度对决策者的影响是直接的，与方法和技术的被动选用不同，制度既能影响决策者的行为，还能为决策者的这一过程加以规定。

由于改革还在深化过程中，城市发展机制和社会意识还存在不足和某些缺陷，有些领导不顾城市发展规律，急功近利的现象时有发生，一旦破坏了地下空间开发的整体协调和综合开发，将会为城市今后的长远发展带来难以弥补的损失，另外由于部门与部门、行业与行业、地区与地区之间的各种壁垒存在，城市地下空间综合开发实施起来有相当大的困难，在现实的规划与建设中，经常遇到非技术难题。

第二节　城市地下空间的资源属性

一、地下空间是一种自然资源

地下空间是国土资源利用形式的发展和延伸，也是自然资源的有机组成部分，地下空间具有自然资源的一般属性和自身的独特性。国际隧道与地下空间协会于 1990 年就地下空间提出了以下有关法规方面的政策宣言草案，并于 1991 年在英国伦敦正式通过，宣言如下：

（1）地下空间是人类的一种宝贵的自然资源，与土地及矿产资源一样，开发利用地下空间应认真规划，以确保这种资源不被破坏和浪费；

（2）地下空间的利用具有不可逆性。一旦开发形成，土地将不可能回到原来的状态，这些特点就要求对地下空间的规划格外重视；

（3）为了给将来更重要的利用提供预留空间，需要决定地下空间的优先使用权，为了更好地处理可能发生在使用上的矛盾，国家、地区应该制定有关的准则、标准及分类。

二、地下空间的自然属性

地下空间具备自然资源的基本属性，对这一点的准确把握，有助于从自然资源整体的高度分析、掌握和了解地下空间资源。

（1）稀缺性和有限性：这是自然资源的固有特性。任何"资源"都是相对于"需要"

而言的，自然资源相对于人类的需要在数量上相对不足。人类的需要实质上是无限的，而地球上很多目前可用的自然资源却是有限的。这就产生了自然资源的"稀缺"这个固有特性；

（2）整体性：人类不可能在改变一种自然资源或生态系统中某种成分的同时，又使其周围的环境保持不变。自然资源之间的关系是相互联系、相互制约的，甚至是交叉、共生的关系，从而构成了一个整体系统；

（3）地域性：自然资源受到生成和存在条件的地质、气候、地理环境的制约和围护，因此任何自然资源的空间分布都是不均衡的。在自然资源相对集中的区域，由于资源的密度大、数量多且质量好，具有良好的可开发性；相反则不适宜开发；因此自然资源开发利用的社会经济条件和技术工艺条件也具有地域差异。例如在我国一些沿海城市，由于经济实力增长很快，城市发展迅速，大规模地下空间开发也随之逐步兴起；而日本一些发达城市的浅层地下空间已基本开发完毕，现在已开始利用50~100米的深层地下空间，而很多城市的地下空间基本没有开发；

（4）多用性：地下空间资源具有各种开发方式、空间形式和利用功能，与地面空间形成互补、替换和整体关系，因此地下空间资源分析，应包括不同类型地下空间自然与人文条件对开发形式、使用功能的优化利用等的适宜性和多宜性的内容，对地下空间资源进行综合评估，明确合理利用的形式和内容；

（5）变动性：古代人类开始利用浅层地下空间来建设居住、仓储空间。在今天随着大城市经济的发展，施工技术水平的提高，人类开始大规模利用地下空间，用途也更加多样，地下空间可利用的深度和广度在不断扩展；另外，地下空间开发使用得越多，潜在的地下空间资源可开发利用总量就在不断减少，因此对地下空间资源的分析评估也是需要动态的研究；

（6）价值属性：地下空间资源是城市土地资源的自然延伸，因此具有与城市土地资源相似的价值属性，即地下空间具有使用价值，在与人类社会的相互作用中得到实现，称之为"自然价值"；人类劳动作用于自然资源本身的价值上所产生的价值称之为"附加劳动价值"；

（7）再生性与非再生性：再生性是指自然资源本身在被利用的过程中连续或往复供应的能力，如果资源再生的能力可以满足资源消耗的需求，则为再生性资源，否则为非再生性资源。煤炭、石油等矿产资源属于非再生性资源；动物、植物资源等这些资源具有一定的再生性，但是其再生能力也受到其他因素和条件的制约，如果开发利用过度，也会逐渐枯竭消失；水、风能、太阳能这些资源具有较强的再生性。

地下空间的存在环境一旦破坏就很难恢复原状，其可逆性（即在被利用的过程中连续或往复供应的能力）较差。浅层地下空间资源需要经过很长的周期可以再生；而在岩石或深层土层中则拆除后无法重建，深层地下空间的潜在开发容量只会随着人类的开发利用逐渐减少。虽然人类开发地下空间资源的能力会不断提高，地下空间资源可开发的容量也会相对有所增加，但是地下空间的天然总容量是有限的，所以应该将浅层地下空间资源作为可再生性较差的资源来保护并有节制地开发利用，将深层地下空间资源作为不可再生的自然资源进行保护性利用；

（8）社会性：人类对地下空间的开发利用，以及为开发地下空间而进行的各种分析评估、规划、技术发明与革新等活动，体现了地下空间资源的社会利益和群体效应的需求和驱动，反过来，社会发展又促进地下空间资源的利用和保护。总之，追求地下空间开发利用的社会、经济和环境综合效益，是地下空间开发利用的本质和目标；制定地下空间资源开发的利益分配、权属与转让、优惠和引导的机制，是实现地下空间开发综合目标的社会性保障措施。

三、地下空间的空间属性

地下空间与地上空间有着巨大的区别，其原因是周围介质的不同，空气是地上空间的周围介质，而地下空间的，周围介质则是岩石或土壤，因此地下空间有别于地上空间的某些空间特性。

（1）易封闭性

地下空间被岩石、土壤等介质所包围，相对来说比较容易封闭。易封闭性是地下空间的基本特性，地下空间的几乎所有其他特性都与这个特性有直接的关系。因为相对封闭，受到外界环境的影响较小，所以，其内部环境容易由人工稳定地控制在需要的标准，但是，封闭也意味着隔绝，容易给人造成不良的心理反应，同时，由于周围的介质不是空气，所以当环境要求频繁更换新鲜空气时，地下空间的通风压力就变得相对较大。

（2）热稳定性

地下空间的岩土介质是稳定的热储存器，与地上空间周围流动的空气相比，地下空间的热量不易散失，因此具有良好的热稳定性。这一特性使地下建筑的夏季降温和冬季采暖能耗大大低于地面建筑，具有明显的低能耗特点，地下空间的埋置越深，封闭性越强，其热稳定性越好。实验表明：在地下一米的空间内，口温几乎没有变化；在地下五米的空间内，气温一年四季儿乎保持恒定。对于温度、湿度等环境要求高的地下建筑，在空调系统停止运行后，经实测，室内的温度、湿度等环境指标变化缓慢。

（3）高防护性

地下空间置身于岩石、土壤之中，其结构的形变受到围岩抗力的作用，因而具有良好的抗动力荷载性能，当发生地震时，由于地下结构与围岩的相互作用及变形协调，地下结构的形变较小，再加上介质对结构自振引起的阻尼作用，加速度随着深度增大而迅速衰减，使得地下空间设施的被破坏程度大大低于地面建筑，日本的研究表明：岩石洞穴在地震条件下是高度安全的，地下 30 米以上地震加度约为地表处的 40%，因此日本政府把地下空间指定为地震时的避难场所。而地下空间对台风等风灾害的防护性能则不言而喻。地下空间不仅具有很好的抗震、抗风性能，而且通过采取一定的工程防护措施后，地下空间对现代战争中核武器、生化武器及常规武器的袭击都有很高的防护性能，根据联合国的有关规定，一切核防空必须建设在地下。不过，由于地下空间的相对封闭性，对于水灾及发生在其内部的火灾等灾害又往往容易造成较大的损失。

四、地下空间资源的特性及其与地面空间的主要区别

地下空间被岩土、水等地下环境介质完全包围并相互作用，与地面空间及已有地下空间组成多层的立体交叉与重叠关系，决定了地下空间资源环境物质要素明显的三维属性，即空间的多层次立体交叉、资源与环境之间的三维空间效应及随时间变化的四维过程，决定了地下空间与地面空间在自然属性及利用方式上的本质区别。除了空间特性外，地下空间还具备如下特性：

（1）地下空间被岩石、土壤和地下水等介质包围，难于利用太阳光及天然景观，方向性和方位感较差。

地下空间内部环境与地上空间有很大的差异。建成后的地下空间处于岩石或土层的包围之中，与自然界的空气流通受到阻碍，自然阳光难以进入，与自然景观隔绝。对外空气流通不畅，地下空间中二氧化碳浓度和放射性物质如氧气的浓度偏高，空气湿度大和异味难以排除等环境特点，对处于地下空间的人的生理和心理健康有很大的影响。为了使地下空间保持不低于地面建筑的内部环境标准，运营所耗的能源比地面要多出大约三倍，但是另一方面，由于岩石或土层覆盖使得地下空间与外部环境的能量交换缓慢，将一些需要恒定温度或湿度条件保存的物品储存在地下空间中，可以节省能源消耗。

岩石和土层的覆盖使地下空间与地面直接连接受到限制，空间内部方向感差，对人员疏散不利，对地面救援人员掌握地下情况，展开救援工作有一定的限制，所以一般地下建筑内部灾害的危害程度大于地面建筑，但是，由于岩石圈的保护，地下空间内部灾害对外部环境的影响很小，所以一些危险品可以考虑放置在有一定深度的地下空间中。

（2）空间的多层性利用特征。可多层一次开发，或多次分层开发，实现空间立体化和土地多功能复合利用的重叠和穿插，具有可分层利用及分期实施的特点和优势。

（3）地下工程构筑物相对地面建筑的建设成本较高，工期较长。地上空间的原状介质是大气，可以建筑的手段直接围合而利用；地下空间资源的原始介质是岩石或岩石风化后的土层以及渗透性较强的地水，必须克服岩土和水的影响，将内部介质排除，才能创造出可以利用的空间，因此地下工程施工难度和成本往往高于地上空间设施。例如地上建筑的空间高度已经超过 500 米，吉隆坡双子星大厦高度达 452 米，台北国际金融中心高度达到 508 米，迪拜塔则达到 629 米；而城市地下空间目前还限制在地下 100 米之内（采矿空间不计），大深度利用常为地下 20~50 米之间。在不计入土地费用的条件下，地下工程的直接造价高于地面工程。以日本对 1976~1980 年建成的地下街的统计为例，其单方工程造价是同类地面建筑的 3~4 倍。

（4）较强的不可逆性。地质体经历漫长的地质年代才能形成稳定结构；而地下空间资源开发必须先将岩石或土层介质排除，改变地下原有的物质环境。岩石圈的地下空间结构代替了被排除的介质，与周围的岩石或土层形成了一个新的受力平衡体系，一旦拆除地下建筑，将造成岩石圈中受力场的重新分布，可能造成局部较大的变形，造成严重后果。因此地下空间开发项目尤其是深度较大的空间，一旦建成将很难进行改造或拆除，或根本无法恢复原状，具有很强的不可逆性；因此大深度地下空间资源再次开发的可能性很小，只能够循环利用，而浅埋的地下建筑在理论上是可以拆除的，并可对地下空间资源进行一定程度的再开发，但是改动和恢复的成本很高。

（5）不利影响的持久性。与地面空间开发相比，地下空间开发在总体上对生态环境的不利影响相对较小。但是由于地下空间具有较强的不可逆性且埋于地下，不合理的地下空间形态或功能设施一旦建成，其对环境的不利影响将持续更长时间；低质量的地下空间建设，则缩短了项目设施使用的生命周期，相应增大了单位时间的环境负荷，因此对地下空间开发利用的规划和建设方案，尤其是大型地下空间开发利用的规划和论证，应提出比一般项目更为严格的论证标准和要求。

（6）不可移动性。地下空间附属于土地资源，只能在固定空间位置使用，开发利用的空间场所、层次和时序必须进行合理分析和规划，以适应地面和自身的时间效应和功能变化。否则不仅造成资源本身的不可再生和浪费，还会影响资源开发所在区域的发展。

（7）地下空间资源的开发利用具有迟于地面发展的后发性和滞后性特点。在城市空间自由发展的规律和效应下，只有当地面空间发展到一定程度时，才会出现地下空间大规模开发利用的需求，所以对于新城规划，必须根据城市发展和建设的目标，先行规划建设或预留地下空间，以避免造成新一轮城市改造建设成本的提高和资源浪费；对于老城，则应根据城市的发展阶段、水平和保护与改造对象的特点，密切结合旧城保护、更新改造、交通与市政基础设施升级，对地下空间利用的价值、潜力、需求和适宜性进行充分的论证和预测分析，并在旧城改造过程中逐步实施。

（8）开发次序的竖向分层特征。地下空间开发一般从接近地表的浅层开始，随着施工与材料技术水平提高、经济水平和社会需求的发展，并逐步向更深层次拓展。

（9）地下空间资源的地域广泛性。因地表下岩土体分布的广泛性，故理论上只要是人类足迹可达之处，如果具备开发需求和工程可能性，都可以开发利用。

（10）地下空间开发技术的复杂性。地下空间环境物质的隐蔽性和复杂性均远大于地面。未知的不良地质现象较多，为解决这些问题，常需要高质量的勘察设计、先进的技术设备及有针对性的施工工艺。

通过以上分析可知，地下空间是一种自然资源，具备自然资源的共性和基本特征，同时还具有自身的独特性和与其他自然资源联系和交叉的整体相关性，表现为自然、社会及经济与环境目标的综合性，是城市复杂巨系统的复杂子系统空间范畴，因而在大规模的实际开发利用过程中，应该作为资源系统的组成部分进行整体分析和综合规划，发挥资源环境整体优势和效益，避免单一系统及功能的孤立开发与使用造成的城市地质支撑体的碎块式开发和整体效益的浪费。同时，与地面空间完全不同的物理特性造成了作为新型国土资源组成部分的地下空间资源，与传统意义的城市土地资源在使用方式和方法上差异较大，必须在整体上进行深入的分析和定位。

五、地下空间权

地下空间作为一种新型的国土资源，其开发利用的权属问题就应该是一个必须要解决的首要问题。19 世纪下半叶以来，许多发达国家已相继建立了城市地下空间权制度，无论是在民法典，还是通过制定特别法，抑或通过司法判例均对该制度给予了明确规定。地下空间权限已为大多数国家法律所承认。

1. 地下空间权的概念和性质

空间权的概念，很多学者给出了不同的定义。王利明教授将"空间使用权"定义为"权利人在法律、法规规定的范围内利用土地上下特定范围内的空间并排除他人干涉的权利"；梁慧星教授认为：空间权，"指于空中或地中横切一断层而享有的权利"。刘潜认为"是指对横切于地中的断层空间所享有的各种权利的总和。"。陈华彬认为，空间权涵盖在不动产物权之中，其权利范围包括地表上空的以及地下的一定空间领域。陈祥健认为：该权利是地表上空或者地下的特定程度的空间为对象的一种不动产物权。

关于空间权是否和土地所有权相并列的问题，学界对这一法律性质还没有统一的认识，有"空间权来源于土地所有权"和"空间权独立于土地所有权"两种理论并存。

戴谋富在《空间权初探》一文中提到，"空间权是来自于土地所有权的，故应将其纳入土地的'他项权利'之列"，其依据是：空间权是因土地的立体开发而产生的。他认为，空间是地表上下一定范围的自然延伸，和土地就是紧密相关的，而空间权作为附属于其上的一种权利，其顺利行使的前提即是土地的存在，没有了土地，附属于空间之上的权利也就无从谈起，而且，土地所有权和使用权的行使也不可能离不开空间，所以，土地和空间的所有和使用是不能分离的，应将空间权列入土地的"他项权利"之列。

王文革认为"空间权独立于土地所有权"，他在《城市土地节约利用法律制度研究》一书的第四章中指出：空间权独立于土地所有权，其主要理由如下：首先，空间权有属于其自身的权利客体，它是一种以土地地面之上下特定空间为客体的不动产物权，其权利客体与土地所有权客体有明确的界限，并且空间权能够排斥他人的不法干涉和妨碍，尤其能够限制土地所有权人某些权利的行使；其次，空间权具有独立存在的经济价值，空中建造的高压线及高架桥，地下建造的地铁和地下商场等都能带来独立的经济价值；最后，建立空间所有权与"一物一权"主义并不矛盾。

综上所述，本节认为空间权是一种与土地所有权相并列的独立的财产权利，空间权存在于土地的空中和地中，具有"立体性"，因此，概念中必须含有行使该项权利所必需的特定范围，以区别于只有平面界限而无立体界限的传统土地权利。从法理的角度来讲，空间权是地下空间权的上位概念。那么，地下空间权则可以表述为：以地表下一定范围的三维空间为客体而成立的不动产财产权。

关于城市地下空间使用权性质的问题，目前法学理论界尚有不同看法，主要有"否定说"和"肯定说"两种学说。空间否定说的代表是以梁慧星先生为代表的学者。该学说认为："权利的客体不应该包括空间，因为建设用地使用权的客体是空间，那么，空间必然归属于建设用地使用权"。空间肯定说以王利明教授为代表。该学说坚持："空间权应该成为单列出来、新兴的物权中的一种"。王利明教授所持的观点是："通常只有地表是建设用地使用权的范围，因此空间权很难纳入到建设用地使用权领域内，此外如果建设用地使用权涵盖了空间权，其产生的不利结果就是：会在一定程度上妨碍了空间的作为独立财产价值的发挥"。

城市地下空间使用权是对他人所有的特定区域范围内的城市地下空间予以使用、收益的权利。本节支持"肯定说"学说，主要基于以下理由：将空间权独立的物权性质加以肯定，对空间利益的保护以及权利归属地起到了促进作用；其次从物质形态上看，它可以与地上所形成的建筑物相通，也可以与地上建筑物分立于不同的空间。它是一种可以和地上建筑物分离而独立存在的、通过一定的范围而加以固定的三维立体空间。同时它与地上建筑物一样，又具有体积的固定性，具备不动产的特征，因而其所形成的使用权利属于不动产用益物权，是一种独立的物权；另外只有将空间权作为一项独立的物权，受让人才能具有合理的期待，在有法可依的前提下，对抗不法第三人。"空间能够被权利人所有、利用，并能够进行一系列公示，因此空间毋庸置疑的是权利主体能够支配的独立的权利客体，基于此理由，应该承认其独立的价值，而不能含糊地把它纳入到建设用地使用权利"。

2. 我国"空间权"立法的参考依据

结合国外已有的相关成功经验、我国国情、城市基面立体体化对空间界定方式的要求，对我国城市立体化的"空间权"立法进行分析，试图探讨适合我国国情"空间权"立法的参考依据。

（1）参考依据———对城市"空间权"的归属理解

我国土地只有国家所有和集体所有两种形式，利用土地只能通过设定土地使用权方式来实现，空间权也可以参考这种模式定义，从而规定空间利用权，也就是说，除了国家和集体，其他单位或个人只能具有城市空间的使用权，没有所有权，如人防空间属于国家所有是各地都认可的，人防空间的所有权必须在国家手中，若将其改为商用，也只能获得相应的经营权和使用权，而不是所有权。

这样，可能在某些方面会限制了使用权所有者的相关利益，如对空间不能进行完全自由的买卖，但是，这样的做法有利于立体化城市建设的具体操作。例如，由于前文所述的立体化城市形态的独有特征，在具体的城市基面立体化建设过程中，肯定会遇到由于不同城市空间使用者之间的相关纠纷而产生阻碍，这时候政府就可以以公共利益为主导，利用自身对城市空间的所有权，再结合其他政府相关部门的集权优势，对有纠纷的城市空间使用权带有强制性地进行统一收购（在合理补偿措施的控制之下，然后再结合立体化城市建设的具体需求对取得使用权的城市空间进行统筹安排。从这个意义上来说，城市空间所有权的国有化和集体化有利于城市立体化的建设。

（2）参考依据二——对城市"空间权"的范围理解

基于城市基面立体化系统的形态表现，结合由基面所限定的城市空间形态，城市基面立体化所涉及的空间范围界定应该趋向于三维活动余地较大的方式，只有这样，城市基面才能更大程度保持连续性与整体性，所以，空间权范围不能上至太空，下及地心，应该与传统的以水平控制线为界定媒介的限定方式有区别，必须对其空间范围做立体限制性规定，即以三维形式的范围界定方式来限定，上下左右空间范围都有全方位界定。

（3）参考依据三——对城市"空间权"的设定理解

空间权应该是一种物权，与不动产物权息息相关，因此，空间权的设定应通过类似不动产登记的方式，不能仅以合同等形式取得。这样有利于保障城市基面立体化建设所需空间的法律地位。

（4）参考依据四——对城市"空间权"利用的理解

空间权的利用应可以允许空间权转让、抵押、出借、出租等利用形式的存在，从而提高空间权的利用率，更为重要的是为城市基面立体化建设提供获取所需空间的多样渠道。城市基面的立体化也是城市公共空间结构的立体化，对城市空间区位和形态均提出了较高的灵活性选择要求，必须具有多种获取相应类型的城市空间途径才能满足此要求，转让、抵押、出借、出租等利用形式正是为此提供了多样的获取渠道。

（5）参考依据五——对城市"空间权"利用限制的理解

空间权的利用不能损害城市实体要素和空间要素其他所有权人的利益，空间权利用时，应该取得相关利害关系人的同意，比如广告牌的设计不能妨碍住户的通风、采光权等。不管有无相应影响，必须与相关利害关系人进行协商，经得同意后才能行使相应的空间利用权。城市基面立体化系统的构建涉及城市要素之间的开放与整合，是整合城市要素各方面的利害关系，也是对城市要素所有权人彼此之间利益关系的协调，其中，城市基面与城市基面之间、城市基面与其他城市要素之间的立体构造关系涉及城市空间使用的利益关系，包括彼此之间采光、通风、景观的相互影响，这些都是极易产生利益冲突的环节，所以，城市基面立体化不只是协调城市活动之间的立体结构关系，也不能仅仅依靠利益互补的原则，还必须以空间权利用的限制条件作为一种法律保障。

（6）参考依据六——对城市"空间权"利用权力补偿的理解

首先，以我国对土地使用权补偿问题的相关规定为例来说明空间权利用权力补偿制度的必要性。1998年8月29日第九届全国人大常委会重新修订的《土地管理法》第五十八条规定：有关人民政府土地行政主管部门"为公共利益需要使用土地的"或"为实施城市规划进行旧城区改建,需要调整使用土地的",收回国有土地使用权"对土地使用权人应当予适当补偿"。这就是说,有关人民政府土地行政主管部门应对城市私房拆迁涉及的土地使用权予以补偿。这是城市拆迁私产房对其国有土地使用权予以补偿的法律依据。2004年3月14日全国人大通过了新的宪法修正案,明确规定了"国家为了公共利益的需要,可以依照法律规定对土地实行征收或征用,并给予补偿"。从而为实践中大量的征收(用)、拆迁、补偿等纠纷的解决在宪法层面上提供了切实的制度保障,但是,1995年10月31日建设部《关于拆迁城市私有房屋土地使用权是否予以补偿问题的复函》中明确:"拆迁城市私有房屋应当严格执行现行有关法律和《城市房屋拆迁管理条例》,并按照规定对拆迁的房屋进行安置补偿。"这就是说,拆迁城市房屋只对"房屋进行安置补偿",对私有房产权人所享有的土地使用权不予补偿。2001年10月重新修订的《城市房屋拆迁管理条例》和各省市制定的实施细则中关于土地使用权补偿问题上,大都沿用这一原则。在上述二者相互互相矛盾的情况下,由于土地使用权权利人的合法权利与国家相关规章制度没有一个完全意义的契合点,土地使用权权利补偿的国家法律和相关具体规章制度冲突,在过去我国大力进行城市建设与改造的过程中,经常发生一些纠纷,主要是对土地使用权权利补偿的纠纷,有时导致一些性质比较恶劣的案件的发生,对和谐城市的建设造成了一定的阻碍。同样道理,如果相关法规制度不健全,空间权利补偿也会遇到相应的问题,所以,空间权作为一种物权,应该具备一套完善的权利补偿制度来协助空间权的转让、抵押、出借、出租等系列利用方式的实现,否则,空间权可能就会变成一种摆设,使用权权利人的合法权益得不到保障。

其次,参考北京市关于收回企业国有土地使用权补偿办法来探讨城市空间权利补偿相关法规制度的制定:

1)城市空间权利补偿措施应同时保护当事各方的合法权益;

2)为公共利益需要使用城市空间或者为实施城市规划与设计进行改建需要调整使用城市空间的,政府可以收回城市空间使用权并依法给予适当补偿;

3)国土资源管理部门应当负责城市空间使用权收回补偿工作,应该成立城市空间资源储备机构,具体负责相应工作的组织实施;

4)收回城市空间使用权补偿可采取直接的经济补偿和间接的空间权置换两种方式。直接的经济补偿包括货币补偿、实物补偿或货币实物相结合的补偿方式,适用于城市空间权个人所有者或者集体单位所有者;间接的空间置换方式适用于对城市空间有开发使用需求的所有者,比如房地产开发公司;

5)补偿价格由有评估资质的中介机构按照现状用途进行评估,评估结果由国土局会同有关部门确定;

6)补偿价格确定后,应与城市空间使用权人签订国有城市空间使用权收回补偿协议,对补偿金额、付款期限、交付空间等内容做出约定,如进行空间置换,须明确所置换城市空间的立体区位、形状和大小;

7）城市空间权所有者申请城市空间转让，经批准可以入市交易的，由政府收回国有城市空间使用权，补偿价格的确定按照上述办法执行。

空间权利用的权利补偿措施的规定是一个复杂的系统工程，涉及城市建设各部门与城市空间使用权所有者等多方的切身合法权，上述相关内容的初步探讨是进行立法领域专业研究的参考。

（7）参考依据七——基于城市基面立体化系统的空间关系对城市"空间权"的理解

针对城市基面立体化建设中所涉及的"空间权"问题，本段结合城市基面立体化系统的空间关系分析具体的立法参考依据。

地下空间立法是一个长期的系统工程，制定一两部法律远不能解决当前出现的所有问题。从法律的结构上来看，地下空间是一个多元的概念，因此，不仅要制定地下空间产权方面的法律，其他如地下空间规划、建设和管理方面的立法也得跟上去。具体到调整地下空间所涉及各方权利人的权利义务立法来说，还要有地下空间使用权有偿让出方面的立法，地下工程产权的取得、转让、租赁、抵押的立法等。在国家法律没有出台之前，应根据急用先立的原则，从当前迫切需要解决自问题入手，逐步完善地下空间方面的立法，因此，现阶段地下空间方面的立法必须以确立地下空间权（包括地下空间使用权和地下工程所有权）为基础，在明确地下空间的权属关系的条件下，结合地面已有的法律规范，根据急用先立的原则，首先解决当前最突出的规划连通、商业地下空间产权和居住小区的地下室权属等社会比较关注的问题；在此基础上，对地下空间的标高高程、预留口与通道设计、应急加固和维护保养等配套的规定也应尽快制定出来，或是出台行业标准规范，以约束现在地下空间开发利用中普遍存在的随意建设和浪费资源现象；最后是着重解决和地下空间权有关的各种民事法律关系立法。

第三节　城市地下空间开发的影响因素及推动因素

一、影响因素分析

影响城市地下空间开发的因素涉及经济、技术、体制等方面，本节将着重就经济方面的关键因素如城市经济发展水平、城市规模、城市更新及城市扩张等方面进行分析。

1.经济发展水平

地下空间的开发利用一般其一次性投资为地面相同面积工程建设的 3~4 倍，最高可达 8~10 倍，因此经济实力是保障地下空间开发的基本条件。根据发达国家地下空间开发经验数据分析来看，一般情况下，国民人均 GDP 达到 500 美元时，城市的经济发展对地下空间的开发利用已有一定需要，城市也具备了规模开发地下空间的条件和实力；当国民人均 GDP 达到 1000 美元时，城市地下空间综合利用进入规划、开发阶段；人均 GDP 超过 3000 美元时，地下空间的开发利用就已经很频繁，且利用形式多样，并逐步向高水平阶段发展。

但是在国内，对于地下空间的开发理应还有着自己特有现象的，根据对国内数十个地下空间开发利用已有一定规模的城市的统计数据整理，例如上海、北京、广州等一线城市人均 GDP 在 800~1000 美元时进入地下空间的综合开发利用阶段，在人均 5000 美元左右地下空间的利用进入高速发展期，地下综合体等功能多元、技术复杂的地下空间建筑开始广泛建设；而二、三线城市受城市规模的影响，在人均 3000~5000 美元时才逐步进入地下空间开发阶段。

2. 城市规模

经济的发展与城市规模的不断壮大有着必然的联系。城市经济总量日益增加的同时，城市集聚能力也得到同步提高，城市规模不断膨胀，种种问题逐渐突显，"城市综合征"开始阻碍城市规模的进一步扩大。在集聚效益的驱动下，人口、产业不断向中心城区集中，进一步加剧了城市空间容量的压力，开发商在经济效益的驱使下，在地价高涨的中心区开发高建筑密度与高容积率的房地产项目，从而又进一步促进了人流、交通流向城市中心集中，城市中心区基础设施及空间负担也随之不断加大。同时中心城区功能的不断增强，也造成传统的交通方式无法承受大量人口的汇集与疏散，加上道路交通流的混杂，城区交通拥堵现象就变得相当严重；此外，伴随经济发展进行的旧城改造使更多的现代高层建筑与地面高架道路侵入旧城，替代了传统历史街区和文物建筑，城市文脉被"现代文明"所破坏，而地下交通、地下建筑及地下综合体的开发利用，将成为有效缓解城市发展中出现的各种矛盾的主要途径，因为地下空间的开发利用，能够在优化城市空间系统的同时进一步提高城市的集聚效益，保持城市的持续发展。

以目前国内地下空间利用最为广泛的上海市为例，国内大城市的"地上"空间与同等规模的国际大都市相比明显负荷过重，主要表现在中心城区的人口、土地、建筑密度等过于密集，上海城区 2011 年人口密度为 24254 人 / 平方公里，而纽约仅为 9151 人 / 平方公里。上海虹口区人口密度达到 36269 人 / 平方公里，而与其功能相似的纽约曼哈顿区仅为 20237 人 / 平方公里（由于数据来源局限性，国外可对比数据为 1990 年）。上海城区以及核心区的人口密度远比巴黎、东京城区及核心区的人口密度大。人口过于集中使上海不仅在人均道路面积、人均公共绿地面积、污水处理事、垃圾处理率等方面与伦敦、东京、纽约等国际大都市存在很大差距，如 1992 年东京、新加坡、汉城（现名首尔）的人均道路面积分别为 11.3 平米、24.3 平米，7.0 平米，而上海仅为 3.5 平米；20 世纪 80 年代中后期上海人均用地指标为 30 平米 / 人，而纽约、巴黎、东京的核心区人均用地也分别达到 47 平米、49 平米和 48 平米。上海为缓解中心城区人口、建筑、基础设施密集与城市土地有限性及空中限制，则必须借鉴国外大都市地下空间开发利用的成功经验，将部分商业职能、交通职能、文化娱乐休闲职能、仓储职能转向地下。

3. 城市扩展

城市化是人类社会发展的必然产物，国内外的城市发展史表明，在城市发展过程中，随着各要素向城市逐渐集聚，城市容量也随之不断拓展。城市容量有理论容量和实际容量之分，理论容量即为城市现有空间、设施和环境等资源可承受的城市活动总量；而实际容量则为城市所有的实际要素量——包括人口、产业、交通等的总量之和。

在城市发展初期，由于规模小，城市活动强度不高，空间相对充足，这时的城市处于超前型发展阶段。随着城市中各要素的进一步集聚，城市变得紧凑，城市空间、基础设施等资源得到充分利用，此时城市的发展达到均衡型阶段，但随着城市集聚效应继续发挥作用，使得原有空间、基础设施难以满足不断增长的人口、产业、物流的发展需要，主要表现为地价飞涨、生产生活成本过高、城市运作效率降低，此时城市的集聚效应也逐步下降，这一阶段，城市容量滞后于城市发展需要，属于滞后型阶段。城市的不断集聚发展要求城市容量的不断拓展，以解决容量滞后所带来的种种城市问题，实现集聚效应最大化。城市容量就总是围绕着实现城市集聚效益最大化而不断拓展空间，容量也总在超前与滞后型之间来回波动，城市空间呈螺旋式上升发展。

空间容量的拓展是建立在城市土地上的三维立体变化过程，包括两种拓展方式，即外延式拓展和内涵式拓展。外延式拓展，也称城市的水平扩展，即我们常说的"摊饼式"的发展模式，也是城市化过程的主要表现，更强调水平方向的结构整合问题；内涵式拓展也称为空间立体化开发，是通过集约利用城市土地、三维空间的扩张和空间功能的优化以提高城市容量，更侧重开发强度问题。

（1）城市水平扩展

1）城市水平扩展对地下空间开发的需求

伴随城市水平扩张的逐渐实现，城市区域内新的增长极的出现使新城应运而生，城市边缘和远郊地区的城市化发展，使得大量新的长距离的出行需求逐渐增多。地下轨道交通成为城市通过水平扩展得以实现提高城市容量的必要条件，它除了表现出缓解城市交通压力的基础功能外，还表现出先导性的功能。先导性功能是指轨道交通对城市土地开发利用、产业布局和城市空间结构的引导和反馈，对沿线区域的社会、经济产生巨大的辐射带动作用。

从城市发展层面讲，地下轨道交通起到了促进城市经济发展、引导城市形态演化、影响城市产业布局和促进城市郊区化进程的作用。从城市经济活动层面讲，轨道交通改变了城市土地的可达性，进而影响了土地的价值，对土地开发模式、利用功能和开发强度等都产生了重大的影响。

2）地下轨道交通与城市建设布局的互动关系

根据国外的部分研究数据表明，地下轨道交通与城市建设布局有着密切的关系。加拿大多伦多房地产研究部与 A E L cpagc 的研究表明，1954~1984 年间，一半左右的新居住区建于轨道系统的步行范围内，90% 左右的新办公楼建于轨道交通站附近。

国内的部分大城市地下轨道交通也是随着城市规模的扩张、城市公共交通需求的提高而逐步发展的。在轨道交通规划及选择线路走向时要考虑城市区块功能建设的分布，而城市建设的过程也不同程度地受到轨道交通线路及规划线路的影响，两者的互动、影响，呈现出轨道交通沿线城市建设较为密集的形态。

根据奥地利地理空间公司 2000 年 9 月做的一份调查报告显示，上海市 1996 年到 1999 年城市化建设情况的卫星遥感图与轨道交通线路图（地铁一号线、二号线、三号线）重叠后可以发现，在轨道交通线路的附近出现大量建筑物的聚集。

根据卫星图的显示及同期的数据表明：在轨道交通沿线，出现了城市建设密度较高的情况（影响城市建设密度分布的因素还有政策导向、环境等多种因素的交叉影响，因此卫星图上在轨道交通线路未到达的部分也有部分深色区域显示出建设密度较大的情况）。说明地下轨道交通所带来的交通便利性，沿线土地价值提升等作用能够引导城市建设分布和土地利用的强度；而相反的，较大强度的土地利用势必带来人口密度的增加，这也需要通过地下轨道交通系统的支持来保证其可达性（Accessibility）和交通的便捷。

3）地下轨道交通与城市用地功能分布的关系

大城市在经济发展的同时聚集了大量的人口，而城市居住区人口要求通勤交通能够方便快捷，由于地下轨道交通运行速度快，且基本不受其他因素干扰，同时其运量较大，能够很好地满足人们对交通准时、便捷的需求，因此在轨道交通的站点附近形成成片的高层住宅，在城市次中心区域的轨道交通站点附近出现大型的居住区物业，而在地下轨道交通尽端站点附近通过其他交通方式的换乘，形成大型城市的卫星城镇。

在居住区到办公区之间的日常通勤交通中，人们对于地下轨道交通的快捷、准时等特点有较高的要求。由于城市中心区地价的不断上涨，居住区有逐渐向次中心区及城市边缘区发展的趋势。地下轨道交通的特点有利于缩短城市各主要功能区之间的时空距离，同时大容量、固定站点、相隔时间短的运行方式可以满足人们大批量、准时、便捷的通勤交通要求，这促使城市办公区沿轨道交通运营线路集聚。在站点附近区域内由于不需要其他交通方式的换乘，更使得站点附近办公区较为密集。

4）地下轨道交通与城市地价的关系

阿朗索发表的《区位与土地利用》一书中，从土地区位和租金的角度论述了城市交通系统与土地价格之间的联系，认为土地价格取决于租金，租金取决于土地区位，区位取决于土地可达性，而地下轨道交通的方便快捷和大容量的高效运输，将有效提升轨道交通沿线土地的价值，而在轨道交通站点，这一影响更为明显，特别是大型换乘枢纽处，其原因主要表现为：

①地下轨道交通为沿线土地提供了较为便捷的可达性，使得沿线土地的交通状况得以改善，有利于促进沿线土地的集约开发；

②地下轨道交通缩短了沿线土地与城市中心区的时空距离，有效减少了进入城市中心区的时间和费用；

③地下轨道交通的建设给沿线土地提供了规划调整、改变用地性质的机会，为沿线土地的增值提供了可能；

④地下轨道交通加强了沿线土地的相互联系，提高了土地的互补效应，使沿线土地成为相互联系和互为支撑的有机整体，相邻地块的价值联动上升范围得以扩大；

⑤地下轨道交通站点及大型换乘站的人流量极大，极易形成较好的商业氛围，带动站点及附近区域范围内的地租及地价的提升，因此，土地价值在各个站点的有效辐射范围内呈现与距离增加方向的反比例降低，而在辐射范围以外土地价值基本持平。

（2）城市空间立体化

自从城市诞生的那一天起，人类就一直在探索城市发展的模式。在文艺复兴时期，达芬奇提出了"人车立体交通分流"的设想。20世纪初，新技术的问世对城市空间建设起到了推进作用。1996年巴塞罗那国际建协19次大会议题"今天与明天城市中的建筑"指出："随着城市人口的稠密，我们不仅要努力经营社会公共空间，还要努力争取生态空间，并且不仅要争取地上空间，还要争取地下空间、水上空间。"城市空间立体化发展的思想经过几十年的实践，已被证明是解决城市矛盾、改善城市环境、改进城市面貌的一种行之有效的途径。

城市空间立体化是指城市基面的立体化，城市基面包括绿化基面、交通基面、城市公共活动基面以及建筑设施基面等等。城市立体化的主要表现是这些城市基面在立体空间内以某种适合发挥城市功能的方式相互穿插与重叠甚至交织在一起的形态机制，城市空间立体化正是通过这种城市机制形态构成达到城市集约化功效目的的物质基础，国外又将空间立体化发展称为城市的"三维化发展"，但是在城市立体化开发过程中，由于高空拓展增加的可利用空间吸引了更多的人流、物流向城市，特别是城市的中心区集中，造成城市拥堵的问题更加严重，而与此配合的高架等交通改善设施的出现又严重破坏了城市的环境。城市地下空间的开发利用能很好地规避这些城市发展过程中出现的矛盾，因此逐渐演变成为城市立体化开发的主要趋势。城市地下空间的开发利用使人类的生活更加便捷、城市地面环境更美好，这为现代城市的可持续发展提供了可能。城市空间立体化与地下空间开发的联动主要体现在以下几个方面：

1）城市规划的融合

城市规划方面的融合包括整体空间协调和施工时间上的协调两方面。

首先，地下空间开发利用涉及交通设施、周边建筑、道路、管线、环境的关系，包括地下车站、各种地下通道和附近地下建筑等众多内容，开发实施也由多方单位分别负责，因此开发规划必须要有一个协调部门进行统筹安排，以保障地下空间资源开发利用的有效性和经济性。

其次是时间上的整体考虑。地下空间各组成部分的开发往往存在时间上的差异，很难做到同步开发建设，这时特别需要规划设计的整体考虑，并且在后续项目建设时按规划要求实施。以地铁枢纽车站的换乘为例，先期建造的车站必须统筹考虑，以免增加后期工程建设的困难，避免造成出现大规模改建等产生极大损失的建设事故。

2）城市功能要素的整合

为了更好地体现地下空间"便捷"这一优势，各功能实体如商业空间、公共活动空间、交通空间、绿化空间等逐渐发生整合，彼此之间相互渗透，形成了有机统一体，最终形成可以发挥集约化效应的立体城市。随着人们对工作、生活环境的更高追求，城市的各种综合性公共建筑中也出现了日益综合的、立体化的空间，城市空间立体化开发主要有：城市中心区空间的立体化开发、城市主要街道的立体化开发、城市广场空间的立体化开发、城市巨型综合体建筑中的空间创造。以南京南站站域为例，地下负一层和负二层共设有四条轨道交通线，地下负一层还设有 6 万平米的地下停车场和地下商业设施。铁路进出站地下换乘大厅；铁路旅客出站地道；地下行包及办公用房；地下空调冷冻、水泵、变电用房及管道沟等各种地下构筑形式有机融合在一起，成为一个大型的地下综合体，不但有效节省了土地的利用，还极大地便利了交汇于此的高速铁路、高速公路、市内公交以及航空等交通形式的换乘。

二、推动因素分析

城市地下空间开发的根本动因在于地下与地上在协调开发的前提下可以产生多层次的替代效应和加合效应，使城市的空间利用更加合理，从而产生更大的经济效益与社会效益。

1. 地下空间开发的正外部性分析

所谓外部性，是指一个经济主体在从事经济活动时对另一个经济主体的福利产生影响，而这种影响并未从货币或市场交易中反映出来，外部性反映的是私人收益与社会收益及私人成本与社会成本不一致的现象，由于这种影响是某一经济主体在谋取利润最大化的过程中产生的，是对局外人产生的影响，且这种影响又是处于市场交易或价格体系之外的，故称之为外部性。有利的影响称为正外部性，不利的影响称为负外部性。鉴于该处重点分析地下空间开发的动因（即促进因素），故只对地下空间的正外部性进行阐述。

地下空间开发具有极强的正外部性。以城市地下轨道交通为例，根据影响范围的不同可细分为公共正外部性和私人正外部性。公共正外部性是"不可减少"的较为间接的外部性，即受益者的增加并不减少他人承受的外部性，它的存在使地下空间开发具有极大的社会经济效益。比如地铁能有效缓解地面交通压力、地下停车库等公共设施的建设能为中心城区地面预留更多的公共绿化空间、地下共同沟等市政设施能大大减少原有地面各类管道及线网设施对城市景观的影响等，公共正外部性成为地下空间对地上空间产生替代效应的根本因素。

私人正外部性是"可减少"的较为直接的外部性，即受益者的范围和大小是有限的，例如地铁能带动沿线房地产升值，增加沿线商业、娱乐、广告等各类商家的营业额，城市中心区地下步行道能带动区域内周边商场人气等。私人正外部性的受益范围明确（轨道交通沿线、地下通道连接区域等），受益更为直接（直接导致受益者收益的增加），私人外部性也成为地下空间开发与地上产生加合效应的根本因素。

2. 地下空间开发的替代效应

（1）替代效应图示

微观经济学中"替代效应"的定义是指剔除价格下降后所产生的实际购买力上升的效应滞后，由于相对价格变化而引起的 A 物品对 B 物品的替代，而地下空间这类公共产品所产生的替代效应是指由于地下功能开发所带来的地下空间需求对地上空间需求的替代，即地上空间部分功能转移至地下空间，从而减轻地上空间的负载压力。

以地下轨道交通对地面公交的替代为例，做如下假设，同时构建地下空间对地上空间替代效应的图示。

①城市交通仅有地下轨道交通和地面公交两种；

②消费者选择交通工具的影响因素包括通勤时间和价格；

③轨道交通价格高于地面交通价格；

④地下轨道交通使用量为 X，地面公交使用量为 Y；

⑤轨道交通通勤时间设为变量 T；

⑥在初始阶段，假设地下轨道交通与地面公交通勤时间相同；

⑦在交通繁忙时段，通勤时间的影响效果远大于价格的影响，即此处不考虑 P 的变化。

当地下轨道交通通勤时间由原来的等同于地面公交逐渐下降时，将会同时产生两种效应，一是更多乘客选择通勤时间更短的交通工具——地下轨道交通，而减少那些通勤时间长的交通工具——地面公交的使用量，即本书所描述的替代效应；第二，由于轨道交通的提速，所有乘客总的通勤时间减少，总效用提高，地面公交的拥挤程度明显减轻，部分对时间要求不高的乘客甚至会增加对价格较低的地面交通的选择。

有了快速便捷的地下轨道交通，市民出行就可以不乘用或减少乘用小汽车、公交车等交通工具。小汽车和公交车占用的道路面积大、废气污染多、需要大量的停放场所，这些都是阻碍城市可持续发展的负面因素。据有关专家粗略估算，一个大型城市拥挤的交通每年至少造成数千亿元的经济损失。乘客因为等车、堵车所产生的精神负效用更是不可计量，而且减少地面交通工具的使用对空气质量的改善也是非常有益的。

（2）替代效应的表现模式

替代效应的表现形式包括产品与产品之间的替代以及产品升级换代产生的替代。前者一方面是由于产品性能不能完全替代，另一方面则是因为在购买替代产品时还需要考虑相关的产品价格；后者则是一种产品面对更高级更全面的产品挑战所产生的替代效应。

大多数地下空间功能设施较地上空间对应功能均具有这两种形式的替代效应。以地下公共设施为例，如地下水管、电缆管沟、电信管沟、煤气管道、供热管、地下垃圾处理输送系统，以及综合布置这些管道的城市综合管廊等，由于埋藏于地下，受岩土层的保护，相对地面公共设施不占用或极少的占用地面空间资源，基本不会形成视觉和环境污染，且不易受到外界气候变化等客观环境造成的破坏，更为安全，表现出产品升级换代产生的替代；同时，由于地下综合管廊等设施构建具有较高的成本，因此，在土地价格允许的情况下，地下公共设施尚无法完全替代运营成本相对较低的地面公用设施系统。

在城市中心土地越来越紧缺的情况下，城市地下空间开发对地上空间的替代效应表现出地下空间开发的巨大潜力，在节约能源和资源、密闭性等方面甚至较明显地优于城市地上空间，21世纪地下与地上空间的协调开发将更进一步推进城市的更新与完善。

3. 地下空间开发的加合效应

加合效应是多方面因素共同作用后产生的大于原有单个因素作用之和的影响，通俗地说就是"1+1>2"。地下与地上空间协调开发产生加合效应是城市经济集聚发展的表现，也只有地下与地上空间形成协调开发，才能使两者功能形成有效互补，从而产生几何倍增加的效应，进而促进城市整体的发展。

以地铁枢纽站换乘空间与地上物业开发的互动性为例，在国内外的众多成功案例中，地下换乘枢纽与地面空间各项功能的协调开发能够使多方利益得到快速增长：

1）通过建设具有高效换乘能力的地铁枢纽站，使地铁与地面土地开发利用相互促进，地铁的经济和社会效益迅速增加，这样不仅提高了地区的可达性，同时也能吸引大量的客流，人口的集中扩大了市场的需求规模，降低了商业发展的门槛，使站点周围和沿线的土地大大增值，从而使土地开发得到可观回报；

2）在地铁枢纽站地下层连通多个商业空间，使之发展成为地下的大型商业设施，为乘客和市民在购物和通行方面都带来便利。如美国洛克菲勒中心，中央广场地下一层不断扩大，整个系统横向连接多个商业中心，从而形成一个巨大的地下商业步行空间；

3）在地下穿越道的单侧或双侧发展地下商业设施，从而提高地下空间利用的经济价值，同时还能扩大地上空间的社会效益。如奥地利首都维也纳、瑞士的苏黎世等城市利用城市道路交叉口及地铁枢纽站的地下空间作为商业区，使一部分空间既能为行人提供丰富多彩的商业活动空间，还能缓解地面人行交通的紧张状况，这样就可以利用更多的地上公共空间建设城市景观；

4）在充分利用地下层空间的同时，统筹考虑地下空间与地面以上的公共商业项目，合理安排垂直交通，力争使人流在物业地下空间和地上空间之间能做纵深的、垂直方向的输送。

4. 地下空间开发的市场动因

分析地下空间出现的内在市场动因，可以归纳为需求和供给两个方面。

从需求角度来看，政府相关部门为了克服传统城市发展模式中必然会出现的、不可调和的各种矛盾，需要对原有城市进行更新与改造，或称为再开发，形成立体化再开发或城市的三维化发展模式。一些大城市已相继出台或正在制定关于地下空间开发利用的规划，如北京已规划将地下 50 米的空间作为资源进行开发和管理、深圳已制定出台了《城市地下空间规划发展纲要》等。随着城市人均收入的不断提高，人们的消费能力也在不断增长，多种形式的地下空间形态能为充足的消费需求提供形式多样的消费环境和更加便捷的消费方式，地下空间的交通连接功能也更易为繁忙的现代人所接受。

从供给角度来看，开发商为继续挖掘利润点，最大限度地发挥土地的利用价值，地下空间的开发利用自然会成为新一轮的资本聚集地和利润角逐场。仅以北京为例，几大繁华商业区均将进一步发展的目光瞄准了地下，西单已建成了西单文化广场地下商城，王府井、南中轴路以及奥林匹克公园内均已地下空间的开发利用做了详细的规划。

第四节　城市地下空间的利用形态和设施

人类从地球上出现以来已有 300 万年以上的历史，在这段漫长的时期内，地下空间一直作为人类防御自然威胁以及外敌侵袭的防护设施而被利用。随着科学技术的发展，这种利用已从自然洞穴的利用向着人工洞室发展。到现在，地下空间利用的形态已千姿百态，远远超出为个人生活服务的利用领域，扩大到为了保证城市居民各种生活上的需要的空间。尤其是现代，人口向城市集中，使城市人口过于密集、城市功能恶化，为了保证城市功能的正常运转及交通所需的空间，人们也开始求助于地下。预计地下空间作为人类在地球上安全而舒适生活的补助空间，其利用和规模将会日益扩展。

一、人类对地下空间开发利用的历史

地下空间利用的发展过程与人类的文明历史是相呼应的，仇文革等将这一发展过程大致划分为四个时期：

第一个时期，原始时期。从人类开始出现到公元前 3000 年的新石器时代，是人类利用地下空间防御自然威胁的穴居时代。这个时代主要用石块、兽骨等工具开挖天然的洞穴并加以利用。

第二个时期，古代时期。从公元前 3000 年到公元 5 世纪止，地下空间因城市的出现而被更广泛利用的时代。

这个时期也就是所说的文明黎明时代。把这个时期的开发技术说成是今天地下空间技术的基础也不过分。例如在修建埃及金字塔时就开始了地下空间的建设；公元前 2200 年间的古巴比伦王朝，为了连接宫殿和寺院修建了长达 1 公里的、横断幼发拉底河的水底隧道；罗马时代修筑了许多隧道工程，有的至今还在利用。

第三个时期，中世纪时期。约从公元 5 世纪到公元 14 世纪的 1000 年间。

这个时期正是欧洲文明的低潮期，建设技术发展缓慢，但由于对钢、铁等金属的需求，进行了矿石开采，这也为我们今天开发利用地下空间提供了技术和经验。

第四个时期，近现代时期。从公元 16 世纪以后的产业革命开始至今。

这个时期由于炸药的发明和使用，加速了地下工程的发展。如矿物的采掘，隧道的修建以及随着城市的发展开始修建地下铁道、上下水道等，使地下空间利用的范围迅速扩大。

进入 1980 年后，国际隧协提出了"大力开发地下空间，开始人类新的穴居时代"的倡议，并得到了广泛的响应。日本也提出了利用地下空间把国土扩大 10 倍的设想。很多国家的也把地下空间的利用，当作一项国策来推进其发展。

对地下空间的大规模应用，在国内外早有先例，且形式多样。

在古代，4000 年前土耳其就出现了地下城市。土耳其卡帕多基亚的格尔里默谷地被发现有 4000 年以前的巨大的可居住成千上万人的地下城市，其中最著名的一座坐落在今天代林库尤村附近。通往地下城市的通道隐藏在村子各处的房屋下面。这里的通风洞口众多，从地下深处一直延伸到地面，地下布满了地道和房间。这里的地下城市是一种立体建筑，有许多层，代林库尤村的地下城市仅最上层的面积就有 4 平方公里，上面的五层空间加起来可容纳至少 1 万人，人们猜测，当时整个地区可供 30 万人在地下居住。代林库尤村的地下城市有 52 口通气井和 1.5 万条小型地道，最深的通风井深达 85 米，地下城市的最下层还建有蓄水池，用以储藏饮用水。到今天为止，人们在这一地区发现的地下城市不下 36 座。到了近现代，人类对地下空间的大规模利用的成功案例越来越多，且利用形式多种多样，比如克里科瓦大酒窖。摩尔多瓦以葡萄种植和葡萄酒酿造闻名于东欧地区，其规模宏大、别具特色的酒窖也可称作是世界酒文化历史上的顶尖之作。克里科瓦大酒窖始建于 1953 年，当时，由于国内的建设需要大量石料，人们凿山取石形成许多地下隧道。酿酒专家发现，隧道中的石头具有很好的吸湿性，隧道里的温度长年可保持在 12~16℃，湿度保持在 97%，最适于酒的成熟和高品质酒的贮藏，作为酒窖十分适宜，地下酒窖由此诞生。克里科瓦大酒窖的总面积为 64 平方公里，平均深 50~80 米，除了拥有两个生产近 10 种葡萄酒和 4 种香槟酒的工厂外，还有一个酒博物馆。酒窖的规模宏大，隧道四通八达，宽可容两辆卡车并行，隧道总长度有 120 多公里，堪称世界之最。酒窖的隧道就像城市的街道一样进行管理，昼夜灯火通明，十字路口有交通信号灯，每条隧道都以摩尔多瓦和世界的名酒命名。

中国对地下空间的利用也有着悠久的历史。自东汉时期起，佛教沿古丝绸之路传入中国的历程，可以视作中国古代大规模岩洞开发利用的历程。从当时的西域到中原，一路下来，至今仍能感受到那些洞窟艺术的永恒魅力。中国古人在很早的时候就已经认识到地下空间的某些自然特性并加以利用，自远古起就有将粮食贮于地下的传统。1971 年，在洛阳东北曾发掘出公元 7 世纪隋朝建造的一座地下粮库群，整个库区面积为 4.2 万平方米，根据发掘出的遗物判断，这座地下粮库至少沿用了数百年。军事目的也是中国古代地下空间利用的主要用途之一，1961年在河北一个矿区曾发现一个长达40公里的宋代地道，在建造上，部分地下空间有立体交叉的构造和通风竖井，从布置情况和出土文物分析，这个地道主要用于军事目的。在中国西北地区，由于黄土高原特殊的地形、地质条件以及区域经济长期的落后，至今仍有三四千万人居住在延续数千年的窑洞中。利用现代科技有计划大规模地开发利用地下空间则是从20世纪30年代开始的，60~70年代还建设了一批地下工厂、早期人防工程和北京、天津的地铁等。如今，随着中国城市发展的需要，对城市地下空间开发利用的需求也越来越迫切。

二、城市地下空间利用的主要设施

地下空间开发利用的目标是通过空间的地下拓展，满足城市持续发展对空间、容量的需要，最终实现"和谐城市"的目标。从城市综合效益最大化原则出发，根据地下空间的空间特性和地下空间开发利用的功能环境适应性原则，结合国内外地下空间开发利用经验与技术，未来城市地下空间开发利用的主要领域应包括地下交通、市政公用设施、物流、公共服务设施、防灾、储藏和生产等功能，基本覆盖了城市各功能子系统，形成地面以生活、居住、办公、游憩功能为主，地下为交通、市政公用设施、防灾、储藏功能的竖向功能划分，构建地上地下协调运作的空间系统。

1. 地下交通空间

世界上许多城市地下空间的大规模开发利用都是由地铁建设开始的，以通过地下空间的开发利用缓解城市的交通压力。地下交通空间由地下步行道、地铁、地下快速路、车行隧道和地下车库等组成，其中地下动态交通所需要的是提供人们短暂停留以完成某一特定出行目的的空间，而静态交通所需要的是一个车辆停放的空间。

（1）城市地下步行道系统

由于在交通密集的市中心土地紧张，以拓宽人行道来确保行人安全的办法难以实现，而且行人通过交叉路口时也比较危险。如何做到既能更好地解决交通问题，又能保证行人安全且较为舒适的通道就成了城市管理者和规划者必须解决的问题。建设地下步行到系统，使道路地下化，就能很好地解决这个问题。在交叉路口采用下穿隧道的方式由平交改为立交，既解决了交通干扰，又保护了地面景观。四通八达不受气候影响的地下步行道系统，不但很好地解决了人、车分流的问题，缩短了地铁与公共汽车的换乘距离，同时把地铁车站与大型公共活动中心用地下道连接起来，极大地方便了市民的出行，促进了城市交通的发展。如加拿大的蒙特利尔市，在地下通过地下公共步行通道连接形成网络，把每一栋大型建筑物的地下室都联系起来，在建筑之间加一个天顶，同时建设下沉式广场，营造共享空间，贯通商业区域，形成真正的地下城市。这里的地下步行道系统十分发达，且规模庞大、交通方便，综合的服务设施和优美的环境也享有盛名，保证了在漫长的严冬气候下各种商业、文化及其他事务交流活动的开展。

（2）地铁

随着城市建设的飞速发展，地面交通日益繁忙。为了有效缓解地面交通压力，修建地铁已成为解决大城市中交通运输问题的重要手段之一。地铁修建于地下，在拓展了城市交通空间的同时还不占用宝贵的地面空间资源，地铁的行驶路线不与其他运输系统（如地面道路）重叠、交叉，因此行车受到的交通干扰较少，可节省大量通勤时间。在全球变暖的背景下，用电能的地铁，没有尾气的排放，不会污染环境，成为最佳的大众交通运输工具。同时由于地铁行车速度稳定，大量节省通勤时间，使民众乐于搭乘，也取代了许多开车所消耗的能源。

地铁与城市中其他交通工具相比，除了能避免城市地面拥挤和充分利用空间外，还有很多其他优点：一是运量大，地铁的运输能力是地面公共汽车的8~11倍，是任何其他城市交通工具所不能比拟的；二是速度快，地铁列车在地下隧道内风驰电掣地行进，行驶的时速可超过100公里；三是地铁列车以电力作为动力，不存在空气污染问题，因此受到各国政府的青睐。

地铁在许多城市交通中已担负起主要的乘客运输任务。如莫斯科、东京、巴黎、纽约等城市，每天都有大量的人乘坐地铁通勤往返，极大地减轻了地面交通的压力。可以想象，如果没有地铁，这些城市的交通状况将会怎样；如果没有地铁，这些城市也就不可能成为目前那样交通发达的现代化大都市。

第二次世界大战结束时，全世界只有20座城市有地铁。现在有地铁的城市已增加到100多座，线路长度约7000公里。世界上很多大城市的地下都已构筑起一个上下数层、四通八达的地铁网，有的还在地下设立商业设施和娱乐场所，与地铁一起形成了一个地下城。很多地铁车站建筑构思新颖，气势磅礴，富有艺术特色，乘客进入地铁车站，犹如置身于富丽堂皇的地下宫殿，这些地铁车站以其迷人的魅力吸引着各国旅行者，并成为该地的重要旅游景点。还有很多国家的地铁与地面铁路、高架道路等联合构成高速道路网，以解决城市紧张的交通运输问题。地铁现代化的发展，已成为城市交通现代化的重要标志之一。

（3）城市地下快速路

地下快速路和地面公路都是同一种道路，是地面公路的延伸。由于地下与地面不在同一个空间层面上，因此，需要交汇的地方反而更容易形成立体交通体，甚至在局部完全消除红绿灯的指挥。地下快速路和地面建筑没有直接的联系，它可以根据线路的需要来布置出入口，或者转入到其他地下快速路。

地下快速路可以选择量大、面广的小汽车作为运行对象，可以用相对较小的地下空间断面来运行更多的车辆，有效地分流地上车辆。同时，地下快速路也保护了城市内的自然景观和人文景观。

地下快速路每公里的建设成本大体上为地铁系统的二分之一，该系统的运行也比轨道交通简便得多，而且其开支也不高。城市地下快速路为快速增长的机动车流开辟了一条通畅、便捷之路，对改变城市交通状况将起到重大作用。

（4）互通式地下立交（完全地下立交）

目前，我国许多城市在进行大规模轨道交通建设的同时，也在修建和改造着大量的城市道路，尤其是修建系统的城市快速干道更是成为解决交通拥堵问题的首选。在快速干道与其他道路的交叉节点，一般采用立交桥形式，或互通，或跨越。近几年随着经济和技术发展，以及对城市发展建设观念的改变，对景观和环境的要求提升到了新的高度，采用隧道穿越立交节点的工程实例越来越多，在这之中，大量的是隧道下穿另一地面道路的形式，散见一些隧道立交的工程，且一般为不同属性的隧道间的立交，或虽都为市政道路，但并不互通，不能有效地解决互通和便捷的功能性要求。

从城市交通系统的发展来看，互通式立交隧道的采用，不仅可以大大缓解地面交通的压力，也可以有效改善地面的商业环境和城市景观，因此地下互通式立交隧道有着广阔的潜在需求，近几年大量涌现的下穿隧道正是这一趋势的体现。特别是在城市繁华地区，或是一些受地下既有建（构）筑物限制的特定地段，以及城市地下式快速干道的交叉节点，由于不可能将地面及地上空间用作交通设施，需要将交通引入地下，且一般不允许大规模明挖，所以主体采用暗挖法施工的地下互通式立交隧道就成了现实而又迫切的需求。

（5）大型地下交通枢纽

随着经济的发展，城市的规模变得越来越大，人口越发集中，城市交通问题日益突出，交通需求与供给之间的不平衡发展给城市道路交通带来的直接问题之一就是交通拥堵加剧、出行时间延长、环境污染加重，从而引起不必要的时间和金钱损失，导致出行成本提高。特别是在城市的重要枢纽节点，如火车站、长途客运站、机场、港口等地方，由于交通量大、交通方式多样，很容易造成拥堵，导致城市整体交通运行不畅。为缓解交通拥堵，方便各种交通方式的换乘和接驳，提高城市交通的整体运行效率，一般需要修建大型多层交通枢纽，努力实现各种交通方式的零距离换乘。这样的大型交通枢纽建筑，一般将长途运输与市内交通、轨道交通与汽车及航空、人行交通等交通方式综合起来，以分层分区、二立交的方式将各种交通方式有机组合。这样的大型交通枢纽一般还需要设置一层甚至多层的地下交通，往往又和地铁结合起来。

近几年，我国许多大城市修建了此类大型地下交通枢纽设施，如上海虹桥综合交通枢纽、天津西站交通枢纽、南京南站交通枢纽工程等。上海虹桥综合交通枢纽工程是在原上海虹桥国际机场基础上进行的扩建工程，其主体建筑将航空、高铁车站、高速磁悬浮车站、地铁站点以及大量服务设施有机地整合在一起，形成了多功能的大型综合化城市交通枢纽。天津西站是集高速铁路、城际铁路、普速铁路、公路长途、城市轨道交通、公交中心、地下停车场和市政交通于一体的大型综合交通枢纽，包括铁路西客站工程和西站配套工程，铁路西客站工程包含新建南北两个站房、高架候车厅、联通南北广场的地下旅客通廊、行包地道等。南京南站为高架车站，站台在二楼，候车大厅在三楼，是一个连接5条高等级铁路的枢纽站；地面一层为换乘广场，广场中心区域有地铁一号线、三号线和六号线的进出站口，地铁位于地下二层，地下一层设有停车场和商铺等地下商业设施；广场南侧有一个机场快客停靠带，高架路联通禄口机场；公路客运南站设在铁路南京南站的南广场。在这里可实现铁路、公交、地铁、长途客车和机场大巴的"零距离"换乘。

（6）地下停车场

地下停车场是指建筑在地下用来停放各种大小机动车辆的建筑物，也称地下停车库，在国外一般称为停车场。地下停车场作为地下静态交通的主要形式，它在很大程度上缓解了地面交通压力。城市地下停车场宜布置在城市中心区或其他交通繁忙和车辆集中的广场、街道下，使其对改善城市交通起积极作用，主要解决城市停车难问题。

建设地下停车库解决城市停车问题有以下优点：

第一，停车容量受到的限制较小，可以在地下空间相当狭窄的情况，能提供大量停车位。

第二，汽车库位置受到的限制较小，有可能在地面空间无法容纳的情况下满足停车设施的合理服务半径要求，这一点在容积率最高的城市中心区尤为重要。

第三，节省城市用地，地下汽车库的出入口、通风口等虽也需要在地面上占用一些土地，但数量较小，一般不超过其总面积的15%。

此外，除了节省用地还有经济上的优势，因为在地价昂贵地区，在地面即使有地可用，用于停车库的修建在经济上也是不合理的，如果建在地下不需土地费或只需少量补偿费，则可以在经济合理的条件下满足城市的停车需求。

综合来看，城市地下交通的作用主要包括三点：第一，它是城市交通系统在城市交通空间容量不足而地面拓展困难的情况下，向地下延伸的部分，它有效地分离了各类交通流，提高了交通运输效率，进而支撑城市持续集聚的发展；第二，地下交通系统作为地下各功能节点的联系纽带，是地下空间拓展的骨架，依托地下交通网络的建设，带动各类地下功能空间的开发利用，形成网络状空间系统，并有效解决地上地下协调联系等问题；第三，地下空间掩蔽性、隔绝性特点使得地下交通系统在城市景观和环境的维护方面具有很大的优势，而且空间拓展性强，可以根据城市交通需求无限向深层方向拓展。

一般而言，地下交通系统的建设以地铁网络为主，中期实现地铁的网络化。地下步行系统结合交通换乘枢纽、人流疏散节点以及地下商业街建设，连通各人流集散地（如各类公共建筑、交通终点站以及换乘点等），形成综合交通系统。国内外的成功经验证明，下穿式隧道在维护城市景观，高效利用空间方面，比地面立交桥和人行天桥更具优势。在交通流量大的道路交叉口处应考虑地下步行隧道和下穿式车行隧道建设，而尽量减少交通灯、人行天桥和高架立交建设。纵观远期，为限制中心区内外车行交通的进入，避免大量车行交通对中心区的滋扰，必须通过地下快速路网，集聚和疏散进入中心区的车行交通，从而不影响地面各类活动、景观和环境。

2. 市政公用设施空间

市政公用设施是城市赖以生存的物质与能量（包括信息）的供给血脉，城市集聚发展要求生命线系统不断扩容，集供水、排水、电力、电信、热力、燃气于一体的综合管廊，能实现市政管线在不重复开挖情况下进行维护监控和扩容，提高市政管线的集约投资效益和城市生命线系统的供给稳定性与高效性，此外，通过市政设施地下化，在中心区建设高压变电站、贮水池等市政设施，解决负荷中心因用地紧张和安全而难以建设的问题，并有效地维护了城市景观。远期在城市深层地下建设物资运输干线系统（物流系统），利用地下空间建成集电力、燃气等能源流输送网络，建成货物、邮件、垃圾等固体物品运输网路，建成上、下水等液体和电子信息流等输送网络，这些路网均可提高城市功能运作的稳定性和城市整体抗灾能力，并减少地面环境压力。

（1）综合管廊（共同沟）

城市地下管道综合管廊，口语称"共同沟"，即在城市地下建造一个隧道空间，将市政、电力、通信、燃气、给排水等各种管线集于一体，彻底改变以往各个管道各自建设、各自管理的凌乱局面。各管线需要开通时，只需通知有关负责部门，接通接口即可运行。

综合管廊将各类管线均集中设置在一条隧道内，消除了城市上空布下的"蛛网"以及地面上竖立的电线杆、高压塔等；管线不接触土壤和地下水，避免了酸碱等物质的腐蚀，延长了使用寿命；平均每1公里开设一个可供行走的维修通道，采用梯子直接入内进行作业，方便了管线的维修和管理；将管道井请出主干道，减少了管道井的数量；避免了路面反复开挖，降低了路面的维护保养费用，确保了道路交通。日本阪神大地震的经验说明：即使受到强烈的台风、地震等灾害，受综合管廊的保护，各种管线的受损率下降，还可以避免过去由于电线杆折断、倾倒导致的二次灾害。在发生火灾时，由于不存在架空电线，有利于灭火行动迅速进行，将灾害控制在最小范围内。综合管廊有效地增强了城市的防灾抗灾能力，是一种比较科学合理的模式，也是创造和谐的城市生态环境的有效途径。当然，受历史形成的地下管网交错以及复杂的路面等条件限制，现阶段要在老城区和老路建市政综合管廊难度非常大，但可以在"老路"与"新路""老区"与"新区"两者中采取不同的方法，"老路"和"老区"可以推广非开挖铺设技术。非开挖铺设技术是目前国内外大中城市普遍采用的铺设地下管网的技术，应用于公路、铁道、立交桥、飞机跑道、闹市区、绿化带、地下古物区等无法或不宜进入的地区。今后在修建交通流量大、地下管网多的重要路段和建设新的小区，以及铺设新的道路时，综合管廊则应成为城市基础设施建设的强制性标准模式。随着时间的推移，将来城市地下空间资源的整合成本将会越来越高，如果任由地下管线无序铺设，或者只做些治标不治本的工作，地下空间最终将不堪重负，待到被迫增建综合管廊时，我们将要为此付出十分昂贵的代价，因此，在城市发展建设的过程中，综合管廊的建设应具有超前意识，这将为今后城市地下空间的开发预留出充足的空间。

（2）地下管线微型隧道

随着城市高度现代化和人民生活水平的不断提高，城市和乡村对基础设施建设的总体要求越来越高，地下管网越来越成为城市基础建设的重要组成部分，日夜肩负着传送信息和输送能量的重要任务，是城市赖以生存和发展的物质基础和不可缺少的生命线，但传统的挖槽埋管的地下管线施工技术由于对地面交通影响较大，使本来就拥挤的城市交通雪上加霜，同时给市民工作、生活带来许多不便，特别在人口稠密的城市和交通拥挤的地区以及不允许开挖的地段，这个矛盾就更加突出。1996 年 10 月 1 日发布实施的我国《城市道路管理条例》中明确规定："新修道路 5 年不准挖，修复道路 3 年不准挖"。这样一来，传统的管线施工技术就遇到了无法解决的矛盾，此时就可以采用非开挖的方式修建微型隧道的施工技术。

微型隧道是小直径的顶管施工方法。微型隧道所适用的管道内直径一般小于 900mm。这一管道直径通常被认为无法保障人在里面安全工作。但是，这一直径的上限并不是绝对的，日本人认为 800mm 的管道内径就已经足够人在里面工作了，而欧洲人则把这一上限提高到 1000mm，特别是在长距离顶管施工中。无论其精确的管道宜径是多大，微型隧道的施工精度要求都比较高，通常采用地表遥控的方法来施工事先确定了方位和水平高度的管道，施工中工作面的掘进、泥沙的排运和掘进机的导进等全部采用远程控制。微型隧道的主要应用领域在于铺设重力排水管道，其他形式的管道也可以用此法，但应用比例还不大；在某些施工条件下，微型隧道可能是在交叉路口铺设排污管道的有效方法。在研究用于新管道铺设远程控制微型隧道掘进机的同时，人们还开发了用于旧的污水管道在线更换的微型隧道掘进机，使得旧管道的破碎、挖掘和更换铺设在同一施工过程中一次完成。

（3）地下物流系统

由于目前发展地下物流系统具有较高的自动化水平，并通过自动导航系统对各种设备、设施进行校制和管理，信息的控制在整个物流系统中具有重要的地位。地下物流系统可以划分为软件部分和硬件部分：软件部分主要对应物流系统的信息控制和管理维护部门；硬件部分则主要对应系统的运输网络实体，即地下物流网络，其主要形式主要有管道形式地下物流系统和隧道形式地下物流系统。

采用管道运输和分送固、液、气体的构想已经有几百年的历史了，现有的城市自来水、暖气、煤气、石油、天然气输送管道以及排污管道都可以看作地下物流的原始形式，而时下研究较多的则是固体货物的输送管道。这类管道物流运输形式可分为气力输送管道、浆体输送管道、舱体运输管道。

早期的隧道形式货运系统多为轨道形式，如芝加哥和伦敦的地下货运系统，其中以伦敦皇家邮件系统最为著名。在伦敦地下商业街道 20 米以下，自 1927 年开始运行，连接 Paddington 和 Whitechpel 之间 10.5 公里双轨线上的 9 个州、4 个站，每天处理 400 多万件信件和包裹。1992 年开始研究将该系统扩展升级，延长约 7 公里，考虑向牛津街上的大商店配送货物。

目前发展隧道形式的地下物流系统运输工具多以电为动力，并具有自动导航等功能，如两用卡车（Dual Mode Truck）和自动导向车（Automated Guided Vehicle AGV）等。这类运输技术已经较为成熟，可以运输不同介质货物，如鲜花、包裹等，具有自动导航系统，是目前该领域研究的热点，正考虑实际应用。目前还有专家和学者提出真空磁浮理念，但这类技术尚未成熟，仅仅还停留在理论研究阶段。

地铁工程与隧道施工

3. 公共服务空间

城市商业、文娱等公共服务设施以越靠近核心区的地面越为集中，效益也越高。遵从空间效益分布规律，核心区低层与地下浅层空间应作为公共服务设施，形成集多功能于一体、地上地下功能协调的公共服务综合体，增强中心区的吸引力和服务中心功能。地下商业街可结合地铁站和地下步行通道建设，避免单纯的步行通道空间环境的单调性，实现地下空间开发的综合效益，提高投资的经济效益。

对于其他公共服务空间，如实验室、地下博物馆、观光隧道、体育馆和图书馆等，则根据具体功能要求而有选择地设在地下。如日本北海道上砂川町地下无重力实验中心，试验研究要求密封舱自由下落实现为重力环境，而需要建造超高的建筑或大深度竖井，因此利用原废弃矿井建设了该实验室，也得到了很好的效果。

（1）地下商业街

地下商业街又称"地下街"，最初在日本是因为与地面上的商业街相似得名，是城市建设发展到一定阶段的产物，也是在城市发展过程中所产生的系列固有矛盾状况下，解决城市可持续发展的一条有效途径。在地下商业街发展初期，其主要形态是在地铁车站中的步行通道两侧开设一些商店，经过几十年的变迁，无论从内容到形式上都有了很大的发展和变化，实际上已成为地下城市综合体，但至今在日本仍沿用"地下街"这名称。日本地下商业街始建于1930年，50年代起得到快速发展，1983年，全国每天约有1200万人进出地下商业街，因此日本地下商业街在城市生活中和在城市地下空间利用的领域中都占有十分重要的位置，在国际上也享有较高的声誉。由各国城市地下商业街建设的经验可知：城市空间容量饱和后，只有向地下开发，获取空间资源，才能解决由城市用地紧张所带来的系列矛盾。同时，地下商业街也承担了城市所赋予的多种功能，是城市的重要组成部分。伴随着地下商业街建设规模的不断扩大，将地下商业街同各种地下设施综合考虑，如将城市地铁、地下停车场、地下管道综合管廊、地下步行通道及地下商业设施等与城市地下商业街结合，形成具有城市厅功能的地下综合体，是未来地下城的雏形。

地下商业街的城市功能主要表现在以下四个方面，其中改善城市交通是主要功能。

① 地下商业街的城市交通功能

一般来说，一个城市的中心商业区的地面交通都是十分繁忙拥堵的，地下商业街能够很好地解决地面交通的矛盾，在带来经济效益的同时，使这个区域的交通得到很好的治理和改善。从地下商业街的基本类型和形态上就可以明显地看出其在城市交通中的作用。

地下商业街所在的位置一般都临近车站、中心商业区、广场、街道等，这些位置交通量大、人流密集、停车需求较多。有效地将人、车分流，提供便捷的地面交通与地下交通的转换枢纽，是大多数城市地下商业街建设的主要目的之一。与城市交通设施改造相结合的地下商业街，改善了城市的交通状况（静态交通、动态交通），吸引了地面人流的进入，尤其是对于地面交通"瓶颈"负荷大的地方，使人车混杂、车行缓慢的情况得到显著缓解。

②地下商业街对城市商业的补充作用

从地下商业街的组成情况看，商业在地下街中一般占 1/4 左右，面积相对并不很大，但是所创造的经济效益却是最高的，社会效益也很显著。地下商业街与地面大型商业建筑的布置形势和经营内容有所不同，大部分地下商业街都是中小型商店或餐饮娱乐店的一种综合体，他们对促进区域经济、提高经济效益起着补充和丰富的作用。

③地下商业街在改善城市环境上的作用

城市是一个大环境，空气、阳光、绿地、水面、气候、空间、交通状况、人口密度、建筑密度等，都对城市环境质量的产生影响。地下商业街的建设虽然只涉及上述的部分因素，但是城市再开发和地下商业街的建设，却使城市面貌有了很大的改观：地面上实现了人、车分流，路边停车明显减少，开敞空间得以扩大，绿地面积增加，小气候得到改善，容积率可以控制在理想的水平等，这些明显的改观对改善城市环境的综合影响是相当明显的。

④地下商业街的防灾功能

从地下空间的防灾特性看，与地面空间相比，地下商业街具有较强防护多种城市灾害能力的优势。城市地下空间的防灾性主要体现在两个方面：一是为地面上难以抗御的灾害做好准备；二是在地面上受到严重破坏后，保存城市的部分功能。例如在受到核武器攻击后，能够为城市居民提供避难场所，城市中的重要设施能够继续工作。除水灾外，城市地下商业街对多种城市灾害的防护能力均优于地面空间。

（2）地下场馆

由于科学技术的提高和受城市用地紧张的限制，作为公众活动载体的文化娱乐设施也开始越来越多的修建在地下。文化体育建筑的体量都很大，当土地紧缺、地价昂贵或者地面建筑受到限制时，地下文化体育建筑就成为当然的替代者。另外有一些设施在客观上就要求建在地下，例如一些地下遗址保护性的博物馆等。当然这种文化、娱乐、体育设施地下化是与地下空间的总体规划以及城市中心地区的综合开发结合起来的。目前，国内外已经建好的地下文化、娱乐、体育设施的种类繁多，数量也较为可观。随着城市人口的增加，相应的文化、娱乐体育设施的需求也会随之增长，因此，在地下建造文化、娱乐、体育设施对缓解城市基础设施的压力、改善人们的生活等都具有很重要的意义。建造在地下场馆有些在必要时可以作为核防空洞使用，有些则是巧妙利用废旧的矿山建造的，而建在地下的体育设施可以不受气候和天气的影响，保证比赛环境的质量，但是需要良好的照明、通风、防灾设施。

地下文化、娱乐建筑包括影剧院、会堂、俱乐部、文化宫等，体育建筑有综合体育馆和各单项运动的场馆，如地下网球场、冰球场、游泳池等。这些类型的公共建筑，没有对天然光线的要求，但要求人工控制气候，故很适合于建在地下环境中，但是从防灾和安全的角度看，由于空间的封闭和疏散的困难，特别对那些人员非常集中的影剧院、会堂等，存在着较多的不安全因素和防灾上的隐患。

有一些城市有山，或者基岩埋藏较浅，有条件在岩层中建造一些公共建筑。由于岩石的防护能力较强，如果具备良好的地质条件，又在设计中妥善解决了安全和防灾问题，建造一些规模不太大的地下文娱体育设施，仍是有积极意义的。我国的大连、重庆、青岛、杭州、厦门等城市，和北欧的一些国家，如挪威、瑞典、芬兰等，结合民防建设在山体中建造一些文娱体育设施，还是比较成功的。

4. 防灾空间

贯彻平战结合原则，地下空间应同时具备防灾与其他等两种以上功能，地下工程开发建设要求具备及时、快速的平战转换功能，防灾与其他功能设施建设同时进行，发展功能复合型的地下空间。地下交通、地下公共服务空间应同时作为灾害发生时的掩蔽场所，考虑相应的疏散通道、抢救医护和战时指挥中心等功能设施的配套，提高城市整体防灾抗灾能力。

在我国，地下的防灾空间主要是人民防空工程，也叫人防工事，是指为保障战时人员与物资掩蔽、人民防空指挥、医疗救护而单独修建的地下防护建筑，以及结合地面建筑修建的战时可用于防空的地下室。人防工程是防备敌人突然袭击、有效地掩蔽人员和物资、保存战争潜力的重要设施，是坚持城镇战斗、长期支持反侵略战争直至胜利的工程保障。

在 20 世纪 60 年代末、70 年代初，我国城镇曾掀起了"深挖洞"的群众运动。各单位、街道居民在房子底下挖洞，尔后相互连通，形成了四通八达的地道网。由于缺少统一规划、缺乏经验，加上技术力量不足，这些工程一般体量较小、质量较差，现统称为早期工程。随着时间的推移，人防工程建设逐步走上正规化、科学化的轨道，我国已经建成了一大批质量高、体量大、效益好的平战两用工程，人防工程的种类齐全，并形成了一定的规模，但是，因为过去大搞群众运动修建的早期工程已经在人们的头脑中留下了深刻的印象，所以许多人对人防工程建设的现状不了解，认识还停留在 70 年代的水平上，以为人防工程就是防空洞。实际上，这种看法是很片面的，经过 20 多年的发展，人防工程已经改变了过去的面貌和形象。

人防工程的分类：按照构筑形式分类。人防工程按构筑形式可分为地道工程、坑道工程、堆积式工程和掘开式工程。地道工程是大部分主体地面低于最低出入口的暗挖工程，多建于平地；坑道工程是大部分主体地面高于最低出入口的暗挖工程，多建于山地或丘陵地；堆积式工程是大部分结构在原地表以上且被回填物覆盖的工程；掘开式工程是采用明挖法施工且大部分结构处于原地表以下的工程，包括单建式工程和附建式工程。单建式工程上部一般没有直接相连的建筑物；附建式工程上部有坚固的楼房，亦称防空地下室。早期人防工程多为地道工程。20 世纪 80 年代以来，人防工程的建设指导思想发生了战略性转变，强调平战结合，为经济建设和城市建设服务，新建的人防工程多为掘开式工程，位置较好，质量较高。同时，为了吸引人们到地下来，为人们提供了比较舒适的环境，一些人防工程装修的档次普遍高于地面建筑。

按照战时功能分类。人防工程按战时功能可分为指挥通信工程、医疗救护工程、防空专业队工程、人员掩蔽工程和其他配套工程等五大类。指挥通信工程是指各级人防指挥所及其通信、电源、水源等配套工程的总称；医疗救护工程是在战时提供医疗救护的地下中心医院、地下急救医院、医疗救护点的总称；防空专业队，工程是指各级抢险抢修、救护、消防、防化、通信、运输、治安专业队工程及相应的附属配套工程；人员掩蔽工程是指各级党政军机关，以及团体、企事业单位、居民区的掩蔽工程及其附属配套工程；其他配套工程是指地下医院、各类仓库、生产车间、疏散机动干道、连接通道、区域性电站、供水站、核化监测站、音响警报站等。

人防工程按平时用途分为地下宾馆（招待所）、地下商场（商店）、地下餐饮场所（如餐厅、饭店、饮食店、酒吧、咖啡厅）、地下文艺活动场所（如舞厅、卡拉 OK 厅、电影院、录像放映厅、展览室、射击场、游乐场、台球室、游泳池等）、地下教室、办公室、会堂（会议室）、试验（实验）室、地下医院（手术室、急救站、医疗站）、地下生产车间、仓库、电站、水库，以及地下过街通道、地下停车场等。

5. 生产空间

由于地下空间的特性，将生产设施置于地下或半地下，为需要防震、隔声、恒温（如精密仪器，机械制造和组装等生产工场）的工业厂房提供具有特征功能的生产空间，形成地上地下一体、竖向功能分区的生产综合体。除某些易燃、易爆性生产或污染较严重的生产外，其他类型一般都可在地下进行，特别是精密性生产，在地下环境中就更为有利。

在城市中，在地下进行某些轻工业或手工业生产，是完全可能的。我国一些城市利用人防工程进行纺织、制造类型的生产，取得较好效益。将变电站置于地下在城市未来的发展中将是一个主要的趋势。随着城市的发展，对电力建设带来两个问题：一是电力需求持续增长，市中心用电密度高，需要较多深入市区的高压变电站，以减少线损，但传统变电站的建设需要占用大量的土地；二是城区地价昂贵，环境要求严格，如噪声、火灾危险、电磁辐射效应等，在稠密的市区选择变电站址相当困难，而建设地下变电站可以利用城市绿化带或者利用大厦的地下室，例如前者有上海人民广场及北京王府井 220kV 变电站，后者有北京西单 110kV 变电站。现在，这种将变电站置于地下的建筑形式在国内外的城市建设中已经十分普遍，且取得了较为理想的效果。

6. 储藏空间

在地面上露天或在室内储存物资，虽然储运比较方便，但要占用大量土地和空间，有的为了满足储存所需的条件，要付出较高的代价，使储存成本增加；也有一些物资在地面上储存具有一定的危险性或对环境不利。地下储库一般属于深层地下空间，多位于地表面30m 以下，属于深层地下空间利用形态。地下储库之所以得到迅速而广泛的发展，除了一些社会、经济因素，如军备竞赛、能源危机、环境污染、粮食短缺、水源不足、城市现代化等的刺激作用外，地下环境比较容易满足所储物品要求的各种特殊条件，如恒温、恒湿、耐高温、耐高压、防火、防爆、防泄漏等，是一个重要的原因。

在各种储存物资中，液化气、石油等能源物资的贮藏，对维护结构强度和环境稳定性要求都很高。充分发挥地下空间特性，建设地下石油基地、大深度地下 LNG，LPG 等地下贮罐，既能满足战略物资的储藏要求，还能大大提高投资的效益。在中心城区商业、物流业需要规模较大的仓储空间以储藏一般性物资，如冷库、粮食库或货物仓储库等，通过开发利用地下空间，建设地下冷库、粮食库和货物仓储库，能有效节省地面空间以作为更高经济效益的功能空间，全面提高仓储效益。

与在地面上建造同类储库相比，地下空间具有良好的防护性能、热稳定性、密闭性等特点。近年来随着各国人口的增长，土地资源的相对减少，环境、能源等问题日益突出，地下储库由于其特有的经济性、安全性等发展很快，其数量约占整个地下空间利用量的40% 以上，成为迄今为止在开发利用地下空间的事业中，规模最大、范围最广、效益最高的领域之一。联合国经社理事会在提倡和推动地下空间开发利用的努力中，也特别关注发展地下储库的潜力。我国是一个多山的国家，许多城市地处山区、丘陵或半丘陵地区，有的则处在丘陵与平原的交界处，还有的完全处于平原地区，因此，合理规划、因地制宜地利用当地的地下空间资源开发地下储库，将具有深远的意义。

7. 其他功能空间

其他功能空间包括地下文物及旅游资源开发等，城市地下沉淀了两千多年的历史文化，开发利用地下空间建设地下博物馆，既能保护历史文物，延续城市历史，又能充分开发利用旅游资源，发展城市经济。比如湖南长沙的马王堆汉墓就是在发掘的墓室上建造起的一个博物馆，是湖南省博物馆的一个重要的组成部分，每年吸引着成千上万的国内外游客前去参观。此外，城市地下废矿井、天然洞室均有其景观奇特的一面，可以开发作为旅游观光设施。如张家界的龙王洞、北京的京东大溶洞、利川市的腾龙洞等都是享誉海内外的旅游胜地。

8. 地下综合体

地下综合体是在近三、四十年间发展起来的一种新的建筑类型，是多种地下构筑体的综合布置。随着城市经济和社会的发展，以及城市集约化程度的不断提高，传统的单一功能的单体公共建筑已不能完全适应城市生活的日益丰富和变化。伴随着人们对城市地下空间综合利用要求的不断提高，地下城市综合体这一新的建筑类型应运而生，其最重要的特点就是将多种类型的地下公共建筑有机的组合在一起，且建筑主体部分都位于地表以下，这也决定了地下城市综合体的其他特性和今后的发展方向。

欧洲、北美和日本等发达国家的一些大城市，在新城镇的建设和旧城市的再开发过程中，都建设了不同规模的地下综合体，成为具有现代大城市象征意义的建筑类型之一。欧洲国家，如德国、英国、法国的一些大城市，在战后的重建和改建中，大力发展高速道路系统和快速轨道交通系统，因此结合交通换乘枢纽的建设，发展多种类型的地下综合体，特点是规模大、内容多，水平和垂直两个方向上的布置都比较复杂。美国由于城市高层建筑过分集中，城市空间环境恶化，因此在高层建筑最集中的地区，如纽约的曼哈顿区、费城的市场西区、芝加哥的中心区等，开发建筑物之间的地下空间，与高层建筑地下室连成一片，形成大面积的地下综合体。加拿大的冬季漫长，半年左右的积雪给地面交通带来困难，因此大量开发城市地下空间，建设地下综合体，用地铁和地下步行系统将综合体之间和综合体与地面上的重要建筑物连接起来。

近10多年来，我国有些大城市为了缓解城市发展中的矛盾，已经开始了建设城市地下综合体的尝试。据不完全统计，目前正在进行规划、设计、建造和已经建成使用的已近百个，规模从几千至几万平方米不等，主要分布在城市中心广场、站前广场和一些主要街道的交叉口，以在站前通集散广场的较多，对改善城市交通和环境、补充商业网点的不足都起到了积极的作用。因此，借鉴国外经验，加强城市地下综合体的规划、设计和管理，对我国城市地下空间的发展是有重要意义的。

地下综合体的规模有大有小，其建设目的和功能也有所区别，有的以改善地面交通为主；有的以扩大城市地面空间、改善环境或保护原有环境为主；也有的是为了适应当地气候的特点而将城市功能的一部分转入地下空间。除此以外，地下综合体还有其他一些功能，如抗御战争破坏和自然灾害、隔绝外界恶劣气候的影响、促使地下公用设施管线的综合化等，也都是不能忽视的。

城市地下综合体一般都包括以下一些内容：

（1）地铁、公路隧道以及地面上的公共交通之间的换乘枢纽，由集散厅和各种车站、换乘枢纽组成；

（2）地下过街人行通道、地下车站间的连接通道、地下建筑之间的连接通道、出入口的地面建筑、楼梯和自动扶梯等内部垂直交通设施等；

（3）地下公共停车库；

（4）商业设施和饮食、休闲等服务设施，文娱、体育、展览等公共设施，办公、银行、邮局等业务设施；

（5）用于市政公用设施的综合管廊；

（6）为综合体本身使用的通风、空调、变配电、供水排水等设备用房和中央控制室、防灾中心、办公室、仓库、卫生间等辅助用房，以及备用的电源、水源、防护设施等。

第五节　城市地下空间功能与布局规划

城市的总体布局主要表现为城市主要用地不同形态的组成。体现在城市地下空间方面，则表现为在大体确定城市性质和规模以及城市总体布局基本形成后，在深入分析城市地下可利用资源、城市发展对地下空间的需求量以及测算地下空间合理开发规模的基础上，与城市总体规划相衔接，满足现有建筑在规划和对功能、形态、规模等的扩展要求，对城市地下空间中各种构筑物进行统一规划、合理布局，将地上和地下各部分有机整合后形成的。这一布局明确了城市开发利用地下空间的发展方向，是城市地下空间开发工作的指导，同时也是下阶段的详细规划和管理的依据。

城市地下空间布局，是城市众多因素的综合表现，包括社会经济条件、工程技术条件、城市历史和文化等等。此外，随着工程技术水平的提升，以及城市地下空间在城市发展中重要性认识的逐渐深化，城市地下空间布局也会不断得到完善，所以，在确定城市地下空间布局时，应意识到城市的发展和人们对城市地下空间开发利用认识和工程建设能力的提高，为城市今后的发展留有空间，对城市地下空间资源进行保护性开发，也就是在城市规划中常称的"弹性"。

一、城市地下空间功能、结构与形态

城市地下空间布局的核心是城市地下空间主要功能在地下空间形态演化中的有机构成，根据城市发展战略，在分析城市地下空间作用和使用条件的基础上，将城市地下空间各组成部分按其不同功能要求、不同发展序列，有机地组合在一起，使城市地下空间有一个科学、合理的布局。

城市地下空间是城市空间的一部分，因此，城市地下空间布局与城市总体布局密切相关，城市地下空间的功能活动，体现在城市地下空间的布局之中，把城市的功能、结构与形态作为研究城市地下空间布局的楔入点，有利于把握城市地下空间发展的内涵关系，提高城市地下空间布局的合理性和科学性。

1. 城市发展与城市地下空间结构的演化方式

居住、工作、游憩和交通是现代国际建筑协会于 1933 年在发表的（（雅典宪章》中列举的城市四大功能，因此，这四种功能也同样是城市地下空间所应具备的功能。

由于城市问题的不断出现，人们不断开发利用城市地下空间以解决这些问题，也就是说，城市地下空间功能的演化紧紧围绕着城市的发展过程，工业社会以前的城市规模较小，人们并不注重城市的环境、交通等问题，对地下空间的开发利用并没有迫切的需求，工业化社会以来，城市规模迅速扩大，城市中人与环境、交通等矛盾逐渐突显，利用城市地下空间越来越成为维系城市发展的需求，以 1863 年英国伦敦建造世界第一条地铁为标志，城市地下空间的功能转向了解决城市交通问题，此后世界各地相继建造了地铁来解决城市的交通问题，目前世界上已有几十个城市修筑了几千公里的地铁。

随着城市的发展和人们对生态环境要求的逐步提高，特别是 1987 年联合国环境与发展委员会提出城市可持续发展议程后，城市地下空间的开发利用已从原来以功能型为主，转向以改善城市环境、增强城市功能并重的方向发展，世界许多国家的城市出现了集交通、市政、商业等一体的综合地下空间的开发利用，如巴黎的拉德方斯地区、蒙特利尔地下城和北京中关村西区等综合型地下空间开发项目。

今后，城市的发展用地会越来越紧张，城市的环境会变得越来越好，城市地下空间的功能也必然专为解决城市生态环境问题，从而真正实现城市的可持续发展。

2. 城市地下空间功能、结构与形态的关系

城市地下空间的功能是城市地下空间发展的主要动力。城市地下空间的结构是城市地下空间构成的主体，城市地下空间的形态则是各构成部分空间形式的具体体现。城市发展的轨迹可以从这一形态的变化中呈现，虽然其发展变化没有统一的模式，但恰恰又是探求城市地下空间发展规律的重要方面，吴良镛教授指出："城市形态的探求不仅是模式的追求，而是一种发展战略研究，它来自更高的目标的追求"，城市地下空间功能、结构与形态三者的协调关系正是城市地下空间发展的标志。

城市地下空间功能和结构之间应保持相互配合、相互促进的关系，一方面，空间功能的变化往往是结构变化的先导，城市地下空间常因功能上的变化而最终导致结构的变化；另一方面，结构一旦发生变化，又要求有其他新的功能与之相配合，通过城市地下空间功能、结构和形态的相关性分析，可以进一步理解城市地下空间功能、结构和形态之间相关的影响因素，在总体上力求强化城市地下空间的综合功能，完善城市地下空间结构，以创造完美的地下空间形态。

二、城市地下空间功能的确定

1. 城市地下空间功能的确定原则

在城市地下空间开发利用过程中，其功能的确定在座城市规划时是十分必要的。城市地下空间的开发不同于地上空间，笔者认为应遵循以下原则：

（1）首先考虑人的因素

在利用城市地下空间时应首先考虑人的因素，做到"人在地上，物在地下"，比如把动态的和静态的交通空间放置在地下；由于地下空间的封闭性，人们只能短时间在地下活动，因此，长时间活动的项目最好安排在地上。只有充分考虑人的需求，把城市地上空间尽可能地留给人们，才能建设成以人为本的、城市景观与自然和谐发展的"山水城市"。

（2）引入地下是否适宜

在考虑安排城市地下功能时，不宜盲目，应充分考虑地下空间利用的可行性，在工程技术满足的条件下，把那些适宜引入地下的城市功能合理的引入地下，防止盲目引入地下造成无法挽回的空间浪费。随着科技的发展和社会的进步，工程技术也会得到完善和发展，现在不适宜引入地下的城市功能，在不久的将来可能就具备了条件，因此在运用这一原则时，应该有一定的前瞻性，为地下城市功能的扩展留有一定的余地。

（3）与原有构筑物相得益彰

在建造地下构筑物扩展城市功能的时候，要充分考虑原有构筑物，做到能与之充分融合，成为地上建筑的有益补充。比如为了改善交通修建的地下交通设施、为改善城市环境

修建的地下管网系统、为节省空间修建的地下公共设施等，这些城市功能在引入地下时，应充分考虑已有的各种建筑，在功能上相互补充，做到在扩大城市容量、提升城市功能的同时，更大地发挥原有建筑物的效用。

（4）注重城市的协调发展

城市发展的要求不但要扩大城市的空间容量，还要不断提升城市的环境质量，传统的扩大城市面积的做法已经不能解决现代城市发展中出现的各种问题了，只有统筹城市资源、地上地下空间统一规划，充分和巧妙地利用城市地下空间，才能在城市的交通、基础设施、环境等方面做到协调发展。

2. 功能类型

（1）民防工程（空间）

民防工程包括不能转换的民防工程和可转换的民防工程，不能转换的民防工程包括民防指挥所、专业队工程等；可转换的民防工程包括人员掩蔽工程、配套工程等，可转换的民防工程应结合工程特点，兼顾平时城市交通、市政等功能进行规划、设计、建设。

（2）非民防工程（空间）

非民防工程包括地下动静态交通空间、地下市政空间、地下公共服务空间（包括地下的商业、文化娱乐、科研教育、行政办公、体育健身等空间）、地下仓储物流空间等。非民防空间以满足城市需求，以缓解城市动、静态交通矛盾等功能为主，应根据开发规模、项目区位以及与其他地下设施的关系等条件，兼顾相应的民防功能。

3. 主要功能

城市地下空间的主要功能包括交通、市政公用、商业、文娱、居住、仓储、防灾等；地下交通有地铁、地下快速路、地下立交、地下步行系统、地下过街道、地下停车系统等；市政公用主要包括地下综合管廊、地下管线微型隧道、地下物流等；地下商业有地下商业街、地下商场、地下餐厅等；地下文娱有地下博物馆、地下展览馆、地下剧院、地下音乐厅、地下游泳馆、地下球场等。

三、城市地下空间发展阶段与功能类型

1. 城市地下空间发展阶段与特征

城市地下空间开发利用的过程可以总结为以下几个阶段，如下表所示：

表 1-5-1　城市地下空间开发的几个阶段

	初始化阶段	规模化阶段	网络化阶段	地下城阶段
功能类型	地下停车、民防	地下商业、文化娱乐等	地下轨道交通	综合管廊、现代化地下排水系统

	初始化阶段	规模化阶段	网络化阶段	地下城阶段
发展特征	单体建设、功能单一、规模较小	以重点项目为聚点,以综合利用为标志	以地铁系统为骨架,以地铁站点综合开发为节点的地下网络	交通、市政、物流等实现地下系统化构成的城市生命线系统
布局形态	散点分布	聚点扩展	网络延伸	立体城市
综合评价	基础层次	基础与重点层次	网络化层次	功能低下系统化层次

2.城市地下空间开发各发展阶段规划要点

在做城市地下空间规划的时候,不能脱离城市的发展实际,要充分考虑经济和社会发展水平的影响,与城市原有规划相协调,深入探讨地下空间的开发可能会受到的城市原有空间结构、形态、功能布局等因素的影响;在对城市做总体规划时,首先应认清城市所处的发展阶段,以及搞清楚需要引入地下空间的城市功能,然后在城市规划中结合地下空间开发的功能类型、发展特征,在宏观层面就城市布局形态、总体定位等进行规划与引导。

比如珠海市,其地下空间开发目前已处于规模化的发展阶段,结合城市经济社会发展水平、城市性质、发展战略与发展目标,判断本次规划期末,珠海市地下空间开发的阶段和功能的几个特征,见下表:

表1-5-2　规划期末珠海地下空间发展阶段与功能分析表

阶段	现状(2010年)	规划(2020年)	规划(2030年)
功能类型	民防单建工程、平战结合地下商业服务业、地下停车、隧道、人行通道等	地下综合体、地下交通设施、地下综合管廊、地下变电站等	地下能源物资储备、地下污水处理设施
发展特征	单体建设、功能单一、规模较小	以重点项目为聚点,以综合利用为标志	以轨道交通系统为骨架,以地铁站点港珠澳交通枢纽、口岸枢纽的综合开发节点,逐步向周边区域扩展
布局形态	散点分布	聚点扩展	网络架构,节点延伸
总体定位	民防工程分布广泛,功能类型相对单一;少数结合对外交通枢纽、地面商业中心建设的重点项目较为突出;开发层次上,以浅层地下空间资源开发为主	重点扩展的聚点发展层次,表现为以地下空间开发利用为手段,建设服务于城市可持续发展的各类地下现代化城市功能设施,较成熟发达的地下商业服务设施;开发层次上则表现出对浅层地下空间资源的充分开发利用	快速增长的网络化发展层次,表现为在城市基础设施能满足城市持续发展需求的基础上,以开发利用地下空间资源为手段,来创造更加舒适宜人的城市环境;开发层次上以浅层地下空间资源的充分开发利用,少量接近次浅层

四、城市地下空间总体布局

将具备各种城市功能的地下空间有机的组织、安排在一起是城市地下空间布局的核心，换句话说就是根据城市发展的需要，结合各种前期研究，在城市可利用的地下空间范围内，将不同的城市功能有机地组织在一起，并成为一个联合整体。

1. 城市地下空间的基本形态

城市地下空间一般可以分为以下几种基本形态：

（1）点状

点状地下空间是初级的、自发的地下空间利用方式，是构成城市地下空间复杂形态的基本要素，由于缺乏规划，这些地下空间虽然承担这部分的城市功能，但复杂多变。点状地下空间设施广泛分布在城市中，是城市地下空间构成的重要组成部分，承担这个中城市功能并发挥着显著的作用，如城市基础设施中，地下车库、人行通道以及各种储存库等。随着大规模的地下空间开发和利用，点状地下空间逐渐成为各种地下通道与城市地上空间的连接点，如地铁站连接着地面空间，同时也是人流集散点，随着地铁的发展，地车站的综合开发越来越成熟，大型的地铁站已经发展成为集商业功能、文化娱乐、人流集散、停车等多种功能为一体的地下综合体，在某种程度上更加强了其集散和连接的作用，点状地下空间还直接承担了城市上部功能的延伸。

（2）辐射状

辐射状地下空间的形态出现在地下空间开发利用的初期多以某一大型地下设施为核心，通过通道与周围地下设施相连，形成辐射状，这一利用形态通过对某一大型地下空间的综合开发，提升周围地块地下空间的开发深度和利用效益，在局部地区形成一个相对完整的地下空间体系，这种地下空间的利用形态多为地铁（换乘）站、城市中心广场等。

（3）脊状

通过线状地下空间将两侧的地下空间连通的地下空间形式成为脊状地下空间，这种形态不以解决城市动态交通为目的，多用于商业区域或地下停车系统中，地下商业街或地下车道构成其中的线状地下空间，两侧建筑下的地下室可能是商铺或停车库。

（4）网格状

随着地下空间利用的进一步发展，多个较大规模的地下空间联通逐渐成为需求，从而形成网格状地下空间形态，这一形态多出现在开发程度较大的城市中心区、城市商业区等，以地铁（换乘）站、地下广场、地下商业街为主要组成，且连接其他地下空间组成，由于这种地下空间利用形态对城市规划和建设管理的要求较高，因此一般出现在城市地下空间开发利用水平较高的地区，这一形态有利于将现有的城市地下空间整合形成一个系统，从而极大地提高地下空间的利用效益。

（5）网络状

随着城市地下交通的发展，整个城市的地下空间通过各种交通形式得以连通，整个城市便形成了以地下交通为骨架的地下空间网络系统，这种形态在规划城市地下空间总体布局时较为常见，通常情况下，地铁是这一系统的骨架，通过地铁（换乘）站，将各种地下空间有机地组合在一起，形成一个城市完整的地下空间系统。

（6）立体型（地上地下一体型）

立体型结构是综合考虑城市性质、规模和建设目标，将城市的地上、地下空间作为一个整体进行统筹规划，形成一个一体的、完整的空间系统，进而能够让地上、地下空间充分发挥各自特点，最终达到改善城市环境、促进城市发展、增强城市功能的目的。

2. 城市地下空间布局方法

（1）以城市形态为发展方向

城市地下空间的布局应与城市形态相协调，这是基本要求，城市地下空间的布局形态有单轴式、多轴环状、多轴放射等，单轴式多出现在带状布局的城市中，这样的布局有利于初期的发展，但当发展趋于饱和时，则会成为发展的主要制约因素；大多数城市的发展是呈多轴方向的、同心圆式扩展，因此，大多数城市的地铁呈环状布局，其地下空间的发展模式表现为多轴环状；多轴放射发展的城市地下空间有利于形成良好的城市地面生态环境，并能为城市以后的发展留有更大的余地。

（2）以城市地上空间功能为基础

城市是一个有机的整体，其地下空间与地上空间在功能和形态上相辅相成、密不可分，同时还存在相互影响、相互制约的关系，因此，城市规划过程中，要以既有的城市地上空间功能为基础，上部与下部统筹考虑，不能相互脱节，而这种上下对应的关系同时也是城市空间不断演变的客观规律的呈现。

（3）以城市轨道交通网络为骨架

在现代城市的演进过程中，轨道交通扮演着重要的角色，同时也对地下空间的发展起着决定性的作用，地铁站作为地下空间布局的重要节点，不但能辐射周围地区，同时还是城市规划和地下空间形态演变的重要组成部分，由于现在城市地下空间的需求是以解决市内交通问题为首要任务的，所以地铁的发展带动了其他城市功能低下空间的发展，而地铁线路的选择则要综合考虑城市发展中的各方面因素，最终形成一个遍及城市的网络，最终解决城市中各方向人流的通勤问题，可以这样认为，地铁网络可以在某种程度上综合反映一个城市的布局结构，城市地下空间规划以地铁为骨架，是可以充分顾及城市各方面利益的。

地铁车站的综合开发是除地铁交通因素外另一个值得考虑的因素，地铁站是一个人流集散的节点，与周围地下空间和地上空间相连通，大量的人流增强了周围空间的活力，巨大的商机也提高了开发城市地下空间的积极性。

城市地铁网络的形成并非一朝一夕之事，需要数十年，将城市地下空间网络化就要花更多时间，所以，在城市规划的过程中，要充分考虑近期的发展与长期的需求，通过不懈的努力，将城市地下空间以地铁为骨架，形成地下网络空间，以实现城市的可持续发展，城市中心区的环境得到改善。

（4）以大型地下空间为节点

随着城市地下空间的不断发展，地下空间的面积不断扩大而彼此相连，逐渐形成面状地下空间，这是人类利用地下空间拓展城市发展空间的客观规律和必然结果，在城市的中心地区和商业集中区，地下空间的形态多为面状，良好的交通条件形成较大的人流，因此，这些面状地下空间在设计时应充分考虑人流的疏散问题，使之尽可能不对地面构成压力，面状的地下空间能够连接更多建筑的地下构筑，形成更大的商业、文化、娱乐区，从而担负更多的城市功能。

在城市中心区或商业集中区，有可能规划有地铁线路经过，也可能没有规划地铁线路，在规划布局有地铁线路经过的地区时，要突显地铁站在城市地下空间体系中的重要作用，以地铁站为节点，综合开发这一地区的城市地下空间，在规划布局没有地铁线路经过的地区时，地下商业街、大型中心广场等大型地下空间是节点的首选，可以通过地下商业街等线状地下空间将周围连成一体，形成脊状地下空间形态，或者辐射状地下空间形态。

3. 地下空间开发的功能配置方式

地下空间的多种功能在不同情况下呈现出不同的空间关系，尤其在城市中心区，其空间关系表现出更为复杂的组合形式。以地下步行通道、地下车库、地铁站、地下商场等城市中心区最为常见的地下功能空间为例，他们在建筑组合中常构成复合设施。总体而言，由于地下一层是商业、步行活动的黄金层，其他要素尽量不占用地下一层，因此通常按照步行、商业、停车库、地铁站的顺序向下安排空间，常见的组合关系如下：

（1）多种要素形成高度集聚，将地下停车库安排在最底层，其余位于一层，这种模式是集约化程度最高的模式，其缺点是地铁车站与地下通道位于同一层，内部交通比较复杂；

（2）地下通道及商业化空间与地下车库复合，复合体与地铁站通过通道连接。这种模式的优点是功能区分清晰，便于管理，安全性也更好，是目前城市中心区使用最为广泛的一种形式；

（3）地铁站与通道、商业分设于不同的层面上。地铁在站台上层设站厅，便于地铁站的人流组织，站台设置于下层。这种方式是地铁站直接设置在建筑地下空间中较为典型的模式；

（4）停车库（场）、地铁站均独立于建筑地下空间之外，只是相互以通道相连，建筑地下的商业及通道进行适度的多层开发。这种模式的优点是便于管理，复合多层次开发的理念。

五、城市地下空间的竖向分层

城市地下空间向下一般可分成三个层次：浅层（0~-30m，中层（-30~-100m）、深层（-100m以下），现如今，世界发达城市地下空间开发大多在0~-50m的范围内，我国主要利用0~-30m范围内的空间。

城市地下空间在竖向分层规划时一般遵循"该深则深，能浅则浅；人货分离，区别功能"的原则，浅层空间适于规划人类短时间活动的城市功能构筑，如出行、购物等；而那些不需要或只需少数人的功能构筑，如贮存、物流等，则尽可能安排在较深的空间。

城市地下空间的竖向划分不但要考虑其开发利用性质和功能，还要考虑其位置、地形和地质条件等因素，特别是现有高层建筑对其使用的影响。

以珠海城市地下空间开发利用规划中竖向分层规划为例，将其分为浅层、次浅层、次深层三个竖向层面。

（1）浅层（0~-10m）

在城市建设用地下的浅层空间主要安排停车、商业服务、公共通道、人防等功能，在城市道路下的浅层空间安排市政设施管线、轨道等功能。

（2）次浅层（-10~-30m）

在城市建设用地下的次浅层空间主要安排停车、交通集散、人防等功能，在城市道路下的次浅层空间安排轨道线路、地下车行干道、地下物流等功能。

（3）次深层（-30~-50m）

在城市建设用地下的次深层空间主要安排雨水利用及储水系统、特种工程设施。

在规划期内，珠海市地下空间适宜开发深度主要控制在浅层（0~-10m）和次浅层（-10~-30m）之间，远景时期，随着地下空间的大规模开发，部分重点地区地下空间开发利用的深度可达次深层（-30~-50m）。

六、中国城市地下空间规划实践

我国部分城市虽然已经进行了地下空间开发利用的规划，但仍处于探索阶段，这些城市地下空间规划的编制理论不成熟、经验不够丰富，很多地方还有待完善和规范。这些城市对地下空间规划编制规范的制定虽然并不统一，但这些地方性的城市地下空间规划编制办法，在我国城市地下空间规划的编制方面进行了有益的探索，并对我国城市地下空间的规划有指导意义。

中国的城市目前正处于高速发展时期，快速发展的城市化进程加剧了土地资源的供需矛盾，在这样的背景下，城市地下空间资源的利用越来越受到城市经营者和管理者的重视。在国内，一些地下空间开发利用较早的城市，结合城市自身固有的特点和城市未来的发展目标，编制完成了适合自己城市发展的规划范围和规划层次，以指导城市地下空间的开发利用规划。这些规划主要集中在两个层面上：一是总规划层面上的城市地下空间开发利用，这类规划将中心城区或主城区作为规划的重点；另一个是控制性详细规划，这类大多是城市新区或 CBD 的建设规划。

我国有近 20 个大城市编制了城市地下空间开发利用规划，如北京、上海、深圳、南京、杭州等，在规划中主要对城市未来地下空间开发的规模大小、布局方式、功能实现、开发深度以及开发时序等做了说明，在城市地下空间开发利用方面明确了指导思想、标示出了重点开发地区等，为下一阶段城市科学、合理、综合开发利用地下空间奠定了坚实的基础。

另外，许多城市已经充分认识到开发利用地下空间的重要性，因此在旧城改造或新城建设时，结合地面规划，为地下空间的开发利用编制了控制性详细规划，如北京的朝阳 CBD、武汉的王家墩商务区、杭州的钱江新城核心区等，在这些已编的控制性详细规划中，对区域地下空间开发的深度、强度和规模做了详细的描述，对地下空间布局结构和形态提出了要求，即使地下空间开发的策略和投资模式也有详尽的阐述。比如为杭州钱江新城核心区编制地下空间控制性详细规划，该区域地下空间规划开发量为 230 万 ~250 万平方米，波浪文化城是该区域的核心，重点建设地铁换乘站，结合两者形成十字形地下空间结构，向下开发深度为地下 30 米。

中国学者在对地下空间开发利用规划编制的探索实践中，取得了很多值得总结的宝贵经验。中国的地下空间开发应该顺紧跟界城市地下空间发展的趋势，同时结合中国的国情，立足中国城市的实际，大力开发利用地下空间，这样既能在节约城市用地，增加城市容量的同时，做到提升城市的聚集功能，改善城市的环境，从而达到促进城市可持续发展、推进节约型社会建设的目的。制定符合中国特色、中国城市实际的地下空间开发利用指导思想和原则，可以在城市开发利用地下空间的过程中，避免盲目及无序开发所造成的地下空间资源浪费的问题。下面就编制中国地下空间开发规划应遵循的一些指导思想和原则做一简单介绍：

（1）指导思想

1）地下与地上相结合

城市地下空间的开发利用规划同传统的城市规划一样，要遵循空间资源开发利用的一般规律，同时还要考虑现有的城市格局，因此可以将地面规划看作地下规划的基础，将城市地下空间资源与地上资源看作一个有机整体，在制定规划是应综合考虑同地区地上地下空间的多种功能，做到开挖空间与现有空间有机整合，在充分体现土地价值的同时，保障城市空间整体协调、可持续发展。

2）保护与开发相结合

地下空间开发利用的不可逆性或较差的可逆性，要求城市地下空间必须坚持保护性开发的利用原则。城市地下空间资源是城市的重要土地资源，是城市未来发展的主要方向，然而地下空间与城市生态环境又有着密不可分的联系，城市的发展建设势必对城市的环境造成一定的影响，因此在一些生态敏感区域，应加强保护。

　　3）平时与战时相结合

　　城市地下空间的开发利用应注重平时与战时功能的灵活互换。开发利用城市地下空间在战时或灾时能提高城市的总体防灾抗毁能力，可以促进城市综合防空防灾空间体系的建设，平时的地下空间可以利用为商业空间、交通空间、休闲空间等，从而实现城市地下空间的国防效益、社会效益和经济效益的最大化，有效发挥城市空间复合利用所带来的多元效益。

　　4）近期与远期相结合

　　地下空间规划应强调与城市各层次规划的衔接与配合，结合城市总体发展战略与发展目标，科学预测中心城区在规划期内各发展阶段的地下空间发展规模，坚持因地制宜，远近兼顾，全面规划，分步实施，进而使城市地下空间的开发利用同经济技术发展水平相适应。

　　（2）指导原则

　　1）布局均衡，规模适度原则

　　地下空间的开发利用受城市经济发展、城市功能与目标、产业结构、人口规模等外部因素制约，因此在城市地下空间的布局上应从"生长"的城市发展理念出发，考虑布局的均衡和规模的弹性控制。

　　2）复合利用，鼓励连通原则

　　坚持竖向分层立体复合利用，鼓励横向相关空间互相连通，增强地下空间的利用率，扩大城市地下空间的边际效益。

　　3）公共优先原则

　　作为地面空间的延伸资源，地下空间的利用应优先满足公共利益需要，如安排必要的市政基础设施、公共交通设施和服务设施等项目。

　　4）以人为本原则

　　所谓以人为本的规划原则，是指地下空间规划编制过程中，不但要重视地下空间开发利用的功能，更要重视人居环境品质的改善和人们对地下空间设施本身的使用，在功能和形态（平面和竖向）上将人的需求置于一定的高度来综合考虑。

　　5）分期建设原则

　　在空间和时序上分阶段、分区域进行发展与控制，强化重点区域的开发力度与局部地区的整体性，保留与远景发展结合的规划和空间预留，在长期规划的基础上有重点地分期实施，优先考虑有效地解决近期突出的城市问题。

第二章　城市轨道交通系统综合效益体系

第一节　城市轨道交通系统综合效益体系分析

一、城市轨道交通系统综合效益的概念

随着城市轨道交通的发展，有关城市轨道交通系统带来的"综合效益"的分析和评估成为学术研究的热点，但对其内涵却仁者见仁、智者见智，并且尚无公认的定论。

查阅以往的文献记录，尽管"综合效益"一直作为一个固有名词出现，但对其定义却很少给出明确的答案。在现有的文献分析中，城市轨道交通系统所带来的效益研究前期往往关注于某一类效益的分析，例如经济效益、社会效益。较少的着眼研究城市轨道交通综合效益的文献，基本没有给出综合效益的具体概念。李志在分析城市轨道交通带来交通效益、经济效益、社会效益和环境效益这四种效益构成的基础上，认为"综合效益是全面评估城市轨道交通效益的总括性的成果，是交通效益、经济效益、社会效益和环境效益共同作用的结果，是交通效益、经济效益、社会效益和环境效益的统一。"这一概念的描述并没有具体给出城市轨道交通系统综合效益的内涵，而是从构成内容角度进行了描述；穆辉依据受交通影响的不同主体角度对综合效益做出了描述："综合效益是城市轨道交通的内部效益和外部效益：其中内部效益主要指的是企业的经济效益，外部效益指的是包括交通效益和社会效益的有机结合体。"这一概念与李志概念的不同点在于综合效益分类的角度不同，对于综合效益的概念同样也没有给出具体界定。郭其伟等对城市轨道交通综合效益的评价体系进行了研究，但对于什么是城市轨道交通综合效益则避而不谈。

对某一现象进行研究，首要任务是将研究对象的内涵进行界定。对城市轨道交通系统综合效益进行分析，首先要明确什么是城市轨道交通系统综合效益。对这一概念的分析，遵循"核心—外延"的分析思路。

在该名词中，"效益"是核心词。分析"综合效益"，势必需要明确什么是"效益"。在经济学中，"效益"被定义为"效益是指劳动（包括物化劳动与活劳动）占用、劳动消耗与获得的劳动成果之间的比较。"劳动成果的价值超过了劳动占用和劳动消耗的代价，其差额为正效益，即产出多于投入；反之，则为负效益。用同样多的劳动占用劳动消耗获

得的劳动成果多，效益就高；反之，效益就低。效益的高低，可以反映一个国家、地区、部门或者企业的经济管理水平。提高效益从宏观上讲是社会发展的物质保证，从微观上讲是企业前景兴隆的标志。

"综合效益"是在"效益"的基础上以"综合"进行描述，主要有两层含义：第一，效益的构成不是单一的，而是复合性的；第二，产生效益的劳动不是单一的劳动，而是复合性系统性的劳动。由此可以分析，"综合效益"应该是指系统性的劳动（包括物化劳动与活劳动）对资源的占用和消耗与获得的复合性的成果之间的比较。成果多于资源的占用和消耗，其比较结果为正，则该劳动获得的综合效益为正。成果小于资源的占用和消耗，其比较结果为负，则该劳动获得的综合效益为负。

在"综合效益"内涵确定的基础上，城市轨道交通系统综合效益内涵的确定也就水到渠成。城市轨道交通系统综合效益是指"城市轨道交通系统的建设对资源的占用和消耗与带来的各种成果之间的比较。"

从定义的内容进行分析可以得知，城市轨道交通系统综合效益的取得需要对两部分内容进行甄别：资源的占用与消耗，以及取得的成果。城市轨道交通系统需要占用和消耗的资源是多样的，主要包含以下几类：劳动力、土地、科学技术、资本、能源、原材料等。这些资源的占用和消耗的衡量标准和方法存在不一致。城市轨道交通项目的建设带来交通系统功能的极大改善，进而对城市及区域的经济系统、社会系统、环境系统等带来多方面的影响。作为综合效益中"成果"的表现，城市轨道交通系统的成果表现是多面的，也是多种方式的，其衡量标准和方法也存在不一致现象。

二、城市轨道交通系统综合效益的特点

1. 效益构成的复合性

欧美多数国家由于人口密度较小，因此对于城市轨道交通系统的效益构成淡化了经济效益的研究，只对部分经济效益进行评估，如时间价值经济效益和对科技带来的长期效益等。在评价方法上欧美机构和学者运用费用效益分析方法对城市轨道交通项目进行分析。亚洲国家和地区，如日本、新加坡、中国香港等，除了重点对城市轨道交通的微观经济效益进行分析和研究之外，还对城市轨道交通项目的环境效益等也进行分析。杨新华、陈世勋、张宪芝、焦朋朋、沈晓阳等对城市轨道交通系统带来的经济效益进行了重点分析，龚永谊、丰伟等、王颖、杨建华研究了城市轨道交通系统对土地增值方面带来的效益，韩春素、李靖、刘江涛、程刚、陈静等评价了城市轨道交通系统的社会效益；郭奇伟、李志、穆春、郝成等评价了城市轨道交通系统的综合效益。

城市轨道交通项目是一项系统工程，其建成运营需要很长的时间和很大的资源投入才能完成，同时随着社会对城市轨道交通效益认识的逐步深入，城市轨道交通系统效益的综合性逐渐显现，这种显现表现效益本身由单一性转向综合性。

城市轨道交通对区域整体发展产生的效益，有直接效益也有间接效益。有表现为经济增长、资源升值的经济效益，有缩短出行时间、提高旅行舒适度的交通效益，有带动就业、提高区域知名度的社会效益，也有提高能源利用效率、减少污染物排放的环境效益，因此，从不同层面看，城市轨道交通系统带来的综合效益都不是单一性的，而是复合性的效益。我们对于城市轨道交通系统带来效益的认识也是逐步深入的。

2. 时间维度的延展性

城市轨道交通项目从规划、建设到运营需要经历很长的时间。伴随这一进程其综合效益也逐步发挥出来，其表现内容也在建设或运营的不同时间段表现方式也不同。在项目规划期间，主要表现为对轨道项目沿线的土地价值的提升；在建设期间，直接表现为对资源占用和消耗大于收益从而表现为负效益。但同时由于工程建设带来的劳动就业机会增加和原材料需求增加也会对区域经济的发展带来促进作用；在轨道项目投入运营后，直接效益表现为改善城市交通环境，提高交通效率和旅行舒适度，同时带来由于替代其他公共交通工具而带来的能源消耗降低的环保效益，因此，从释放时间上来开，城市轨道交通项目综合效益具有延展性。

城市轨道交通系统综合效益在时间维度上的延展性还体现在轨道交通项目运营之后给区域带来的后发影响。城市轨道交通系统会带来城市交通网络的完善，影响到城市不同功能区的形成，也会影响到城市立体结构形态的形成。城市轨道交通系统带来的快速便捷的轨道交通缩短了交通的地理空间和居民出行的心理空间，突破了集中式空间结构，使城市居住区可以形成空间相对分隔但交通快速连接的多中心轴线式结构。东京和巴黎的城市功能形态就由于轨道交通网络而得以形成多中心性的结构。东京形成了池袋、新宿、涉谷、大崎、上野、锦丝町和银海七个副中心，巴黎的地铁环线上形成了共和国广场、戴高乐广场和巴士底狱广场三个副中心。可见，轨道交通对人口的强大疏解作用诱导人们远离市中心居住而形成了副中心，影响了城市空间形态的构成，因此，轨道交通作为一种大运量、快速、舒适现代化的客运交通方式，对城市空间结构调整、引导城市土地利用向合理的方向发展所起到的积极作用。东京巴黎、纽约等世界大城市规划与建设的经验表明，通过轨道交通建设，城市才有可能实现对传统集中式空间结构的突破，建立空间相对分隔但交通快速连接的新型生态城市结构。这种缓解大城市病的加剧、土地集约利用方式的城市轨道交通效益，都是在轨道交通项目运营很长时间以后才会慢慢释放。

3. 作用群体的扩散性

城市轨道交通项目建成运营后，轨道交通的作用群体所受到的效益会发生扩散。轨道交通的作用首先作用于轨道交通沿线的居民，使得他们出行效率得以提高；随着轨道交通带来的利益作用于沿线地产的价值，一般会促使地产价值得以提升；沿线商家、企业的收益也会随着得以提升一，得益于轨道交通带来大量的客流；沿线地区的产业结构与城市形态将随之发生变化，产业发展要素发生集聚或者扩散，形成不同的城市功能区，进而促使整个城市的空间形态发生变化。

城市轨道交通系统综合效益作用群体会发生扩散，其根本原因在于城市轨道交通系统作为准公共产品的外部性。正是由于轨道交通系统存在外部效益，因此轨道交通建成运营后，由于各种经济活动间的紧密联系，轨道交通作用会波及相关地区及行业，从而产生效益扩散。在区域发展要素流动、交换作用下，效益在作用群体以及各区域之间进行重新配置，因此会发生效益转移。轨道交通运营后使沿线区域居民出行时间缩短、出行成木降低、安全系数提高等效益。该效益经过扩散和转移之后，通过不同影啊路径扩散到沿线区域的商家，如房地产项目、商业服务项目等，促使这些作用主体效益得以提高。在要素重新配置的作用下，沿线区域或者成为集中居住区，或者开发成为某类要素集聚的产业区，或者沿线发展成为若干种集聚区。例如地铁沿线地区，在轨道交通项目运营之后，不仅提高沿线地区居民出行效率的提高，而且促使大钟寺商业服务区、北部居住区、中关村软件园等若干个大型城市功能区的加速形成。

4. 度量标准的多样性

城市轨道交通系统是区域发展过程的重要因素之一，连接着区域发展过程的各个环节，如生产与生产、消费与消费、生产与消费、投入与生产、投入与消费等。城市轨道交通系统本身的投入、产出的度量、城市轨道交通系统带来的投入和产出的识别具有复杂性，因而在度量上就存在多样性和一定的困难。作为重要的基础设施，城市轨道交通系统带来明显的经济效益、社会效益、交通效益以及环境效益的改善。这些子效益的度量标准并不统一，因此造成城市轨道交通系统综合效益衡量的困难。经济效益可以用物质标准来衡量，定量化方法相对比较成熟；社会效益则无法定量，例如对城市知名度提高带来的促进作用，对城市空间结构的优化作用，无法用定量方法进行衡量；城市轨道交通系统带来交通效率的提高部分可以量化，部分则无法量化。例如对乘客交通舒适度的提高带来生产效率的促进，定量化研究具有很高的难度。

除了度量标准的多样性之外，目前对城市轨道交通系统综合效益的评估方法尚没有成熟的、可供推广并且可以横向比较的方法。同时城市轨道交通系统相关的数据收集、计算也存在很大的难度。尽管很多专家学者致力于对城市轨道交通系统的效益进行研究，但获得一致认可的成果还比较少。

5. 子效益的协同性

协同是指元素对元素的相干能力，表现了元素在整体发展运行过程中协调与合作的性质。结构元素各自之间的协调、协作形成拉动效应，推动事物共同前进，对事物双方或多方而言，协同的结果使个个获益，整体加强，共同发展。导致事物间属性互相增强、向积极方向发展的相干性即为协同险。协同理论发展至今，不仅用于元素之间的关系研究，也可用于系统之间的关系研究。

城市轨道交通系统综合效益作为整体，可以分成交通效益、经济效益和社会效益三个子效益。综合效益整体得以提高是该系统发展的终极目标。子效益互相增强、向积极方向发展是综合效益得以提高的有效途径。为了实现综合效益的提高，子效益要相互配合、协同，多种效益汇集并相互影响，集聚为整体力量，从而形成超越原子效益功能加入的新效益。

　　交通效益无论从发生时间还是发生空间角度都是城市轨道交通系统最先产生的子效益。城市轨道交通系统作用于交通领域的效益，一方面提高了出行效率；另一方面为社会、经济乃至整个区域发展的要素重建配置提供了通道。这些效益为经济效益和社会效益的形成提供了基础；经济效益紧随交通效益而来，是城市轨道交通系统最显著的效益。经济效益的提高，一方面为城市轨道交通系统的规划、建设和运营提供资金支持和建设材料的支持，同时也会为社会效益的形成提供物质支持；另一方面，城市经济的发展还会对交通要素的空间配置提出一定的要求。两者相辅相成，互为因果；社会效益在发生时间上稍微落后，但社会效益的提高为城市经济和交通系统发展提供劳动力和科技支持。各子效益之间相互协调、互为基础，从而通过协同性的发展促使综合效益整体水平的提高。

三、城市轨道交通系统综合效益的构成与结构

1. 城市轨道交通系统综合效益的构成

　　城市轨道交通系统的效益构成有不同的分类。目前有关轨道交通效益的研究成果进行分析发现，对城市轨道交通效益的构成主要有四种观点。第一种分类方法是将所有效益划分为经济效益和社会效益；第二种分类方法着眼于效益是否可以用经济尺度来计量，把城市轨道交通系统综合效益分为有形效益和无形效益，其中有形效益是指能够用市场方法来定值的效益；无形效益则是指不易用货币衡量的效益，或者只能从理论上进行量化的效益；第三种分类方法是从城市轨道交通项目效益直接或间接产生的机理来划分，可以分成直接效益和间接效益。直接效益是指与主要目标效益密切相关的效益；间接效益则是指与项目非主要目标相关的效益；第四种分类方法是按照城市轨道交通的受益主体进行划分，分为经济效益、交通效益、社会效益和环境效益。穆辉从城市轨道交通受益主体出发，将城市轨道交通项目效益划分为经济效益、社会效益和交通效益，并给出了具体的效益表现内容。

　　经过分析后认为，城市轨道交通系统的综合效益由直接效益系统和间接效益系统组成，通过轨道交通、交通、经济、社会之间的相互交流、相互影响实现综合效益。城市轨道交通系统综合效益首先反映在轨道交通对轨道交通利用方和管理方带来的节省出行时间、提高交通舒适度、提高交通安全性、非正常条件可达性、提高运力等方面的交通效益上。这些效益构成了城市轨道交通系统的直接效益；因为城市轨道交通的直接效益而进一步引起经济与社会两方面的效益成为间接效益，同时反映在城市经济与社会两个子系统之间。

　　根据城市轨道交通系统综合效益逻辑结构图，进一步细化城市交通效益、城市经济效益和城市社会效益的具体表现。在以往的研究成果中，往往存在效益重复设置的问题。如"节约道路成本"与"节约城市土地"两项指标，在进一步的说明中都提到由于城市轨道

交通系统的建设与运营带来其他公共交通方式对道路、停车场等土地资源的节约。因此从效益表现上，本节对三大效益的具体表现进行了删减合并，最终确定了城市轨道交通系统综合效益的构成及具体表现。

2. 城市轨道交通系统交通效益

城市轨道交通系统交通效益是指城市轨道交通项目为城市交通系统及其他方面带来的效益。该效益的受益主体包括两方面：乘客、城市交通系统。当受益群体为乘客时，城市轨道交通系统交通效益体现为乘客提供高效率的出行工具，降低乘客出行的时间成本，提高乘车舒适度，改善交通安全系数；当受益群体为城市交通系统时，轨道交通项目增大了城市交通产品的供给量，从而改善公共交通工具的结构以及城市公共交通空间结构，缓解城市地面交通堵塞，改善城市公共交通的供求关系。同时，轨道交通通过大运量、便捷性的特征会引发新增客运量。

3. 城市轨道交通系统经济效益

城市轨道交通系统经济效益是指城市轨道交通项目为城市经济发展及其他方面带来的效益。该效益的受益主体包括：轨道运营企业、间接企业及城市经济系统。受益主体是轨道项目运营企业时，城市轨道交通项目给轨道运营企业带来了运营收益，直接经济回报为票务收益、空间租赁收益及其他相关服务收益。同时轨道运营企业还需要有系列的费用，主要包括轨道规划费用、建设费用及运营费用等。费用与收益的比较最终成为城市轨道交通带给轨道运营企业的效益。

城市轨道交通系统属于准公共产品，它带来的经济效益更多地体现在正向的外部性上。由于城市轨道交通项目的建设运营，沿线房地产企业、商业服务企业等相关企业的效益空间发生了巨大变化。国内外经验都证明，城市轨道交通项目可以极大地提升沿线地产价值；由于交通环境的改善，轨道沿线及周边交通条件改善后带来更多的客流，成为不同客流集聚地，相应的商业服务企业的效益也将不断提升，这些都属于城市轨道交通系统带来的经济效益范畴。

4. 城市轨道交通系统社会效益

城市轨道交通系统社会效益是指城市轨道交通项目为城市社会发展及其他方面带来的效益。该效益的受益主体包括：城市或相关区域、环境系统。受益主体是城市时，城市轨道交通项目会带来城市知名度的提高，投资环境的优化以及提供更多的就业岗位等社会效益；受益主体为城市环境系统时，由于城市轨道交通项目相比于公共汽车、小汽车等其他公共交通工具具有运量大、能耗低、集约利用上地的优点，使得城市环境得以保护和优化。

四、城市轨道交通系统综合效益的产生机理

1.城市轨道交通系统交通效益的产生机理

城市轨道交通由于速度快、准时性好、舒适度高以及安全系数高等特性，使沿线居民的出行获得直接效益，包括交通成本的降低（主要是时间成本）、舒适性的提高、安全性提高等。

由于城市轨道交通大运量的特征，可以极大地缓解城市地面公共交通运力不足的困境。为了节约空间，很多城市轨道交通项目采取了地下建设，极大地降低了地面交通拥堵的程度，通过减少地面交通延误、提高车辆运行速度、减少拥挤成本和减少交通事故从而提高准点率和安全系数。城市轨道交通还将诱增城市客运量，诱发新的出行需求。城市轨道交通通过作用于轨道交通使用者、城市公共交通系统产生众多的效益。

2.城市轨道交通系统经济效益的产生机理

城市轨道交通系统对经济发展的贡献可以分为两类：对沿线土地开发带来的效益、对经济增长的促进。

土地开发带来的促进效益主要表现在微观效益方面。土地开发的微观效益表现为轨道交通沿线用地地价和房价上升，促使用地的高密度开发和高强度利用，调整沿线土地的用地类型，形成高效益的用地结构。轨道交通主要通过增强可达性来影响其沿线站点周边区域土地利用的功能、强度及价格。轨道交通的建成运营，直接促使沿线地块可达性的提高，建设时期潜在的商业价值得到空前的提升。开发商为了追求利；就会扩大开发规模，提高用地强度。同时轨道交通将促使住宅和商业等高价值的用地设施向轨道交通沿线影响范围内高度集聚。

城市轨道交通系统对土地价值的提升国内外的经验已经证明，并被广泛接受。以日本为例，土井健司以名古屋城市圈轨道交通路网中某条郊外延伸线为对象进行了研究，分析对象为沿线范围内的土地所有者、居民和商家企业，分析该线路开通后的 15 年内利益归属的比例。

从中可以看出：在所有的利益中土地所有者获得的利益最多，且达到 70% 以上。上海轨道交通的例子也可以证明这一点．蔡蔚对上海轨道交通 1 号线带来的土地开发效益进行了研究。根据调查，地铁 1 号线 1995 年试运营。1994 年莘庄站 2 公里范围内的平均房价为 2399 元 / 平方米，1995 年则上升到 3190 元 / 平方米。这充分证明 1 号线建设对莘庄地区房价带来的巨大影响。

城市轨道交通系统对经济增长的促进表现在交通作为经济发展的要素，其改善对经济系统发展的作用。其作用通过四个方面进行：第一，轨道交通改善了城市交通环境，促进了经济发展要素空间配置渠道的畅通，提高了要素配置的效率，从而提高了城市经济发展水平；第二，轨道交通项目本身就是一项投资巨大的工程。投资作为城市经济系统的发展

要素，也会促进城市经济发展水平的提高；第三，轨道交通系统的建设对科学技术的要求也会提高。科技水平也是城市经济系统的发展要素，因此它的提高也会促进经济的发展；第四，城市轨道交通系统带来了劳动力流动的高效率，同时使劳动者自由时间得以增加，劳动力价值得以提高，因而会促进城市经济系统的发展。

3. 城市轨道交通系统社会效益的产生机理

城市轨道交通系统带来的社会效益表现为对环境的改善和对城市社会发展环境的优化。

从环境改善角度来看，轨道交通是环保性能高的交通方式，是公认的绿色交通工具。主要体现在三个方面：第一，轨道交通减少污染物的排放量；第二，轨道交通通过大运量的输送减少其他公共交通工具的投入，从而减少污染物的排放；第三，对空间的集约利用可以有效地减少土地资源的浪费。

从城市社会发展环境优化的角度来看，轨道交通作为高效率的出钧立方式，是较高科技发展水平的代表。第一，轨道交通项目的建设会大大提高城市的知名度；第二，轨道交通是长期的建设工程，需要大量的劳动力投入，因此对于缓解劳动力就业压力有很大帮助；第三，轨道交通作用于土地开发的长期作用的结果就是在宏观上引导城市空间结构的转化，促使城市扩张方式的转变，引导城市由摊大饼式的发展向多中心性结构演变。

第二节　城市轨道交通系统各类效益的系统关联性分析

一、城市轨道交通系统综合效益的分析方法

1. 系统动力学方法

系统动力学简称 SD，是麻省理工学院的 Jay W.Forrester 教授于 1958 年为分析生产管理及库存管理等企业问题而提出的系统仿真方法，最初称工业动态学。它是基于系统论，吸收了控制论、信息论精髓的一门综合自然科学和社会科学的横向学科，也是一门认识系统问题和解决系统问题的交叉综合学科。

（1）系统动力学特点

系统动力学方法以运筹学、系统论、控制论为基础，以现实世界的存在为前提，以计算机仿真技术为手段，从整体出发寻求改善系统行为的机会和途径。它依据对系统的实际观测信息建立动态的仿真模型，并通过计算机试验来获得对系统未来行为的描述。具体而言，系统动力学方法包括如下几点：

①系统动力学方法以控制论为理论基础。系统动力学方法认为每个系统之中都存在着信息反馈机制，在自然条件下，系统中的元素在变化过程中不断依据反馈调整变化速率，并且表现出整体的稳定性与规律性。系统动力学方法就是分析系统内部的反馈机制，通过

调节反馈信息，模拟系统的动态变化。

②系统动力学方法以系统论为方法论。系统动力学方法以整体观替代传统的元素观，把研究对象划分为若干子系统，并且建立起各个子系统之间的因果关系网络，立足于整体以及整体之间的关系研究。

③系统动力学方法以计算机仿真模拟为研究方法。系统动力学通过建立计算机仿真模型—流图和构造方程式，实行计算机仿真试验，验证模型的有效性，为战略与决策的制定提供依据。

（2）系统动力学相关概念

①因果反馈关系

如果事件A（原因）引起事件B（结果），AB间便形成因果关系，如果事件B（新原因）又引起事件C（结果），则ABC间便形成因果关系链。如果事件C反过来对事件A有影响，则ABC间便形成因果反馈回路。

②因果关系图

系统中各子系统以及子系统间各元素间存在彼此的因果反馈关系，形成多个因果反馈回路。因果反馈回路的彼此交错，形成因果反馈网。系统动力学中用因果关系图表示这种因果反馈网络关系，并具体规定了因果关系图的标准画法。

③积累变量

系统动力学方法将系统看成是一系列流的集合，通过对流的研究来掌握系统性质和运动规律。流的过程量称作"积累变量"，用以描述系统状态，系统输入输出流量之差为积累增量。

④决策变量

决策变量又称速率变量，是描述系统物质流动或信息流动积累效应变化快慢的变量，用以反映单位时间内物质流动或信息流量的增加或减少的量，且具有瞬时性的特征。

⑤辅助变里

从信息源到决策变量之间，起到辅助表达信自、反馈决策作用的变量。辅助变量设计是信息反馈决策表述成反馈结构的有用手段，是系统模型化的重要内容。

⑥流图

流图由"积累变量""决策变量"和"辅助变量"等符号构成，直观形象地反映系统结构和动态特征。流图是系统动力学建模的关键，在系统动力学中有明确的符号表示。

2. 系统动力学在城市轨道交通系统综合效益分析中应用

系统动力学用于分析城市轨道交通系统综合效益，主要应用领域在于对城市轨道交通系统综合效益子效益之间的互动关系的分析。

如前所述，城市轨道交通系统综合效益子效益之间存在相互依存的因果关系。系统动力学中因果反馈关系可以用于解释这种特征。由于城市轨道交通系统的完善，引起交通系统效率的提高，带来乘客及城市交通系统的效益，进而带动土地价值提升、经济发展要素空间配置、城市经济发展水平的提高以及社会效益的形成，因此，城市轨道交通系统与城市发展、城市轨道交通系统综合效益的一子效益之间存在因果关系链。同样经济效益的提高和社会效益的提高又会对城市轨道交通项目提出新的要求，引发城市轨道交通系统的完善，因此整个系统之间存在因果关系。

系统中的因果关系使系统形成一个整体进行自我调节。大系统中出现了局部的自调节行为，从而形成环形小系统，这种小系统形成反馈回路，被称为基本反馈关系。在城市轨道交通系统综合效益中，交通效益、经济效益和社会效益之间会形成若干基本环形小系统，可以用系统动力学的基本反馈关系来解释。

二、城市轨道交通系统综合效益系统结构分析

1. 综合效益内部表现为层次性结构

城市轨道交通系统综合效益内部结构体现为各种效益的层次性。整个综合效益是一组有序的、多层次结构的统一体，其多样性和统一性通过不同组成效益的层次性表现出来。综合效益的表现如提高可达性、提高舒适性、节约能源、集约利用土地、提高经济发展水平、提高城市知名度、改善空间结构等，通过分别所属的子效益（交通效益、经济效益、社会效益）的相互缀合而构成。子效益不仅联合形成了综合效益整体系统，而且每个子效益内部又包含不同级别中的不同层次。每个子效益又可分为更低层级的亚效益。例如，交通效益又可分为面向城市轨道交通使用者的效益、城市交通系统的效益。经济子效益又分为面向城市经济系统的效益、土地增值效益、其他相关企业效益等。子效益不是各部分亚效益的杂乱无序的堆积，而是相互之间有着密切关系的有机整体。系统内部各子系统之间有着紧密的联系，这些联系复杂多样，有线性和非线性，单向和多向的联系，稳定与不稳定的联系，且他们相互交织，相互依存。

2. 综合效益外部表现为空间维度的地域性结构

城市轨道交通系统在不同地域有不同的效益表现和效益结构，具有明显的地域分异性结构特征。位于不同区位的地块和厂商，接受的轨道交通系统带来的效益明显不同。距离远近、商业性质不同产生效益复合为一个整体，尽管在空间具有分异性，但激发了综合效益的变异以及成为城市轨道交通系统发展的动力。

3. 子效益间表现为功能维度的依存性结构

由于子效益的层次性所表征出的不同特点，为了维护整体综合效益的稳定有序发展，不同的效益承担了各异的功能。功能结构上的相互依存，保证了更高尺度效益的自组织与自适应，完成综合效益对子效益变化的吸纳。

从依存性上来分析，经济效益和社会效益对交通效益的依存表现在对交通要素的需求

上。经济效益和社会效益的实现是在交通效益实现的基础上得以实现的，是城市轨道交通综合效益的主体结构。城市轨道交通系统综合效益的提高，最直观的表现必然需要提高经济发展水平并优化城市空间结构。这一目标的实现一方面依赖于城市发展要素的提高与投入，在城市发展的成熟期，另一方面更依赖于对高效、快捷、大运量的交通线路的建设。

交通效益和社会效益对经济效益的依存表现在对经济投入的需求上。经济效益得以提高，交通项目才能更好地建设，社会效益才能更好地实现。

交通效益和经济效益对社会效益的依存表现在对劳动力投入、城市知名度提高的需求上。他们一方面互为发展要素，同时又是发展要素集聚的结果。

4. 综合效益整体表现为动态性发展

尽管从某一段时间角度审视城市轨道交通系统的综合效益会是一个静态结果，但从发展的时间角度来看，城市轨道交通系统带来的综合效益是一个随着时间的推移而不断动态变化的结果。在短时间的子效益之间达到层次上和功能上的平衡之后，各自效益会随着城市轨道交通系统效益的不断释放而提高。在各自效益相互作用下，激发城市轨道交通系统不断优化，进而带来更高水平的综合效益。

三、交通效益与经济效益的驱动关系

1. 交通效益与经济效益之间的因果关系

因果关系是综合效益中普遍存在的关系。系统动力学的基本思想就是对系统结构进行因果关系分析，建立因果关系图。在交通效益与经济效益之间的因果关系中，交通效益为因，经济效益为果。

城市轨道交通系统作为推动城市经济发展的交通力量，在继承传统交通系统的功能的同时，进一步加速了这种规模扩张的趋势，极大地诱导并满足了城市交通需求，促进了城市经济效率的提高。日本1987年开通了东海道新干线，铁路运行速度提升到200km/h以上，使东京至大阪的旅行时间减少了近2/3，大大缩短了旅行时间，创造了时间效益，东京、大阪两大都市圈自身辐射能力极大提升，都市圈规模急速扩张，客运需求迅速增加，从而带动了整个日本经济的发展。

2. 交通效益与经济效益之间的反馈关系

在城市轨道交通系统的交通效益

与经济效益的反馈关系中，存在三个基本反馈环，形成三个环形小系统。

（1）反映的是城市轨道交通系统带来的交通效益与沿线土地增值带来的经济效益之间的反馈关系，包含了六个要素。表现为：边着城市—轨道交通系统的发展，沿线居民出行便利，带来沿线地块区位条件变优，从而带来地块的经济地租的提高。土地承租者为了充分利用便利的交通条件带来的区位优势，必然需要获得更高的级差地租从而获取更高的土地利用的利润空间。轨道交通周边的土地利用方式转变为商用或住宅，带来更高的交通需求量。增加的交通需求对城市轨道交通产品的供给又提出了新的需求。这种关系形成了第一反馈环；

（2）反映的是城市轨道交通项目交通效益与运营带来的经济效益之间的反馈关系。借助城市轨道交通项目这一载体，该反馈环包括两个要素：交通效益和运营效益。随着城市轨道交通项目带来交通效益的逐步提高，轨道交通项目运营的经济效益也将逐步提高；运营效益提高带来了运营服务质量的提高，对交通效益的进一步提升有不可忽视的促进作用。以上两个要素相互作用，也会形成正的反馈关系；

（3）反映的是城市轨道交通系统带来的交通效益与经济要素效益之间的反馈关系，主要包含三个要素。由于城市轨道交通系统带来的交通效益，促进了劳动力要素在空间上的高效移动，从而带来经济系统效率的提高，带来经济效益，而经济要素效益达到一定程度，若要有更高水平的提高，必然对交通效益提出新的要求，因而又带来交通效益新一轮的提高。这种相互作用，也将形成正的反馈关系。

四、交通效益与社会效益之间的驱动关系

1. 交通效益与社会效益之间的因果关系

城市轨道交通系统带来的交通效益与社会效益之间，交通效益为因，社会效益为果。

2. 交通效益与社会效益之间的反馈关系

在城市轨道交通系统的交通效益与社会效益的反馈关系中，存在两个基本反馈环，形成两个环形小系统。

（1）反映的是城市轨道交通系统带来的交通效益与环保改善之间的反馈关系，包含五个要素。表现为：随着城市轨道交通系统的发展，沿线居民出行便利，带来公交替代效益，从而减少其他公共交通方式，减少污染物排放，降低了交通工具能耗需求，也减少了土地投入。环保改善带来了城市生态环境的改善，直接表现为城市大气污染指数的降低和土地的节约，城市宜居条件得以改善。城市形象不断改善，从长远来看有更高的环保要求，因此需要有更多的轨道交通项目替代其他公共交通，又带来新的交通效益。这种关系形成了第一反馈环；

（2）反映的是城市轨道交通项目交通效益与城市格局优化之间的反馈关系。借助城市轨道交通项目这一载体，该反馈环包括两个要素：交通效益和城市格局优化。其中的关键点在于城市轨道交通项目带来区域可达性的提高，使得城市空间开发的效率和格局得以优化；从城市空间开发的角度，也出现另一种可能，某一区域在交通条件不便的情况下开发受阻。要提高该区域的开发效率，需要城市轨道交通项目做切入点改善交通要素，因此说城市空间优化反过来也会产生轨道交通需求，进而带来交通效益的提高。以上两个要素相互作用，也会形成正的反馈关系。

五、经济效益与社会效益之间的驱动关系

1. 经济效益与社会效益之间的因果关系

城市轨道交通系统带来的经济效益和社会效益的因果关系中，经济效益为因，社会效益为果。

2. 经济效益与社会效益之间的反馈关系

在城市轨道交通系统的经济效益与社会效益的反馈关系中，存在三个基本反馈环，形成三个环形小系统。

（1）反映的是城市轨道交通系统带来的经济效益与社会效益之间的综合反馈关系，包含六个要素。表现为：随着城市轨道交通系统的发展带来了经济效益，城市生产总值得以增加，带来城市就业人口的增加，带动城市财政税收的增加，因而城市有实力提高社会福利包括医疗卫生、教育、产业与就业扶持，也包括对交通设施的固定投资的增加，促进了城市轨道交通项目的建设，带来经济效益的提高。这种关系形成了第一反馈环；

（2）反映的是城市轨道交通建设带来的经济效益与城市活力的关系。城市轨道交通项目本身就是一个庞大的工程，在带来经济效益的同时也带来大量的建设量，城市出现蓬勃发展的朝气。另外，一个城市有快速、舒适的轨道交通方式，说明城市在运用新技术方面走在前列，城市活力得以增加；

（3）反映的是经济效益与环保效益之间的反馈关系。由于经济效益提高，城市在环保事业上的投入得以提高，带动了城市环境的改善。城市环境的优化，带来投资的增加、商务旅游的发展，最终又带动了经济系统的发展。四个要素相互作用，也会形成正的反馈关系。

第三节　城市轨道交通系统综合效益评估

一、综合效益评估指标体系的设计原则

科学的评估指标体系是轨道交通综合效益评估的前提。轨道交通综合效益评估指标体系是对轨道交通综合效益的系统反映。如果选择不当，评估指标就不能客观反映出城市轨道交通综合效益的实际水平。只有建立科学合理的评估指标体系，才有可能得出科学公正的评估结论。

城市轨道交通系统是一个典型的复杂巨系统，影响因素众多，为了更好地对城市轨道交通系统的综合效益进行评估，在设计城市轨道交通系统评估体系时应遵循以下原则：

1. 全面、客观性原则

全面、客观性原则要求所选指标能全面、客观地反映设计该指标的目的、作用与功能。选择城市轨道交通综合效益评估指标必须从客观实际出发，克服因人而异的主观因素的影响，以求对城市轨道交通系统的综合效益有一个客观真实的评估，全面准确地反映城市轨道交通系统的发展状况。

2. 可操作性原则

可操作性原则要求在设计城市轨道交通综合效益评估指标时必须目的明确、科学有效、简明实用、便于收集和量化、避免体系过大，指标层次过多、指标过细等问题。

3. 可比性原则

可比性包括两方面：一是纵向可比，即不同时间和空间范围上的可比性；二是横向可比，即不同地区、不同产业或行业之间的可比性。可比性原则要求城市轨道交通综合效益评估指标应该能反映城市轨道交通系统综合效益的共性特征，既能测度城市轨道交通系统的某一侧面，又能进行项目间的横向比较。

4. 层次性原则

层次性原则是指根据影响类别对评估指标设置层次，力求各层次之间关系明确、权重合理，并与所选择评估方法相容。城市轨道交通系统综合效益评估指标较多，为了更全面的评估城市轨道交通系统的综合效益，则需要对城市轨道交通系统各指标分层设置。

5. 不相关原则

不相关性原则要求为了保证最终评估的客观真实有效，在指标选取的时候，尽可能避免指标间的相关性，尤其是高度相关性。

二、综合效益评估指标体系构成与定义

城市轨道交通系统综合效益评估指标体系是由一组既相互联系又相互独立，并能采用量化手段进行分析的指标因子所构成的有机整体。根据城市轨道交通系统综合效益评估指标体系的设计原则，本节将城市轨道交通综合效益指标分为交通效益、经济效益和社会效益。

1. 交通效益指标

（1）运力替代效益

运力替代效益特指由于城市轨道交通线路运行替代公共汽车、出租车等公共交通资源而产生的效益，包括节省的车辆购置费、车辆运营费、交通设施建设费等。

随着城市轨道交通网络化运营时代的到来，城市居民出行愿意选择城市轨道交通的更多了，地铁客流出现了大幅增长，城市轨道交通的运力替代效益日益明显。

（2）可达性效益

可达性效益主要指非正常气候条件下城市轨道交通体现出的可达性优势而带来的效益。非正常条件主要指的是极端恶劣天气如暴雨、暴雪等带来的地面交通无法正常通行的情况。全封闭运营的城市轨道交通受天气影响小，尤其是大运量的地铁系统，是恶劣天气下保证交通畅通、正常输送乘客的最佳选择。

（3）安全性效益

安全性效益主要指与公共汽车、出租车和私家车相比城市轨道交通安全事故发生频率降低引起的经济损失减少的效益。

城市轨道交通系统具有专用的运行线路，其本身事故比地面交通事故要少得多，而且由于城市轨道交通对地面公交客运量的分流，缓解了地面道路交通的拥塞程度，从而间接减少了地面机动车辆发生交通事故的频率，从而减少了交通事故损失，带来了较大的安全性效益。

（4）出行效率效益

出行效率效益是指乘客选乘城市轨道交通而不乘地面公交车辆所节省的出行时间为社会创造价值而产生的效益。

（5）舒适性效益

乘客选择城市轨道交通系统就意味着选择了舒适的交通工具。舒适性效益指城市轨道交通比公交车舒适度高，由于在途时间短，乘车疲劳度下降，可使乘客的劳动生产率提高的效益。

2.经济效益指标

（1）运营效益

运营效益是指城市轨道交通项目的运营带来的经济效益，主要由运营成本和投资成本构成。国内外的城市轨道交通项目运营成本大多分为：运营费用和运营政府补贴；投资成本分为：建设费用和更新改造费用。

（2）经济增长效益

城市轨道交通的经济增长效益主要指城市轨道交通对城市经济的拉动效应，一般可分为直接效应和间接效应。直接效应指城市轨道交通在建设及运营过程中对直接关联产业带来的影响，如建筑、设计、监理、建材、机械制造、电子、冶金等行业；间接效应则指城市轨道交通建设发挥的辐射效应，这种效应作用于那些不与城市轨道交通建设主体发生直接业务关系的产业和社会群体，如房地产、环保、旅游、娱乐、电子商务等行业。

（3）沿线不动产增值效益

沿线不动产增值效益是指由于城市轨道交通沿线地区交通可达性、便捷性、舒适性的提高，从而改变地块的区位条件，引起不动产价值提升的效益。

（4）产业结构调整与布局优化效益

产业结构调整与布局优化效益是指由于城市轨道交通发展引起的区域内不同产业的调整与优化而带来的效益。

3. 社会效益指标

（1）能源节约效益

能源节约效益主要指由于城市轨道交通线路的运行替代其他城市交通方式带来的能源消耗减少而产生的效益。

（2）污染物减排效益

污染物减排效益指相比较其他城市交通方式而言，由于城市轨道交通线路运行污染排放降低带来的效益。

（3）土地节约效益

土地节约效益主要表现在城市轨道交通线路替代其他城市交通方式而减少的地面道路面积、停车场面积的使用带来的效益。

（4）就业带动效益

城市轨道交通作为一项重大基础设施建设，能够带动一大批相关产业的发展，促进新的经济增长点，为社会提供大量的就业岗位。就业带动效益就是指由于城市轨道交通线路的建设与运营带来的就业岗位的增加产生的效益。

（5）城市活力提升效益

城市交通可以被理解为维持城市协调运转的动脉，维持城市构成要素之间和谐关系的润滑剂，以及经济社会又好又快发展的重要参照。如果把城市比作一个人，那么道路就好像一条条血管，道路的通畅程度决定了一座城市的活力。城市活力提升效益是指城市轨道交通系统的建设增强了商品流通与人员流动，带动了城市良胜发展的效益。

三、综合效益评估指标取值设计

1. 交通效益指标取值设计

（1）运力替代效益

运力替代效益计算方法如下：

$$B_{11} = \sum_{i=1}^{n}(\frac{N_i \times C_{购置i}}{Y_i} + C_{运营i} \times N_i) + \sum_{i=1}^{m}(\frac{N_{设施i} \times C_{设施i}}{Y_{设施i}}) - C_{运营费用}$$

其中：B_{11} 为城市轨道交通带来的运力替代效益，万元；

N_i 为城市轨道交通替代的公交车、出租车数量，辆；

$N_{设施i}$ 为城市轨道交通替代的交通设施面积，平方米；

$C_{购置i}$ 为单位公交车、出租车购置费，万元／辆；

$C_{运营i}$ 为单位公交车·出租车年运营费用，万元／辆；

$C_{设施i}$ 为单位交通设施的建设费用，元／平方米；

Y_i 为公交车、出租车折旧年限，年；

$Y_{设施i}$ 为城市轨道交通替代的交通设施折旧年限，10 年；

$C_{运营费用}$ 为城市轨道交通线路年运营费用，元/年。

（2）可达性效益

可达性效益的计算方法如下：

$$B_{12} = D_{极端} \times T_{拥堵} \times F_{公交日均} \times GDP_{人} \times 0.5$$

其中：B_{12} 为城市轨道交通带来的可达性效益，万元；

$D_{极端}$ 为年平均极端天气出现次数，天；

$T_{拥堵}$ 为日均交通人拥堵时间，小时；

$F_{公交日均}$ 为城市轨道交通线路日均客流量，万人次；

$GDP_{人}$ 为单位时间人均国内生产总值，元/小时·人。

（3）安全性效益

安全性效益计算方法如下：

$$B_{13} = \sum_{i=1}^{n} N_i \times L_i$$

其中：B_{13} 为城有轨道交通带来的安全性效益；

L_i 为年单位车辆事故成本，万元/辆。

（4）出行效率效益

出行效益计算方法如下：

$$B_{14} = F_{线路} \times T_{轨道} \times GDP_{人} \times 0.5^{11}$$

其中：B_{14} 为城市轨道交通带来的出行效率效益，万元；

$F_{线路}$ 为城市轨道交通年客运量，万人次；

$T_{轨道}$ 为乘坐城市轨道交通每人每次平均节约出行时间，小时。

（5）舒适性效益

舒适性效益计算方法如下：

$$B_{15} = (F_{线路} \times CO_{往返} \times CO_{工作}) \times [(1 - R_{轨道}) / (1 - R_{其他}) - 1] \times T_{日均} \times GDP_{人}$$

其中：B_{15} 为城市轨道交通带来的舒适性效益，万元；

$CO_{往返}$ 为客流往返系数；

$CO_{工作}$ 为工作目的乘客比例；

$R_{其他}$ 为其他公共交通疲劳带来的生产效率降低；

$R_{轨道}$ 为城市轨道交通疲劳带来的生产效率降低；

$T_{日均}$ 为日人均劳动时间，小时。

2. 经济效益指标取值设计

（1）运营效益

运营效益的计算方法如下：

$$B_{21} = I_{车票} + I_{商业} - C_{运营} - C_{投资成本}$$

其中：B_{21} 为城市轨道交通带来的运营效益，万元；

$I_{车票}$ 为车票收入，万元 / 年；

$I_{商业}$ 为其他商业性收入，万元 / 年；

$C_{运营}$ 为城市轨道交通线路年运营成本，万元 / 年；

$C_{投资成本}$ 为轨道交通建设的投资成本，投资成本由建设费用和更新改造费用构成，万元 / 年。

（2）经济增长效益

这个指标很难量化，一般采用专家打分来定性确定。

（3）沿线不动产增值效益

根据国际国内类似项目研究的经验，城轨站点的最大影响半径设定为 2km，即 2km 之外的地块其价格变化受城市轨道交通的影响程度会非常小。为简化运算此处选取 2009 年、2010 年年初与年底城市轨道交通线路各站点 2000m 内外房价增幅差额为城市轨道交通线路影响带来的不动产价格影响，取房地产价格增值幅度为轨道交通线路为沿线带来的不动产增值效益。

沿线不动产增值效益的计算方法如下：

$$B_{23} = (p_2 - p_1) / p_1$$

其中：B_{23} 为城市轨道交通带来的沿线不动产增值效益，增幅百分比；

p_2 为城市轨道交通线路周边 2000m 以内区域的房地产价格增值，元 / 平方米；

p_1 为城市轨道交通线路周边 2000m 以外区域的房地产价格增值，元 / 平方米。

（4）产业结构调整与布局优化效益

这个指标很难量化，一般采用专家打分来定性确定。

3. 社会效益指标取值设计

（1）能源节约效益

能源节约效益的计算方法如下：

$$B_{31} = (N_{公交} \times E_{公交} + N_{出租} \times E_{出租}) \times V_{汽油} - N_{轨道} \times E_{轨道} \times V_{电}$$

其中：B_{31} 为城市轨道交通带来的能源节约效益，万元；

$N_{公交}$ 为城市轨道交通替代公交车数，辆；

$N_{出租}$ 为城市轨道交通替代出租车数，辆；

$E_{公交}$ 为每辆公交车年消耗能源，吨 / 年；

$E_{出租}$ 为每辆出租车年消耗能源，吨 / 年；

$V_{汽油}$为单位汽油经济价值，元 / 吨；

$N_{轨道}$为城市轨道交通车辆数量，辆；

$E_{轨道}$为每辆城市轨道交通年消耗能源，千瓦时 / 年；

$V_{电}$为单位能源经济价值，元 / 千瓦时。

（2）污染物减排效益

污染物减排效益的计算方法如下：

$$B_{32} = N_{公交} \times P_{公交} + N_{出租} \times P_{出租}$$

其中：B_{32}为城市轨道交通带来的污染减排效益；

$P_{公交}$、$P_{出租}$分别为每辆公交车空气污染成本、每辆出租车空气污染成本，万元 / 年。

（3）土地节约效益

$$B_{33} = (\sum_{i=1}^{n} S_i - S_{轨道}) \times IV_{机会}$$

其中：B_{33}为城市轨道交通带来的土地节约效益，万元；

S_i为城市轨道交通节约的交通设施的面积，平方米；

$S_{轨道}$为城市轨道交通占地面积，平方米；

$IV_{机会}$单位面积的机会成本，万元 / 平方米。

（4）就业带动效益

据统计：每四万亿投资约创造 5600 万左右的直接就业岗位，其中项目建成后的长期性就业岗位 560 万个左右，项目建设期间的阶段性就业 5000 万左右。由于本节计算的带动就业效益是地铁建设完成后 2009， 2010 两年的效益，所以在此只计算城市轨道交通投资地带来的长期就业岗位。

城市轨道交通每亿投资约创造的长期就业岗位为 140 个长期就业岗位。

就业带动效益计算如下：

$$B_{34} = IV_{轨道} \times 140 \times GDP_{人均地区}$$

其中：$IV_{轨道}$为城市轨道交通线路总投资额，万元；

$GDP_{人均地区}$为地区人均 GDP，万元 / 年。

（5）城市活力提升效益

这个指标很难量化，一般采用专家打分来定性确定。

四、综合效益评估方法与模型选择

1. 综合效益评估方法介绍

目前，用于评估的方法有很多，而各种方法适用的范围又各不相同，如何选择一种好的评估方法，正确地评估评价对象是一个非常重要的问题。目前，在综合评估研究领域里，普遍采用的是层次分析法（AHP）、模糊综合评判法等方法等。

（1）层次分析法

层次分析法（AHP）是将决策有关的元素分解成目标、准则、方案等层次，在此基础之上进行定性和定量分析的决策方法。层次分析法的步骤如下：

1）通过对系统的深刻认识，确定该系统的总目标，明确规划决策所涉及的范围、所要采取的措施方案和政策、实现目标的准则、策略和各种约束条件等，广泛地收集信息。

2）建立多层次递阶结构，按目标的不同、实现功能的差异，将系统分为几个等级层次。

3）确定递阶结构中相邻层次元素间相关程度。通过构造两两比较判断矩阵，确定对于上一层次的某个元素而言，本层次中与其相关元素的重要性排序。

4）计算各层元素对系统目标的合成权重，进行总排序，以确定递阶结构图中最底层各个元素的总目标中的重要程度。

层次分析法的整个过程体现了人的决策思维的基本特征，即分解、判断与综合，易学易用，而且定性与定量相结合，便于决策者之间彼此沟通，是一种十分有效的系统分析方法，广泛地应用在经济管理规划、能源开发利用与资源分析、城市产业规划、人才预测、交通运输、水资源分析利用等方面。

（2）模糊综合评价法

模糊综合评价方法是应用模糊变换原理，考虑与评价对象相关的各种因素，对其所做的综合评价。模糊综合评价方法的基本原理是：首先确定被评判对象的因素（指标）集和评价（等级）集；再分别确定各个因素的权重和它们的隶属度向量，获得模糊评判矩阵；然后把模糊评判矩阵与因素的权向量进行模糊运算并进行归一化，最终得到模糊评价综合结果。

模糊综合评价计算步骤如下：

1）给出对象集：$X = (x_1, x_2, \cdots\cdots, x_i)$。

2）找出因素集（或称指标集）：$U = \{U_1, U_2, \cdots\cdots, U_N\}$。表明对被评判事物从哪些方面进行评判描述。

3）找出评语集（或称等级集）：$V = \{v_1, v_2, \cdots\cdots, v_n\}$。实际上是对被评判事物变化区间的一个划分。

4）确定评判矩阵：$R = (r_{ij})_{m \times n}$

先通过调查统计确定单因素评价向量。然后由各单因素评价向量得到评价模糊矩阵。

5）确定权数向量：$A = (a_1, a_2 \cdots\cdots, a_n)$

6）选择适当的合成算法：

常用的两种算法：加权平均型和主因素突出型，其中加权平均型常用在因素集很多的情形，它可以避免信息丢失；主因素突出型算法常用在所统计的模糊矩阵中的数据相差很悬殊的情形，它可以防止其中"调皮"数据的干扰。

7）计算评判指标

模式综合评价的结果是被评事物对各等级模糊子集的隶属度，它一般是一个模糊向量而不是一个点值，因而它能提供的信息比其他方法更丰富。若对多个事物比较并排序，就需要进一步处理，即计算每个评价对象的综合分值，按大小排序，按序择优。

（3）灰色关联分析法

灰色系统理论是我国著名学者邓聚龙教授于 1982 年提出的。他的研究对象是"部分信息已知，部分信息未知"的"贫信息"不确定性系统，它通过对部分已知信息的生成、开发，实现对现实世界的确切描述和认识。换句话说，灰色系统理论主要是利用已知信息来确定系统的未知信息，使系统由"灰"变白。灰色系统理论应用到综合评价问题主要方法是灰色关联度分析，也就是基于灰色关联度分析的综合评价方法。

灰色关联度分析方法就是根据因素之间发展态势的相似或相异程度来衡量因素间关联程度的方法。进行关联度分析，首先要找准数据序列，即用什么数据才能反应系统的行为特征。当有了系统行为的数据列后，根据关联度计算公式便可算出关联程度。关联度反应各评价对象对理想（标准）对象的接近次序，即评价对象的优劣次序，其中灰色管理度最大的评价对象为最佳。

灰色综合评价的具体步骤如下：

1）确定比较数列（评价对象）和参考数列（评价标准）

设评价对象为 m 个，评价指标为 n 个，比较数列为：

$$X_i = \{X_i(k) / k = 1, 2, \cdots\cdots, n\} i = 1, 2, \cdots\cdots, m$$

参考数列为：

$$X_0 = \{X_0(k) / k = 1, 2, \cdots\cdots, n\}$$

2）确定各指标对应的权重

可利用层次分析法等确定各指标对应的权重：

$$W = \{X_0(k) / k = 1, 2, \cdots\cdots, n\}$$

其中 W_k 第 k 个评价指标对应的权重。

3）计算灰色关联系数。

4）计算灰色加权关联度，建立灰色关联度。

5）评价分析。

根据灰色加权关联度的大小，对各评价对性进行排序，可建立评价对象的关联序，关联度越大其评价结果越好。

（4）数据包络分析法

数据包络分析是以"相对效率"概念为基础，对相同类型的单位（部门）进行相对有效性或效益评价的一种新的系统分析方法，它是处理多目标问题的好方法。它应用数学规划模型计算比较决策单元之间的相对效率，对评价对象做出评价。

DEA 方法应用的步骤如下：

1）明确评价目的；

2）选择 DMU；

3）建立输入／输出评价指标体系；

4）收集和整理数据资料；

5）DEA 模型的选择和计算；

6）分析评价结果。

（5）人工神经网络评价法

人工神经网络主要是由大量与自然神经细胞类似的人工神经元互联而成的网络。人工神经网络的工作原理大致模拟人脑的工作原理，即首先要以一定的学习准则进行学习，然后才能进行判断评价等工作。它主要根据所提供的数据，通过学习和训练找出输入与输出之间内在联系，从而求取问题的解。人工神经网络反映了人脑功能的基本特性，但并不是生物神经系统的逼真描述，只是一定层次和程度上的模仿和简化。

人工神经网络评价方法的计算步骤如下：

1）确定评价指标集，指标集个数为 BP 网络中输入节点的个数；

2）确定 BP 网络的层数，一般采用具有一个输入层、一个隐含层和一个输出层的三层网络模型结构；

3）明确评价结果，输出层的节点数为 1；

4）对指标进行标准化处理；

5）用随机数（一般为 0~1 之间的数）初始化网络节点的权值与网络阈值；

6）将标准化以后的指标样本值输入网络，并给出相应的期望输出；

7）正向传播，计算各层节点的输出；

8）计算各层节点的误差；

9）反向传播，修正权值；

10）计算误差。当误差小于给定的拟合误差，网络训练结束，否则转到 7，并继续训练。

11）训练所得的网络权重用于正式评价。

（6）投入产出分析法

投入产出分析亦称之投入产出法、产业关联、部门联系平衡法等。它是以最终产品为经济活动目标，研究各种经济体系（如企业、公司、部门经济、地区经济、国民经济）中，各个组成部分间的投入和产出之间相互依存关系的一种数量分析方法。

投入产出模型主要通过分析相关产业部门之间的相互关系，建立区域投入产出表，利用直接消耗系数表示的关系式分析研究区域经济系统中各部门间的相互依存程度，以计算建设项目的效益。

（7）基于粗糙集的综合评价法

粗糙集理论是波兰学者 Pawlak 于 1982 年提出的一种处理模糊性和不确定性的数学工具。它将权重确定问题转化为粗糙集的属性重要性评价问题，即通过知识约简得到权重。

基于粗糙集的综合评价法主要是利用粗糙集进行知识约简，得到各指标权重，然后再结合其他各评价法，进行综合评价。基于粗糙集的评价步骤依次为指标数据离散化，指标的筛选，指标权重的计算，评价综合值的计算。

2.城市轨道交通综合效益评估方法及模型确定

（1）各类综合评估方法优缺点比较

不同的综合评估具有不同的特点，适用于不同评估领域。典型的综合评估方法比较如下：

表 2-3-1　综合评价方法比较

评估方法	优点	缺点	适用领域	特点
层次分析法	易学易用，定性与定量相结合，便于决策者之间彼此沟通	主观性较强：指标权重确定随意性较大；处理因素众多、规模较大的问题时效果较差	应用在经济管理规划、能源开发利用与资源分析、城市产业规划、人才预测、交通运输、水资源分析利用等方面	适用于各层指标之间相关关系明确的问题，一般用于方案优选
模糊综合评价方法	数学模型简单，容易掌握，判断多因素、多层次的复杂问题效果较好，既可用于主观因素综合评价，又可用于客观因素综合评价	不能解决评价指标间相关而造成的评价信息重复问题	应用范围较广	研究对象具有"内涵明确、外延不明确"的特点
数据包络分析法	不需给出指标权重，完全基于指标数据的客观信息进行评价，剔除人为因素带来的误差，评价结果具有客观性	各决策单元从最有利于自己的角度分别求权重，忽略了相对重要性	应用于非单纯盈利的公共服务部门，如学校、医院，某些文化设施方面	适用于具有多种投入和多种产出的复杂系统
人工神经网络评价法	具有自适应能力和可容错性，能够处理非线性、非局域性的大型复杂系统	需要大量样本，典型训练集难以选取，且计算精度不高	模式识别、自动控制、信号处理、辅助决策、人工智能等众多研究领域	处理定量的，数值化的信息。

评估方法	优点	缺点	适用领域	特点
灰度综合评价法	应用参考数据列较好地解决了评价指标难以准确量化和统计的问题,并排除了人为因素	要求有样本数据且具有时间序列性,该方法只对评价序列做出评判,不反应绝对水平	适用于社会、经济管理等问题	适用于数据量较大的问题
投入产出分析法	在分析经济系统各部门间的相互依存程度方面,区域经济结构和生产技术的联系方面有优势	忽视技术进步、产业结构变化等对社会经济的影响,模型的应用范围和灵活性有限	应用于研究国民经济两大部类间,积累与消费间的比例关系,预测各部门的投入量和产出量。	适用于投入产出较明确的问题
基于粗糙集的综合评价方法	评价结果客观性强	对于连续数据的处理能力有限	工业控制、交通运输、农业科学、环境科学与环境保护管理、安全科学、社会科学、航空、航天和军事等领域	适用于处理离散的非确定数据

（2）城市轨道交通综合效益评估方法的确定

通过对各种评估模型的比较,本节选用基于层次分析的模糊综合评估模型对城市轨道交通系统综合效益进行评估,主要原因如下:

1）定性指标与定量指标同时存在。

城市轨道交通综合效益评估指标体系共有 14 个评估指标,其中大部分指标属于定量指标,但也存在少数定性指标,无法进行定量计算,对于这部分无法量化的指标,可以通过模糊综合评价方法进行打分取值。

2）指标间关系明确,具有明显的层次性。

城市轨道交通综合效益评估指标之间关系明确,具有明显的层次。为了便于对城市轨道交通综合效益进行评估，因此在进行城市轨道交通综合效益评估之前需要将评估指标分成若干层次，先在低层次上进行各影响因素的评估，然后对其评估结果再进行高一层次的综合评估，也就是说，每一层次的单因素评估都是低一层次的多因素综合评估，如此从低层向高层逐层进行。

第三章　城市轨道交通建设与地面交通组织管理技术

第一节　城市轨道建设工程特征及影响

轨道交通工程是一个复杂的系统工程，不仅涉及多种类型的土建工程结构，如隧洞、地下车站、地上结构物等，同时还涉及先进的车辆、电力及自动控制设备系统。轨道交通工程的施工将会很大程度地影响城市交通、居民生活的方方面面，因此对于轨道交通工程建设期间交通疏解工作的筹划也理应站在系统工程的视角进行分析。按照系统工程的观点，系统与其环境是相互依存的，了解环境问题是接近问题的第一步。不论问题如何复杂，解决问题方案的完善程度总是依赖于对整个问题环境的了解程度。对环境的不恰当认识，将导致解决问题方案的失败。

一、城市轨道交通建设方式

1. 工程建设剖析

一般的城市轨道交通工程分为以下几个阶段：管线改迁工程阶段、车站主体工程和区间段工程阶段以及附属工程阶段。城市的地下管线网络如同蜘蛛网一样密集的交错分布着，包括给水、排水、燃气、热力、电信、电力、工业管道等几大类，是城市的重要组成部分，给城市提供能量，传递着信息。管线改迁阶段是地铁施工的前期阶段，主要是针对地铁施工期间可能影响到的管线（如污水管道、自来水管道等）进行提前迁移，以保证施工期间居民的正常生活。车站主体和区间段工程阶段是地铁工程最重要的阶段，也是工程量最大的一个阶段。附属结构施工阶段主要是针对地铁车站的出入口、通风口等附属结构的施工，工程量相对较小。

地铁施工方法主要有明挖法、盖挖法、暗挖矿山法以及盾构施工。地铁施工方案要依据环境条件、施工工期、工程造价、环境影响等因素综合考虑。地铁车站施工工法一般采用明挖法、盖挖法、浅埋暗挖法等，局部采用明暗挖结合等施工方案。地铁区间隧道施工方法采用明挖法、矿山法及盾构法，适合采用盾构施工的地段，均尽量采用盾构施工。

2. 城市综合管网

（1）城市综合管网分布概况

城市综合管网主要包括给水管线、排水管线（污水管、雨水管和雨污合流管）、天然气管线、热力管线、电信管线、电力管线，其中天然气管线、热力管线、电信管线、电力管线主要布设在人行道及慢车道上，覆土深度 1.0~2.0m 不等，而给水管线沿地铁线路方向基本为东、西两侧布设。

（2）轨道交通线网布设对城市综合管网保护的要求

城市轨道交通线网布设前期工作中应首先梳理管线的布局关系，制定管线处理方案包括管线的勘察、迁改、避让及保护等。规划建设过程中对城市综合管网产生影响的主要是正线（地下线、高架线路和地面线）和车站。

正线的地下线部分埋深较深，采取明挖法施工的路段中的大埋深排水管线需要永久性迁改，高程和地铁不发生矛盾的地下管线进行迁改，竣工后迁回原址。高架桥墩柱基础涉及的地下管线需进行迁改。

地面线（入地过渡段）所过之处需对其下的管线进行迁移或防护，平行于铁路的管线一般采用迁改，垂直或斜穿铁路的管线，采用套涵予以保护。

地铁车站及车站出入口由于埋深浅，涉及道路下的城市综合管网需要进行大量的迁改与保护：

1）管线迁改尽量考虑永临结合；

2）以地铁车站的建设中，横跨出入口及车站主体的管线可采用钢桁架、支架支护或悬吊保护措施，部分横跨车站主体的排水管线局部可在地铁车站顶部采用管槽形式处理；

3）高程上对地铁车站建设影响较大的管道，需永久改迁，否则需采取临时改迁方式；

4）对于改迁困难的雨污水管线，采取置换导流措施；

5）暗挖车站、区间施工影响范围内的管线，必要时采取洞内加固措施。

地铁站点上的管道均需采用钢管或外加套管的形式，随同站场施工时同步到位。车站邻近的管线，特别是重要的电力、通信等管线，需与相关所属部门密切合作，协调好监测与保护的关系。

在轨道交通线网敷设及施工过程中尽量不扰动排水管，对混凝土材质的大型雨污水管线不宜采用悬吊保护方案，且需尽量减少管线平移的距离。若高程允许，还可考虑置换导流的措施作为临时方案。

城区内排水干管埋深普遍较大，在线网规划时应掌握详细的地下管线资料，在埋设排水干管的城市主干道下敷设时，尽量避免与大深埋的排水干管竖向上发生矛盾，以减少对城市综合管网的负面影响。

（3）轨道交通线网布设对城市供电线路保护的影响

在城市轨道交通线网布设中，城市中心供电线路与线网布设的相互影响不大；而城市外围轨道交通线网多为高架线路方式，因此，线路、站场、车辆段和综合基地的选址应与高压输电线路保持足够的安全距离，减少与高压输电线路的交叉，从而避免产生相互干扰。

（4）城市综合管网对轨道交通线网的支撑作用

城市综合管网是城市重要的"生命线"工程，轨道交通线网在规划、设计、建设及运营的过程中，应与城市综合管网的承载能力相协调。

在城市发展的过程中，各类城市地下管线必将日益增多，造成市中心区和一些重点路段的地下空间十分紧张，修建地下综合管廊能够有效地缓解这种矛盾。根据西安规划，地铁沿线应修建具有防护能力的市政地下管沟干线，与地铁建设同步开发建设。在轨道交通线网布设的同时，同步修建地下综合管廊，使城市地下空间的利用更充分、紧凑、经济，便于综合管线的检修。

（5）轨道交通线网布设对城市承压管路的影响

城市承压管网主要包括给水管线、天然气管线、热力管线。

1）给水管线：给水干管管径较大（DN800-DN2400），管材基本为铸铁管，在主要道路上呈单条或两条并行状布设（沿地铁线路方向基本为东、西两侧布设），覆土深度一般为1.2~2.0m；

2）天然气管线：主要分布在人行道及慢车道上，覆土深度一般为1.0~1.8m；

3）热力管线：主要分布在人行道及慢车道上，覆土深度一般为1.2~2.0m，过街顶管深度达到7~9米。

承压管需要承受各种水压、气压，管道易因受压而产生破裂或者渗透，对管道的输送造成影响的同时对周围的环境造成破坏，因此对承压管的安全性能提出了更高的要求，需要定期对承压管道进行检修。若采取地下综合管廊的方式敷设，不仅有利于各种管线的增减，还有利于各管线的检修维护管理。轨道交通的建设为修建综合管廊提供了契机，有利于承压管的安全保障。

3. 施工工艺、流程及典型围挡形式

（1）明挖法

明挖法施工是在地面直接敞口开挖，待隧道主体结构建设完成后回填基坑或恢复地面，其特点是可以适用于各种不同的地质情况，减少线路埋深，施工工艺简单，技术成熟，在有能力进行交通疏解、有施工场地并不受地下管线影响的条件下，尽可能采用明挖法施工，有利于节约投资和减少施工难度。其施工工序一般如下：

1）围护结构施工；

2）基坑逐层开挖并及时架设备2道钢支撑或施做锚索；

3）施工接地网、垫层、底板防水层、底板、底梁、边墙防水层、部分边墙和中柱；

4）撤除第三道支撑（或相应锚头），施工中板、中梁、边墙防水层、部分边墙和中柱；

5）撤除第二道支撑（或相应锚头），施工余下部分边墙、边墙防水层、中柱、顶板和顶梁；

6）撤除第一道支撑，施工抗浮压顶梁，施工顶板防水层、覆土并恢复路面，修筑内部结构。

（2）盖挖法

盖挖法是明挖法的一种，在交通繁忙的城市中心区，为减少施工期间对地面交通和商业的影响，部分车站结构可以采用盖挖法，依施工的步骤不同，可分为盖挖逆筑法和盖挖顺筑法。

1）盖挖逆筑法

围护结构与中间支承桩施工完成后，在围护结构与中间支承桩上浇筑顶板混凝土，由上而下顺序施作各层板及边墙，各层结构板作为基坑围护结构内支撑。施工工序为：

施作围护结构及中桩——基坑开挖至顶板底——施工地模浇筑顶板结构——顶板防水层施工及覆土恢复路面——开挖地下一层土体、施工地模浇筑地下一层楼板——施工底板垫层及底板混凝土——内部结构施工。

2）盖挖顺筑法

盖挖顺筑法的盖板形式可分为两种：一种为临时铺盖系统，即利用围护结构、中间支承桩及第一道支撑作为支撑体系，采用军用梁 + 预制 NT 盖板作为路面体系直接承受路面荷载。待主体结构施工完毕后，需重新封闭道路，拆除临时铺盖系统，最后恢复道路；在临时铺盖系统保护下边开挖基坑边架设基坑，主要工序同明挖顺筑法。该工法的主要缺点是工期较长，造价较高，对地面交通影响大；另一种盖板形式即直接利用车站主体结构顶板、围护结构及中间支承桩作为受力体系，覆土后即恢复部分交通；然后在顶板下暗挖，边挖边架设内支撑，直到车站基坑底，再由下而上顺序施作各层板及内衬；施工工序为：

施作围护结构及中桩——基坑开挖至顶板底下——施工地模、浇筑顶板结构——顶板防水施工及覆土恢复路面——基坑开挖——架设内支撑——施工底板垫层及底板混凝土——由下至上施作各层板及内衬墙——内部结构施工。该工法虽然改善了临时铺盖系统存在的几大缺点，但同时出现了一个技术难点，就是顶板与内衬墙交接处砼浇筑质量难以保证，防水效果相对较差。与盖挖逆筑法相比，盖挖顺筑法最主要缺点是支撑架设不方便。

（3）明、暗挖结合法

当车站位于城市主干道的交通要道上，城市交通不允许封路；或地下管线较多，迁移困难；或道路狭窄，地面房屋拆迁困难时；即在地面无条件全明挖或盖挖的情况下，采用明挖站厅与暗挖站台相结合的方法。暗挖法施工全部作业均在地下进行，因此对地面交通和人员出行影响较小、房屋和管线拆迁量也比较小，但在浅埋条件下，特别是在高水位的软土地层施工难度较大，工期较长，造价较高。

综上所述，明挖法与盖挖法无论从施工难度，施工工期、结构防水质量及土建工程造价等方面均较暗挖法具有明显的优势，有条件采用明挖或盖挖法时，尽量采用明挖或盖挖法，在地面无条件全明挖或盖挖的情况下，可采用明暗挖结合工法。

（4）浅埋暗挖法

地铁施工采用的浅埋暗挖法，是为适应城市浅埋暗挖隧道的需要而发展起来的一种施工方法，也称矿山法。浅埋暗挖法施工，工艺简单、灵活，可以根据不同地层条件及时修正、变更。它充分利用围岩的自稳能力，而在软弱地层中则用超前支护加强围岩的自稳能力。在围岩失稳之前及时做初期支护，其施工方案及施工步骤一般根据地层围岩分类及上部建筑物条件来确定，但浅埋暗挖法施工相对盾构法施工难度较大、安全性不高、施工工艺复杂，因此选择浅埋暗挖法施工时应根据线路条件、地质条件等情况综合比选，并应采用有效措施，确保工程安全。

（5）盾构法

盾构法是在盾构机钢壳体的保护下，依靠其前部的刀盘或挖掘机开挖地层，并在盾构机壳体内完成出碴、管片拼装、推进等作业。其施工易于管理，施工人员少，工作环境好，同时管片精度高、衬砌质量可靠、防水性能好、地表沉降小、不影响城市交通等优点。盾构施工的步骤为：

1）在置放盾构机的地方打一个垂直井，再用混凝土墙进行加固；

2）将盾构机安装到井底，并装配相应的千斤顶；

3）用千斤顶之力驱动井底部的盾构机往水平方向前进，形成隧道；

4）将开挖好的隧道边墙用事先制作好的混凝土衬砌或浇注的钢制衬砌加固。

二、轨道交通施工期对道路交通环境影响分析

城市轨道在建设过程中对施工区进行围挡，因此，不可避免地影响到地面交通。轨道交通工程施工影响范围内道路多是城市交通干道，人流、车流量大，交通负荷重，轨道线位所在的城市道路多属于贯通性的城市干道，往往承担着区域交通和出入境交通的双重功能，也是主要的公交走廊。轨道交通工程施工或多或少的占用道路资源，对现有的道路环境、公交环境造成一定的影响。

为了合理组织轨道交通工程施工期间的道路交通，处理好轨道工程施工与地面道路交通的矛盾，确保轨道交通工程建设的顺利进行，同时把施工期间对城市交通的影响程度降低到最低程度，需要对轨道交通工程施工围挡形式及影响范围内的道路现状、公交现状进行深入的分析，掌握现状道路信息，为后期交通管理组织方案的设计提供依据。

1.轨道施工期典型围挡形式

（1）管线改迁施工围挡

由于地铁施工沿线也是城市地下管线分布较为集中的地方，因此在部分车站主体工程实施以前必须对工程涉及位置处的地下管线予以必要的迁移和改造。

（2）明挖法围挡形式

明挖法是目前地铁车站建设运用最广的施工方法。在交通道路能够改道、压缩或绕行

疏解的条件下，该方法施工速度最快、工程质量好、造价最低，但由于城市轨道交通车站多处于交叉路口或城市主干道下，地面流密度大，因此往往需要采用辅助措施来满足车辆通行的要求。在车站范围能够中断交通时，封路快速施工应是首选方案。相对于盖挖法施工，明挖法施工速度快得多，施工质量好，因此，封路明挖施工与盖挖法施工应做全面的比较后才能确定最终方案。如果交通压力大、没有局部绕行条件时，只能选择盖挖或暗挖法施工。

（3）盖挖法典型围挡形式

盖挖逆作法施工，通过多次分幅围挡，在短期内可根据交通疏解要求分段完成顶板结构，快速恢复地面交通。

盖挖顺作法施工，通过两次分幅围挡，倒边施工临时便桥，在短期内可快速恢复地面交通。由于存在临时便桥的拆除问题，盖挖顺作法比盖挖逆作法对交通的影响稍大；临时路面如设计不合理，会造成车辆冲击而产生较大的噪声，尤其在夜间影响附近居民休息。

半盖挖顺作法施工，通过围挡半幅路面，建造半个车站宽度的临时便桥，在短期内可快速恢复地面交通。

（4）暗挖法典型围挡形式

暗挖法的施工作业在地下完成，有着对路面交通和居民出行影响较小，管线的拆迁量小的特点。轨道交通车站设置在交通枢纽，且城市地理位置决定其不能封路，或道路宽度不能满足，或地下管道迁移困难，地面无法使用明挖法施工，所以此时采用暗挖法。暗挖法中以盾构法和浅埋暗挖法应用较为广泛。暗挖法施工对地面交通组织及地面景观没有影响，地下管线不需迁改；但该方法投资费用高、施工风险大、施工工期长，在水文地质条件比较差的情况下基本不可行。

2. 轨道施工区对道路环境的影响

轨道交通工程施工影响范围内道路多是城市快速路、主干路、次干路。主干路与快速路共同构成城市的主要骨架和主动脉，是城市交通的主通道。轨道交通工程施工占用部分道路资源，容易形成交通瓶颈，降低道路的通行能力，导致交通量向其他道路转移。

轨道交通区间段所在道路大都是城市快速路、主干路，同时是城市中出行的主要承载者。围挡道路部分路段，导致道路通行能力降低，对周围可分流道路及其交叉口的影响较大。

轨道交通的车站站点一般位于城市主要道路交叉口或主要道路某一路段上，站点出入口位于与交叉口相交、轨道线路所在的城市道路上，这些交叉口或道路是城市交通的主要交通节点或通道，在城市交通中发挥着重要作用。车站主体工程施工时，将围挡一些主要交叉口或主要道路部分路段，致使它们及其周围交叉口和道路在城市路网中的作用发生变化，对整个城市路网会造成较大的影响。

3. 轨道施工区对道路交通流的影响

城市交通流是由机动车、非机动车和人流中两种以上混合而成的定向位移交通流体，这种以机动车、非机动车和人流不同比例成分构成的具体的、特定的交通流模式就是城市交通流的交通结构。

轨道交通施工影响范围内的道路多是城市主要道路，交通流量比较大，快速路、主干道、次干道、支路的交通流结构模式中的机动车、非机动车及人流的速度、特性各不相同。轨道施工占用道路的某些路段，使这些道路的通行能力降低，同时，周围路网的交通压力随之增大。

4. 轨道施工区对公交环境的影响

目前，地面公共交通承担着较大部分城市居民口常出行总量，是城市居民出行的主要方式之一。城市公共交通有固定线路和停靠站，行车间隙小，客流量大，通常布设在城市行政辖区和临近地区。轨道线位通常穿过城市中心区域，公交线路相对集中，公交线网面积密度、线路密度均远高于全市平均水平；线路重复系数大，往往与城市大部分公交线路有部分区间段重复，有的甚至全线重复。施工重点影响区域内大部分公交线路车辆的运行速度低，交叉口延误时间长。

轨道交通的车站站点大都位于城市道路交叉口，大多是城市公交主要换乘枢纽，在这些主要的枢纽站附近，都设有少则十几条多则几十条的公交线路，分别承担着城市各个方向的换乘功能，因此，这些公交枢纽站一旦受到影响，受影响的不只是轨道交通沿线和与轨道线相交道路上的公交线路，而且使城市部分区域甚至城市整个公交线网都会受到较大的影响。

轨道交通区间段内的公交线路绝大多数与轨道线位有相同走向，少数横跨轨道线路或与轨道线路有较短交织段。轨道施工时必将围挡轨道线位所在的部分道路，势必将不同程度的影响到这些线路的站点位置甚至线路走向，同时，不同的施工方法都会不同程度的占用道路资源，势必使公交运行环境更加恶化，速度下降，延误增加，直接影响到市民的日常出行。

5. 轨道施工区对沿线停车场的影响

随着机动车保有量的快速增长，停车需求越来越大，停车问题日益严重。轨道交通沿线多为城市主干道，分布有路内停车场、配建停车场和公共停车场。在施工期间，围挡区会和部分占道停车区形成冲突。

为了提高区域道路系统的通行能力，需要取缔部分占道停车，尤其是要严禁非法占道停车，同时施工围挡对站点周围的配建停车场和公共停车场的机动车出入有所影响，需要进行交通疏导，此外，还可以通过调整收费，增加停车诱导标志，增设新的路外公共停车设施等措施，解决施工期间的停车问题。

6. 轨道施工区的用地环境分析

城市用地是城市一切活动的载体，国外许多研究表明：土地开发强度与交通方式密切相关，如果开发密度过高，势必带来大量的车流，而道路通行能力有限，造成交通拥挤，从而降低这一地区的吸引力，不利于该地区的发展；而轨道交通带来更多的是人流而非车流，不会产生拥挤，也不会产生区域污染，所以轨道交通能极大地改善其交通合理区的可达性，从而促使城市土地的高密度使用。

轨道交通的修建，促使住宅小区不断沿线兴建，商业、办公设施、体育场、公园和游乐场等一大批设施随之发展，产生新的商业中心或副中心，但是轨道交通建设期间，施工围挡会占用或封闭部分道路，必然会使这些道路附近的一些单位及居民出行受到不同程度的影响，其沿线的用地除一般性居住、商业及工业用地外，还分布着一定数量的医疗卫生、消防、公安、公交客运枢纽等组成的特殊用地。

有关研究表明：轨道交通对城市中心区起到一定的促进作用，使城市能够继续保持一种强大的发展势头，轨道交通所带来的大量客流量为城市土地的高密度开发创造了必要的条件，导致了住宅、商业和办公用地的分区集中布置，产生明显的集聚效应，从而使土地的利用率大大提高，促进了土地的集约化利用。

在轨道交通建设期，不同用地的居民出行特征存在差异，城市居民出行在时空上的分布与城市土地利用布局及土地利用混合发展程度密切相关，即：交通需求的性质、数量与分布、交通供应的配置数量与等级，都取决于土地利用的功能、布局与规模。轨道交通沿线的用地密度通常都比较高，除居住、商业及工业用地外，还分布着一定数量的医疗卫生、公安消防、公交客运枢纽等特殊用地，是保障城市居民生命、财产安全，基本生产、生活正常进行的重要市政公用设施。城市轨道交通工程施工占用城市道路行车道，以及与用地地块之间的出入口道路，造成这些用地的"到达"功能受到严重影响，从而使得该用地功能发挥受到限制。城市用地的种类繁多，与城市居民的生活息息相关。城市轨道交通工程建设在不可避免地影响城市用地功能发挥的同时，必须保证城市居民的基本生活不受影响，这包括：医疗、公共安全、防灾、政府基本行政活动等，并且，对于聚集大量人群的对外交通、体育场馆、中小学等用地也必须保证基本的通达能力。

出行分布是交通规划的重要理论，在轨道交通建设期间，由于环境的改变，重力模型在居民出行分布估计上不能准确反映城市轨道建设期交通流分布出行情况，从而影响交通组织方案的准确制定。在轨道交通建设期，综合沿线土地性质对居民出行的影响因素，在借鉴熵函数形式的基础上，提出了基于用地结构熵的广义熵重力模型，更好地预测围挡后居民出行分布值，用来更好地掌握轨道建设期出行分布情况，从而为交通组织提供理论依据。

（1）重力模型起源与标定

1）重力模型起源

重力模型最早由 Casey 提出，用来分析某一地区不同城镇间的购物行为。后经 Wilson，Ortuzar & Willumsen，Webber 的研究，补充了信息熵的理论基础推导。虽然，重力模型本身的预测能力尚存在争议，但迄今为止重力模型还是理论基础最为雄厚和实践应用最广泛的出行分布预测方法，出于对人出行目的地选择行为决策的模拟，重力模型认为人的出行行为总是有两个方面的显著特征：

假设1：在相同情况下距离出发地点近的目的地被选择的机会较多，而较远目的地被选择的机会较少。

假设2：出发地发生量和目的地吸引量较大的点对之间形成较大出行量的机会较大。

上述两个特征与经典物理学中的重力模型所描述的质点间引力关系保持一致，因此，学者便参照物理学引力公式构建了出行分布预测的重力模型，而该模型随后被证明可由信息论中的熵函数推导出来。通常重力模型可以表达为：

$$t_{ij} = K \frac{G_i A_j}{f(c_{ij})} \quad i,j = 1,2,\cdots,n$$

式中，t_{ij} 为从交通小区 i 到 j 的出行量，次/d；G_i 为交通小区 i 的出行发生量，次/d；A_j 为交通小区 j 的出行吸引量，次/d；c_{ij} 为从交通小区 i 到 j 的出行阻抗，元或公里，取值范围为 $0 < c_{ij} < 1$；K 为分布因子；$f(c_{ij})$ 为从交通小区 i 到 j 的阻抗函数。通常阻抗函数 $f(c_{ij})$ 带有一个或多个需标定的参数。重力模型最明显的优点在于阻抗函数的引入，并且模型结构与直观相符，易于理解。预测不依赖于现状分布矩阵，在无完整现状分布资料时也能使用，目前应用最为广泛，但是由于模型阻抗函数对于区内出行不具有明确的实际意义，因此对区内出行数量估计不适用。

2）重力模型的标定

重力模型在使用以前必须经过标定，使得该模型能够很好地拟合基年出行分布数据，但经过标定的模型是否具有预测能力，目前尚存在争议。为了论述的一致性，约定所表述重力模型的阻抗函数形式均为指数函数，阻抗函数为：

$$f(c_{ij}) = e^{bc_{ij}}$$

式中：b 为出行分布参数。

参数 b 则属于外部参数，它需要作为未来运算时模型的输入。显然，对参数 b 的估计，必须使其能最大限度地再现观测出行距离分布（Observed Trip Distance Distribution, OTDD）。一种比较直观的办法就是任意给定 b 初始值，运用双约束重力模型得到模型计算的估计出行距离分布（Estimated Trip Distance Distribution, ETDD），将它与 OTDD 比较并修正，不断重复直到 ETDD 与 OTDD 足够接近，这时的 b'' 就是 b 的最优估计值。在各类标定技术中，Hyman 法是比较实用的，其主要步骤如下：

定义 c'' 为观测平均出行阻抗，由下式决定：

$$c'' = \frac{\sum_{ij} t_{ij} c_{ij}}{\sum_{ij} t_{ij}}$$

定义 $C(b_n)$ 为第 n 次计算得到的平均出行阻抗，由下式决定：

$$C(b_n)\frac{\sum_{ij}t_{ij}(b_{n-1})c_{ij}(b_{n-1})}{\sum_{ij}t_{ij}(b_{n-1})}$$

Step1：令 $n=0$，并给定初始 $b_0=\frac{1}{c}$；

Step2：令 $n=n+1$，对当前估计 $b-$，运用标准重力模型计算出行矩阵，得到 $C(b_n)$；

Step3：判断，若 $\frac{|C(b_n)-C''|}{C''}\le\delta(\delta<0.05)$

算法终止；否则转入 Step4；

Step4：若 $n=1$，$b_1=\frac{C(b_1)b_0}{C''}$；

若 $n>1$，$b_{n+1}=\frac{(C''-C(b_{n-1}))b_{n-1}-(C''-C(b_n))b_n}{C(b_n)-C(b_{n-1})}$

转入 Step3。

类似地，其他阻抗函数（幂函数、指数函数、组合函数等）类型的重力模型也可以按上述方法标定。通常认为出行分布参数 b（不妨假定阻抗函数表达为负指数函数）在以出行耗时为阻抗因子的情况下，具有相当的稳定性。在没有特殊依据的情况下，可认为这样的出行终点选择特性在未来仍然被保持。

3）阻抗函数性质与区内出行预测的不适用性

由于阻抗函数是重力模型输出结果的主要控制，因此，为了进一步研究重力模型应用中的结构性偏移机理，不妨以负指数函数为例画出阻抗函数。

从函数图像中可以看出：当出行距离在（0.5，1）公里范围内变化时，阻抗函数的取值在（0.38，1）范围内变化，但事实上，在这样的出行距离范围以内，绝大多数人将会采用步行出行方式。而从国内外城市居民出行结构上来看，步行出行的比例一般在 [0.2，0.25] 范围以内。这就说明至少负指数函数组抗型的重力模型对短距离出行存在明显的高估，而这一问题单凭参数估计技术是难以解决的。这就意味着：Hyman 法中的参数标定结果将会由于短距离出行的高估而整体偏小。

出现这一问题的原因在于 Wilson 及 Ortuzar & Willumsen 利用信息熵理论推导重力模型的过程中，对初始熵模型的等概率假设和定常条件 $\sum_{ij}t_{ij}c_{ij}=C$ 的引入，而上述假设和条件在重力模型的推导过程中具有核心作用，因此这样的系统误差难以避免。除非，对区内出行采用非重力模型的方法进行估计。

（2）基于用地结构熵的广义熵重力模型

由于重力模型对区内出行的估计值往往过高，一种可行解决办法就是采用非重力模型的方法来对区内出行进行另行估计，例如用相关因素进行回归分析。在估计区内出行量的基础上，再应用重力模型反推区内阻抗，最后将该区内阻抗作为区内出行分布的重力模型阻抗估计初值，再重新应用到重力模型中，对其进行整体标定，但假如遵循这样分析方法，出行分布模型就难以取得一致的表达形式，另外，如果按通常做法对区内出行量进行人为控制，将消减出行分布估计的客观意义和理论价值。为此本节从重力模型的原始假设入手，构建能够一致估计区内出行分布的新重力模型。

综合重力模型的假设条件（假设 1&2）来看，重力模型的建立关注了出行量大小以及出行成本在出行目的地选择过程中的作用，然而却忽略了不同目的出行对于目的地的指向性，而事实上，现代城市的用地差异化布局（例如功能分区和大型商业综合体的出现），必然地导致这种指向性随着城市的演化越来越显著。

一般而言，人在出行目的地选择的决策过程中，首先需要考虑出行目的，在出行目的考察的基础上才估计出行的成本，按照效用最大化的原则选择最终目的地。比如，以就学为目的的通勤出行难以与办公用地的吸引能力大小产生关系。这就意味着原始重力模型中以出行产生/吸引规模、出行成本（即阻抗）为影响因素的模型本身没有将相关因素涵盖完备。为了描述用地布局差异性所造成的目的地选择制约现象，不妨引入新的参数来表达不同性质用地构成差异性对出行目的地选择的作用。

1）土地结构差异性的熵函数表达

从一般系统科学的角度来看，系统只要满足叠加原理，总可以利用形如下式的概率测度熵函数来唯一确定系统的构成状态。

$$S = -K\sum_i p_i \ln p_i$$

式中，S 为系统状态的概率测度熵；K 为比例系数；p_i 为系统中某个事件出现的概率测度，其满足 $p_i \geq 0$，$\sum_i p_i = 1$。假如将构成交通小区 i 和 j 的用地类型划分为 n 种，那么就可以定义其中 k 类型用地出现的概率测度为 $p_{ij \cdot k}$，表征交通小区 i 与 j 中属于类型 k 的用地在两个交通小区总用地构成中的比例，按下式计算：

$$P_{ij \cdot k} = \frac{A_{ij \cdot k} r_{ij \cdot k}}{\sum_k A_{ij \cdot k} r_{ij \cdot k}}$$

式中，$A_{ij \cdot k}$ 为交通小区 i 与 j 中类型为 k 的用地面积，km²；$r_{ij \cdot k}$ 为交通小区 i 与 j 中类型为 k 的用地平均容积率，可以按现状调查或规划限制值取平均。将上式代入式 $S = -K\sum_i p_i \ln p_i$ 中有：

$$H_{ij} = -K\sum_{k=1}^n (p_{ij \cdot k} \times \ln p_{ij \cdot k})$$

式中，H_{ij} 为交通小区 i 与 j 间的联合用地结构熵，表征两个交通小区之间出行产生/吸引量相互平衡的可能性大小；K 为参数，与相关变量的采用单位有关。

2）广义熵重力模型的形式

假如认为交通小区 i 与 j 之间的出行量主要受出行所产生/吸引量、出行成本和用地混合程度的影响，那么可以构建广义熵重力模型的一般形式如下：

$$t_{ij} = f\left[G_i, A_j, c_{ij}H_{ij}\right], i, j = 1, 2, \cdots, n$$

借鉴一般重力模型的函数表达形式，可以将式 $H_{ij} = -K\sum_{k=1}^{n}(p_{ij \cdot k} \times \ln p_{ij \cdot k})$ 写成：

$$t_{ij} = KG_i^{\alpha} A_j^{\beta} H_{ij}^{\gamma} f(c_{ij}), i, j = 1, 2, \cdots, n$$

式中，t_{ij} 为交通小区 i 与 j 之间的出行量，次 /d；G_i 为交通小区 i 的出行发生量，次 /d；A_j 为交通小区 j 的出行吸引量，次 /d；$f(c_{ij})$ 为交通小区 i 与 j 间的平均出行阻抗参数；c_{ij} 为交通小区 i 与 j 间的平均出行成本，min；H_{ij} 为交通小区 i 与 j 之间的联合用地结构熵；K，α，β，γ 为待定参数。

3）出行阻抗的标定

广义熵重力模型在应用之前应进行参数的标定，对上述公式两端取自然对数，得到：

$$\ln(t_{ij}) = \ln(K) + \alpha \ln(G_i) + \beta \ln(A_j) + \ln(f(c_{ij})) + \gamma \ln(H_{ij})$$

式中，参数意义同上述所述，其中的待定参数 K，α，β，γ 为待定参数可用多元线性回归的方法标定。

第二节 城市轨道建设期道路交通组织

由于城市轨道施工围挡会占用部分道路和交叉口，致使与之相关的道路和交叉口原本的通行能力衰减较大，需要对施工影响区域内的交通实施"点、线、面"层次上的交通组织管理。城市轨道建设期交通组织按照施工影响范围分为三个层次考虑：第一层为区域交通流组织，主要研究城市轨道施工影响区域道路网的面层交通流组织；第二层为线层交通流组织，主要研究城市轨道建设期道路基本路段的交通流组织；第三层为点层交通流组织，研究城市轨道建设期交叉口的交通流组织。

一、城市轨道建设期道路交通组织目的及设计原则

1. 城市轨道建设期道路交通组织的目的

建设期道路交通组织设计的目的，在于充分发挥现有道路网的效能，合理地协调道路网局部利益与整体利益之间的关系，使车辆在整个研究区域的道路网上有序高效地运行，从而最大限度地节约道路网络资源，消除道路交通事故隐患，使道路网络的通行能力和施工前尽可能相一致，以缓解道路交通矛盾。

城市轨道施工区域多为重要的客流走廊，沿线经过城市商业成熟区，也是沿线居民出行客流集中、公交线路密集的区域，施工期间对居民的出行和车辆通行的影响较大，国内一直在施工占道中的交通设计研究得不够，缺乏系统和整体思想，导致施工期交通组织无序、交通疏导盲目，经常造成长时间交通拥堵等被动局面，为此，应高度重视城市道路施

工期阶段的交通组织设计研究。

2. 城市轨道建设期道路交通组织的设计原则

在城市轨道施工期间，合理选择交通组织方案，减少对原有道路的交通影响，以控制交通需求总量、保证交通供给能力，平衡路网交通量的总体原则，拟定"外围交通尽早分流，社会交通合理引导，关键路段公交优先，多种手段综合运用"的总体疏解方案，把轨道交通建设对城市交通的影响程度减少到最低。

（1）以人为本，保证施工直接影响区域内居民的正常出行

由于地铁站点施工对市区道路、公交等造成了一定影响，从而直接影响到区域内居民的正常出行。在制定地面交通疏解方案时，需切实关注施工直接影响区域内居民的出行需要，保证居民正常出行，尤其是线位沿线及站点附近居民的正常出行。

（2）优先保证公共交通，特种车辆的道路使用权原则

地铁站点施工期间部分道路被占用或封闭，道路资源有限。在这种情况下，优先保证公交的道路通行权，尽量减小对广大市民造成的不便。同时，优先保证公安、消防车、救护车等特种车辆的道路使用权。

（3）交通分离原则

交通分离原则是指采用科学的交通管理手段，对不同流向、不同车型种类、不同特点的交通流在时间和空间上进行分离，进而避免发生交通冲突。交通分离分为时间分离和空间分离，交通空间分离主要依靠交通标志、交通标线来实现；交通时间分离依靠信号控制相位来实现。

（4）交通连续原则

交通连续原则是指在保证大多数人在交通活动过程中，在时间、空间、交通方式上不产生间断，是搞好交通秩序管理的基本保证。例如，车道数保持原有行车道数，信号灯重新调整实现施工期信号绿波带，以保证车流在时间上的连续，以及施工阻断交通后通过架设钢便桥设施等。

（5）交通负荷均分原则

由于施工占用道路段交通负荷比正常道路交通负荷大，需要对施工占用道路周围路网重新进行交通流分配，以达到道路施工占用区域的交通压力与周边路网平衡，不至于在施工某个点造成道路交通拥堵。将道路交通拥堵处的交通压力转移一部分给非交通拥堵处，即为交通负荷均分，关键在于转移多少交通压力和转移到哪里去合适（作用点）。

（6）交通总量控制原则

交通总量控制，当区域道路网某一处的总体交通负荷接近于饱和时，并且没有交通压力转移的余地，可以采取禁限部分车种行驶来削减交通总流量。

（7）合理组织施工

直接影响区域内的机动车辆行驶，尽量减小施工运输车辆与其他车辆之间的相互干扰

在地铁站点施工期间，将有大量的大型施工运输车辆在市区内行驶，造成施工运输车辆与其他机动车辆之间的相互干扰，需合理组织施工直接影响区域内的机动车辆行驶，为施工运输车辆制定特定的行驶路线。

（8）通行能力资源配置原则

通行能力资源配置核心是上下游相同流向的道路通行能力匹配问题，也就是上游道路路段的最大通行能力应与下游道路路段所能提供的最大通行调控能力相适应，施工后重新划分的车道配置不应出现"瓶颈"。

（9）动静态交通组织相结合原则

通过由静态交通组织向动态交通组织转化，由追求道路路段的最大通行能力逐步向追求道路网的最大调控能力发展，解决好道路通行能力分配以及道路交通负荷均分问题，以防止交通压力过于集中于某一道路而造成交通拥堵的状况出现。

二、城市轨道施工期道路交通组织常用方法

1. 微观交通组织

微观交通组织是整体交通组织的基础，它包括路口交通组织、路段交通组织、路口路段一体化交通组织。按事物发展先后顺序来看，微观交通组织的内容有：路口禁限流向与车种的确定、路口放行方法的确定、路口渠化、信号相位设置、信号相序与配时方案、路口管理方案、路段行人过街组织与渠化、路段公交站点及公交车道设计与渠化、车道组织等。

2. 区域交通组织

区域可以看成是一个放大的节点，可以按照微观交通组织的思路去进行区域交通组织。与微观交通组织不同的是：微观交通组织的重点是在时间上要分秒必争，在空间上要寸土必争，重在不同种类、不同流向交通流的冲突分离；而区域性交通组织解决的是路网中一块局部范围的"心肌梗"，其重点是区域内部以空间微观调整和时间流量上的削峰填谷为主，在区域外部以空间流量上的控密补稀为主，重在解决路网交通负荷均分。

对于拥堵的区域，从交通流构成看，在内部生成流量、外部过境流量和到达流量，这是区域内的交通需求。从道路条件上看，有路网结构、通行能力和停车泊位，这是区域内的交通供给。路网结构不合理，会造成区域内交通压力分布不均；而交通供需矛盾倒置，又会造成区域内交通压力的升高。在拥堵区域内，一方面要调整交通组织，均衡内部交通压力的时空分布；另一方面通过交通需求控制，来缓解交通供给不足所造成的交通压力，在拥堵区域外界外，重新组织交通流，把只能造成拥堵影响的交通流提前组织出时空范围以外，以减轻拥堵区域的交通压力。

3. 宏观交通组织

宏观交通组织是指从交通需求控制出发，按照路网压力时间空间均分的要求，在政策、

策略、措施层面上进行交通组织。例如，通过政策控制机动车保有量增长的速度、公交优先、错峰上下班、经济调控等。

三、城市轨道建设期道路网的交通组织方案

城市中每一条道路都不是独立存在的，而是与其他道路相互连接，它们之间的交通流相互转移，从而在一定区域内构成一个连通的"道路网"，城市道路轨道建设占道期地面交通组织首先要基于"面"的角度来进行考虑，要从整个道路网布局出发，来合理分配被施工影响的道路上的交通流。

区域道路交通组织，这是从"面"上对施工地区的交通加以考虑，"面"层交通组织是基于施工道路所在道路网布局，通过交通管制、诱导、分流等措施使整个路网的交通流秩序达到平衡稳定，面层交通流组织的作用表现在两个方面：应采取交通疏导的分流策略（即按照交通流类别分离、利用隔离设施对不同的交通方式进行分离、按专用通行带分离）和交通总量（即在时间上对交通流错时削峰，即在城市区域范围内实行错时上下班、弹性工作制、轮流休息制，在空间上对交通流量进行调节，实行单行线、可变车道、禁制左转等）控制措施，减轻相关道路及整个区域的交通压力。基于"面"层施工区道路地面交通组织在整个交通道路网中起着积极的重要意义，表现如下：

（1）使道路网交通流达到交通平衡。施工区道路不是孤立存在的，它是存在于特定地区的区域网中，有着特定的影响区域，是所在道路网的重要组成部分。施工区道路造成自身道路通行能力下降，也干扰原先稳定的道路网交通流秩序，原有的交通网络平衡状态被打破，需重新进行交通流分配。在这种情况下，若只从施工区道路角度来进行交通流组织，势必过于片面，且易导致道路网其他道路交通负荷过大，使道路网运转无法处于正常合理的状态。这种交通流组织的结果最终还会影响施工区道路的交通状况，使其交通流组织无法达到预期效果，因此，面层交通流组织的作用在于从整个道路网角度来考虑，使整个道路网的交通流在受到干扰后重新回到平衡状态。

（2）基于"面"层交通流组织为"线"层、"点"层交通组织奠定基础。第一，面层交通流组织首要作用是使道路网重回交通平衡状态，此时施工占道道路上的交通流也相对较为稳定，无较大波动，比较有利于线层和点层的交通流组织；第二，面层交通流组织方案的制定与线层、点层的交通流组织是相互作用的，即制定面层交通流组织方案时考虑了线层和点层施工组织类型以及与之相对应的交通流组织方案，满足线层和点层交通流组织方案的最大承受能力，为线层和点层的交通流组织方案的实施留下充足空间。

1. 城市轨道建设期线网交通组织步骤

（1）研究施工区道路所在道路网布局，划分直接影响区、间接影响区和所在区域；明确哪些道路与施工区道路存在交通联系，以确定分流节点；

（2）间接影响区的重要节点可作为交通分流的诱导点，直接影响区的重要节点可作

为分流点，所在区域的主要节点可作为交通分流的控制点；

（3）选择与施工区道路处于同一通道方向的道路，作为分流道路，研究分流道路基础设施条件和交通状况，估算其最大剩余道路通行能力；

（4）预测施工区道路在施工期间的交通量，并分析施工区道路的交通流特性，同时结合选用的施工方案，计算需分流交通量大小；

（5）模拟分配交通量，评估交通分流后施工区道路和分流道路的交通状况；根据评估结果初次确定交通分流方案；

（6）实施交通分流方案，评估实际交通分流效果，再次调整交通分流方案；在必要的情况下，甚至调整扩建施工方案，使交通分流组织达到最优效果。

2. 城市轨道建设期路网交通组织措施

路网交通分流就是着眼区域全局路网构架和分布，充分利用区域路网资源和改扩建项目所在交通运输主通道交通体系，从交通需求产生和吸引的源头上引导、通量远离项目建设实施区间，减轻运输通道的通行压力，实现"源头疏导、路网分流"的思想和"减少干扰、科学组织、保障通行"的理念。

施工区交通流组织措施将从交通组织范围边界的路段和交叉口展开，以标志诱导为主，周边道路改善为辅，采取"外部诱导，内部管制"的交通流组织策略，设置交通管理措施：

（1）交通诱导：属于相对柔性的交通管理意图，实质是通过发布路况信息等手段实施交通管理的策略。诱导交通流，使出行者提前、及时、详细、准确地了解和掌握实时通行状况，以便主动、合理地选择行车路线，避免盲目性和错觉，减少非起终点交通对影响区域内部路网的影响，降低其交通负荷。交通诱导位置遍布整个施工影响区域，而外围影响区域与过渡区域的交通诱导对前两类的交通流组织尤为重要。交通诱导措施主要是提前引导车辆避免选择围挡路段，避开施工围栏区。

交通组织诱导点具体设置位置与交通影响的范围有着密切的关系。在交通外围影响区域与交通过渡区域需要设置基本的告知标志，如某某路段施工，请绕行，在交通重点组织区域需设置限速、左侧改道、减速慢行等交通标志。

（2）交通分流：属于相对刚性的交通管理措施，是采用交通渠化等手段引导交通流进入指定的分流路径的过程。在影响区域内部的周边交叉口设置二级交通控制点，尽可能使影响区域内部路网交通流分布均衡，从而提高交通运行效率。

施工区交通分流原则根据"先平行、后上游"，较为常见的情况为改造红线内路段和影响区内平行道路进行分流。占道施工区的道路改造尽可能根据"占一还一"的原则，尽量利用道路红线内剩余的道路空间弥补施工带来的道路损失；当红线的空间无法弥补占道损失时，通过与施工区占道道路平行的其他主干道、支路进行分流，由于其他道路交通负荷的增加，可通过在轨道建设前先对影响区域内的已经满负荷或者接近满负荷交通的道路纳入到改造建设中，将不同程度的完善区域周边的道路网络，为交通疏导提供更多的分流道路，同时方便周围居民的出行。交通分流方法：

1）经过对城区道路网主骨架的修建，为地铁施工建设的道路交通疏导分流奠定了一定的基础；

2）通过大范围区域道路交通疏导分流方案的实施，使以地铁线位为中线向东西各扩展两公里的带状区域内的道路通行能力恢复到现状道路通行能力的 70%~80% 左右，通过渠化道路、信号控制，单向交通改双向交通、并改造相关道路交叉口的通行条件等措施，保障道路交通的畅通；

（3）交通管制：属于强制性的交通管理手段，是强制出行者行驶交通管理者规定路径的行政行为。通常采取下述管理手段：①加强道路交通管理，某些路段取消路边停车、严禁摆摊设点等；②组成一支交警特别队伍，专门负责地铁施工期间交通管理与组织工作；③制定不良气候、天气条件、大型活动下交通疏导的紧急预案。

四、城市轨道建设期"线"层交通组织

线层交通流组织研究对象是道路基本路段或一个施工路段，线层交通流所要解决的是在现有交通量的条件下，根据轨道施工围挡占地面积不同，选择合理的施工组织方案，继而进行交通流组织方案的优化，因此，线层交通流组织的作用可以概括为：根据占道道路应承担的交通量，必选合理的施工组织方案，并进一步优化交通流组织方案。其关键问题在于如何必选合理的施工组织方案，以及如何确定交通流组织中所涉及的交通组织方法。

1. 城市轨道建设期沿线交通组织设计原则

这主要是从"线"的角度，对地铁施工期间直接影响道路的交通组织进行研究，制定交通组织方案时应从以下几方面进行考虑：

（1）交通组织方案制定按照与地区道路交通相协调，局部交通与整体交通相协调一致的原则。在保证工程进度、质量的前提下，应本着围挡时间尽可能短、围挡面积尽可能小的原则制定交通组织方案。

（2）必须确保机动车和行人的交通安全，并尽可能减少对居民出行带来十扰。在进行施工时，要尽可能地为沿线居民出行提供必要的行驶路线，尽量避免绕行线路，特别是对行人、骑自行车者等交通弱势群体，在占道严重的道路上应预留行人通道，通道宽度须满足客流要求，力求为行人提供方便、舒适和安全的步行环境。公交车辆原则上尽量不改道，以方便居民的出行，同时保证公共交通服务范围的稳定性，如必须改道，应在原站点处提供指引性交通语言或直接向乘客宣传。

（3）充分挖掘现有道路资源的交通潜力，尽可能使交通流经路段和路口的流量与其通行能力相匹配，尽可能维持主要交通走廊的服务水平和交通畅通。

（4）占用道路施工时，要进行施工围挡区与机动车与非机动车以及行人等的分离，维持施工区良好秩序，以保障驾驶员、行人、骑自行车者与施工人员的安全。

（5）在不违背交通安全的前提下，施工前道路的一些特征标志尽可能地保留，避免加重驾驶人经过此地时获取交通信息量的负荷，导致其由于不熟悉秩序而造成事故。另外，按照施工期特点，根据实际情况增加合理或去掉原有不适合的标志和交通指引标志。

2. 轨道交通建设期沿线道路交通流组织方案

（1）行车道交通组织方案

对占道施工区的设计以尽量不占用或少占用道路为原则，针对必须要占用的行车道可以通过减小车道宽度或者改造安全宽度较大的非机动车道、人行道等作为补偿。国家规定的单车道宽度在正常情形下为 3.75m，在施工期为了尽可能满足交通需求，可将车道宽度最低设置为 3.0m，以确保车道数量的匹配，减少车流的汇聚，且起到降低车速的作用。本节从工程方面和交通管理两个方面对行车道进行交通组织：

1）工程方面

①为减少非机动车与机动车的相互干扰，施工期间划分非机动车道（至少为 1.5m），保证非机动车通行，同时增设警告标志，保障非机动车交通的安全性，可在交叉口实施人工管理非机动车通行；

②架设钢便桥及倒边施工保证主要道路交通不中断；

③根据具体站点围挡对道路的占用情况，对施工站点周围部分道路进行断面改造；

④尽快拆除一些地铁站点位于道路交叉口周边的临时建筑并适当压缩部分交叉口转角处人行道宽度，拓宽交叉口道路空间，提高通行能力和安全性，同时为公交车辆在部分道路交叉口的转向提供条件；

⑤拆除工程建设围挡区域附近的机非分隔带，改造为机动车道使用。

2）交通管理方面

①加强道路交通管理，某些路段取消路边停车、严禁摆摊设点等；

②对道路重新进行交通渠化，布设并调整信号灯控制，最大限度地提高其通行能力并保障交通的有序性和安全性；

③对路边停车场和公交路线进行调整，以适应目前的道路交通情况。

（2）车辆交通组织方案

在没有任何障碍的情况下，车辆在通过施工区时因道路环境的改变也易与其他车辆发生碰撞，或在行驶途中较缓慢，大幅度降低通行效率。此外，经过施工区的车辆经常在避让与其他车辆的碰撞过程中，又发生了与隔离设施、施工车辆、施工人员及其他行人碰撞的事故。通过制定合理的车辆交通组织措施，可以有效地保障车辆的行进效率和安全。

1）车辆限速设置方案

在对施工路段通行能力进行分析时，通过仿真分析了路段合适的限速值范围在 40km/h~50km/h 之间。合理的限速方案也是车辆安全行驶的必要条件，速度过快，车辆容易产生碰撞，速度过低，容易造成交通拥堵，从而导致事故的发生。

对于限速标志应在道路沿线清晰、合理地进行设置。对于降幅超过 20km/h 的限速标志设置方式，标志需重复设置 2 次，降幅低于 20km/h 的情况，标志只需要设置一次，过多的设置只会增加驾驶员的疲劳感和迷惑感。

2）道路施工安全标志设置方案

施工护栏设置于施工作业区前，面向车流方向；锥形路标用于围挡施工作业区；"道路施工"标志设于施工区的最前方 400m~500m 位置，"道路封闭""道路改道"标志设于"道路施工"标志后面。"车辆慢行"标志设于工作区路段。

3）大型货车车辆组织方案

影响施工区安全和通畅的重要因素之一是大型货车比例，通过上一章的仿真分析，得出货车比例每增加 5%，道路通行能力下降 2% 的结论。同样，大型车比例对道路安全有着至关重要的影响，施工区的交通事故中，30% 事故主体有大型车的参与，因此需要对货运车辆进行交通组织和强制化的管理，为确保施工区货运车辆的安全和整个施工区交通通畅提高保障。

①交通强制管理手段。通过设置大货车出入道路的时间来保证对道路影响最小，例如严禁高峰时期的货车通行；

②设置信息板提示货车驾驶员注意其他处于高危险区域的车辆，同时提醒其他车辆注意并保持与货车的纵向和横向间距。

（3）人员交通组织方案

轨道交通建设期人员交通组织是以施工区域外活动人的个体和施工区内活动人的个体为研究对象，制定合理的人员交通组织方案，可以很好地减少道路上人员对车辆的干扰以及保障人员的安全性。

1）施工区外行人交通组织

轨道交通施工围挡的设置一方面经常会造成行人过街原有路径更改、过街距离增长等问题；另一方面，由于行人已经习惯了他们口常行走的街道，因此可能会忽略施工中明显增多的道路安全隐患。可以采取以下交通组织措施减轻以上问题：

①建立完整的信息发布机制为行人提供安全指导，在施工区前方设置临时标志，有必要的话，可引导行人改变通常的过街路线，甚至绕行；

②合理调整原有人行横道标线位置、过街天桥等措施来保障行人安全。由于施工占道出现的畸形交叉路口过街长度普遍较长，对此类位置，可以将行人过街时间分段，在道路中间设置安全区，组织行人二次安全过街；

③尽量保持人行横道的通畅与良好的隔离。如果需要对人行横道进行物理阻隔，必须提前设置醒目的警告标志，并提供绕行信息。

2）施工区内作业人员交通组织

为了减轻白天施工对沿线居民的生活产生影响，夜间施工项目越来越多，这也大大增加了施工区作业人员的安全隐患，因此为确保施工人员在施工区的安全，一方面需要提高施工管理水平，施工人员应穿着具有高度识认性的服装。在施工作业前，要着重对施工人员进行在靠近车辆的情况下如何工作的训练，提高自我安全保护的能力。可通过下述方式进行施工区内人员的交通组织：

①根据施工区的作业时间及作业类型、以及施工区是否有障碍物等因素，决定是否采用将施工作业区与施工车辆分隔的措施。实施分隔可利用临时的隔离栅、后部设置标志牌的卡车或其他类似设施；

②施工区严格遵守速度限制是保护施工人员以及社会车辆的重要安全措施。比如，确定施工区所需要的适当的速度限制标准，必要时可调低原来道路的限速值；另外可同时加强交通管理手段，以控制车速；

③施工作业区的边缘必须利用明显标识勾勒出安全区域边界，以保证施工车辆与人员的安全进出。

（4）停车场管理

在轨道交通施工期间，原有道路两侧的停车位会和围挡区产生冲突，进一步影响了道路通行能力，需要取缔部分占道停车，尤其是要严禁非法占道停车，同时可通过调整收费、全口禁停或分时段停车措施、增加停车诱导标志，增设新的路外公共停车设施等措施，解决施工期间的停车问题。

（5）公交线路交通组织

根据对施工前期现状调查与分析，即可掌握施工路段及周边道路轨道交通及常规公交线路及停靠站点的情况。根据工程施工期间对现状公交的影响，从方便市民出行的角度出发，工程施工期间公交线路调整遵循以下原则：保证工程建施工顺利进行，公交调整与施工交通协调，优先满足施工要求。在道路资源有限的情况下保障公众利益，体现公交优先。在条件许可的情况下，尽量实现公交分流，缓解道路交通压力。尽量保持公交线网结构，原则上不对公交线网结构作较大调整。尽量体现就近原则，减少市民出行步行距离和出行时耗。根据上述原则，结合工程施工对区域交通影响程度和公交线网布局实际，区域内公交根据实际情况进行调整；主要包括：

1）对公交线路的起终点的改变及线路的改变

针对某些施工区域必须占用的公交线路，可根据实际情况酌情调整，利用好周边的潜力道路来替代原公交使用道路，以保证施工区周边居民的交通出行。在更改线路的过程中，尽量减少居民施工区的过境交通。

2）对公交站及相关标志的改变

针对已经调整后的公交线路，新站点的设定异常重要，要及时做好通知工作，提前一段时间以媒体或者流动信息板的形式通知市民，并在公交车内和站牌处贴告示。在原公交站处及重要交通点设立明确的信息标志保证乘客的正常乘车。

对影响区域内的公交站点尽量组织公交港湾。公交行驶时是流动瓶颈，车速太快刹车时易摔坏乘客，故公交车速一般都在30km/h左右，在有条件的道路上，尽量设置出公交车道来，以减少公交车流动瓶颈的影响。

总之，公交改线情况下，在主要的交叉口及小区进行告知；公交站台迁移距离原站台距离不要超过 1km；重点交叉口及路段保证做好公交线路指引工作。

五、城市轨道建设期"点"交通组织方案

城市轨道建设期关键点主要指车站主体建设围挡占用道路区域，它是相对于轨道区域结构建设路段的长度而言，施工关键点的交通流组织称之为点层交通流组织，其优化在整个交通组织方案中属于微观层次，点层交通流组织的作用及其关键问题实际上就是研究车站主体施工影响道路关键点的交通流组织方案，因为地铁车站建设多布设在平面交叉口，平面交叉口的"通畅度"对整条路的交通组织起到重要意义，施工关键点可以看作是整个交通流组织的节点，若施工关键点交通流组织不当，导致交通流运行不畅，且会波及路段甚至全线的交通流状况。点层交通流组织的作用是保证点层交通流秩序，体现在：第一，根据施工道路交通流特性，为施工关键点的施工组织方案的制定提供决策依据，减少关键点施工对交通流的干扰；第二，根据施工组织方案制定合理的交通流组织方案，使交通流运行平稳。

1. 轨道建设期关键点交通组织方案

平面交叉口是交通流变换方向的重要节点，而它的交通特性在城市路网中是通行能力降低的节点，因为同时有一半左右的绿灯时间供交叉方向上的车流通行，因此在一个流向上，平面交叉口的通行能力一般要小于路段通行能力一般左右，但是平面交叉口因交通便利，四周商业相比基本路段较发达，交通流较大，城市轨道施工车站多考虑设在平面交叉口处，从而方便交通流的换乘，由于受车站施工技术、周期、资金的影响，车站施工多采用明挖法，导致对地面交通影响很大，但是站点布设有间距要求，即使有的交叉口没有设置站点，受轨道区域施工的影响，平交口经过施工围挡后变成非常规型交叉口，原有的交叉口现状渠化交通及信号灯配时已经不能满足现状要求，因此施工组织的关键方法就是重新进行平交口的渠化交通和调整信号灯配时，城市轨道施工期平面交叉口的交通组织是整个路网交通组织优化的关键。

交通渠化指的是在平面交叉口设置交通标志、标线和交通岛等，引导车流和行人各行其道的办法。交通渠化的作用是明确不同交通流的空间路权、重点是控制冲突点的位置。信号控制的作用是明确不同流向、不同种类交通流的时间路权，重点是控制冲突点上冲突现象的发生。道路交叉口的交通组织，实际上就是通行能力分配和路权分配问题。

占道施工区交叉口与原交叉口相比变化为：交叉口畸形，不利于通行；交叉口范围增大；交叉口交通组织空间有限；原信号控制已不适用于新的交叉口。基于以上几方面施工区交叉口特性，本节对施工区的重点交叉口进行组织优化，并集中在畸形交叉口的渠化和信号控制，分别从这两个角度来详细阐述：

（1）非常规交叉口渠化

交叉口渠化就是采取适当的方法修建和安置一些设施，使秩序不好的、混乱的车流导入预定供其行驶的车道，以防止车辆无约束行驶而造成混乱和相互碰撞。这些设施通常包括交通标志、标线、标记或高出路面的各种岛状构造物，或路面刷漆成不同颜色护栏、分隔带、隔离墩等。畸形交叉口也属于平面交叉口，因此好的交通渠化设计同样可以改善畸形交叉口内的交通运行的不利方面，但若设计不合理，将会给实际的交通运行带来危险，或者引起严重交通拥堵。

1）交通渠化设计时应遵循以下思路：

①坚持主要道路优先、满足主要流向交通需求；在交通渠化设计时，必须保持主要道路交通流线的顺畅，适当遏制相冲突的次要道路的交通流线；

②分散冲突点：避免司机在同一地点、同一时间需要面对两个方向的冲突，从而确保交通安全；

③增大交叉角度：改善车流小角度冲突、大角度汇入的现状，可以大大提高交通安全；

④为车辆提供安全待行区：当转向车辆或交叉车辆等待可穿越间隔时，可以提供交通岛以保护车辆不受其他车辆碰撞；

⑤利用恰当的交通岛、交通画线、分离带及微型环岛等措施帮助隔离车道，避免冲突导流，使各种类交通流明确路径；设施的设置应该比较醒目，使驾驶员比较容易察觉到它的存在。

2）交通渠化方法

①分清主次道路，主要道路优先，保持原有车流状态；

②保持转弯车流；

③优化标志标线，如增加禁限标志；

④减少冲突面积，填充交叉口，减少交通流在交叉口的冲突面积，减少车辆和行人过街通行发生碰撞的危险性；

⑤增大交通流的交叉角度：使交通流尽可能成直角交叉，缩短交叉时间，为司机提供判断车辆相对位置和速度的最佳条件；

⑥减小汇入角，使交通流以最小的角度差进行合流，使汇合车辆可利用最小的车头间距；

⑦设行人过街安全岛，利用行车不用地带布设交通岛缩短行人过街暴露在车流中的时间和距离，起到保护行人安全的作用；

⑧禁止左转弯，限制车辆驶入禁区，防止转错车道，设三角形方向岛，禁止转弯；

⑨分隔车流，分散交叉口内的交叉点，使车辆在交叉口的固定区域内交叉通行，减少冲突碰撞；

⑩设置分隔岛，组织行车；

⑪分道转弯，采用分道转弯的措施以减少过多的道路面积，减少铺装，节省费用；

⑫增设候驶车道，布设渠化岛，划分左转、右转专用车道，起到分离交通流，保护转弯和横穿道路车辆的作用；

⑬交叉口连续流的设计。

（2）交叉口信号控制与配时优化

1）信号优化思路

施工中道路结构发生变化的交叉口信号控制也必然需要相应改变。目标为保证各个路口之间滤波带较长，考虑行人过街及车辆通过交叉口的要求，减少交叉口冲突点的数目，合理分配不同方向路口的红绿灯周期。根据以上目标，设定信号灯的优化方案。信号交叉口的控制主要采取两种方法：

施工期间占用机动车道，降低了交叉口的通行能力，原有的信号配时不能满足现有交通，通过重新调整交叉口信号控制，降低车辆在交叉口的延误，减少交叉口的冲突点，可采取的措施如下：

紧急情况时方法——交通人员疏导：施工区是一个突发事件繁多、交通冲突问题严重的区域，因此突发交通情况时有发生，因此，通常需要较为专业的交通指导人员参与到交叉口的交通疏导当中，尤其是在高峰时期，作为交叉口控制的应急控制方法。

日常施工时方法——定时交叉口信号控制方法：由于施工期一般为一年左右，如专为施工问题采用智能自适应的信号控制方法，不但会造成资源的浪费，实施效果也不明显，优势不突出，而且也会阻碍施工的进行，因此，较为传统的定时信号控制方法即为首选，而重点为信号的配时优化，以各进道口的流量为数据基础，结合原信号配时方案做出相应的调整。

2）非常规交叉口信号优化方法

常规交叉口经过施工围挡后形状成为非常规型，经过总结，对常见的两类交叉口进行分析：

①"十"字形交叉口围挡成"T"型交叉口。"十"字形交叉口一侧流向车道完全被围挡，交叉口形状改成"T"型。此类交叉口可以当作"T"型交叉口来处理，信号配时要减少一个相位，按照三个相位进行配时。

②"十"字形交叉口围挡成环型交叉口。交叉口中心围挡，整个交叉口形成以围挡为环岛的交叉口。

此类交叉口完全按照环形交叉口来处理组织交通即可，环岛信号控制方式要求环岛在原渠化基础上，在环岛入口处划停车线，设置信号灯，一般采用两相位放行方式或四面轮放方式。信号配时周期不宜过长，避免环岛内车辆积累造成拥堵。由于车辆进入环岛后往各个方向均须绕道行驶，通过环岛所用时间较长，因此配时计算时饱和流量不宜取值太高。

六、城市轨道建设期交通组织方案评价

1. 评价指标体系的重要性

系统评价首先需要一套衡量标准，即评价指标体系。对城市轨道建设期施工路段交通组织方案的实施效果进行评价，需要建立城市轨道建设期施工路段交通组织方案评价指标体系。利用这个评价指标体系去评价施工路段的交通组织方案，为充分挖掘施工路段通行能力的潜力、提高服务水平、避免方案实施后发现问题，再进行调整所带来的不便提供科学的依据。因此，建立一套合理的评价指标体系，是城市轨道建设期施工路段交通组织设计方案评价成功的前提。评价指标的选取应遵循一定的原则，同时指标体系应能够满足实际工作的需要，具有较强的可操作性。

2. 评价指标选取的原则

城市轨道建设期施工路段交通组织方案的实施效果直接体现在施工路段车辆的运行状况，城市轨道建设期施工路段交通组织设计方案评价指标体系应按照以下基本原则确定评价指标体系的相关指标：

（1）系统性

由于城市轨道建设期施工路段交通组织设计涉及多方面的因素，单一评价指标只能从某一侧面反映方案的某种特点，而不能反映方案的整体特性和效益。因此，评价指标体系应力求全面反映方案的综合情况，以保证评价的全面性和可靠性。

（2）科学性

评价指标体系必须有科学的理论依据，要能客观、合理的反映城市轨道建设期施工路段交通组织设计方案的特性和状况。因评价指标体系的评价对象是城市轨道建设期施工路段交通组织方案的实施效果，而方案的实施效果是通过交通系统的运行状况来反映的。因此，在建立评价指标体系时，应该充分考虑城市轨道建设期施工路段的交通运行系统的特性。

（3）实用性

评价城市轨道建设期施工路段交通组织设计方案的实施效果，关键体现在施工路段交通运行状况的实时效果。根据交通运行状况的实时效果来确定方案是否能够取得预期的效果，或者发现其达不到预期效果的主要原因针对性地加以调整。

（4）相对独立性

描述方案的实施效果的指标往往存在重复性，或是线性相关。在选择指标时，应该尽可能选择具有相对独立性的指标，从而增加评价的准确性和科学性。

第四章　地铁工程建设

第一节　地铁的概念与组成

一、地铁基本概念

大多数的城市轨道交通系统都建造于地底之下，故多称为"地下铁路"，或简称为"地铁"或"地下铁"。《地铁设计规范》中定义为：地铁是在城市中修建的快速、大运量、用电力牵引的轨道交通，线路通常设在地下隧道内，也可能局部从地下转到地面或高架上。地铁是国际上公认的解决城市交通问题的首选，具有运量大、速度快、时间准、能耗低、污染低、安全、舒适、便捷的特点，同时地铁工程存在投资大、难度大、风险大、技术和管理要求高。

二、地铁系统的组成

地铁主要由土建工程和设备工程组成。

1. 地铁土建及构筑物

土建包括车站、区间、桥梁、路基、轨道、车辆段和综合基地等。

（1）车站

车站是城市轨道交通路网中一种重要的建筑物，地铁车站是地铁运行系统中的重要组成部分。车站是供旅客乘降、换乘和候车的场所，还集中了部分运营管理设备和系统，有的车站还配套有商业开发、供乘客休闲购物等。车站是城市建筑艺术整体的一个有机部分。

车站可以按照所处位置、埋深、运营性质、断面和站台形式、换乘方式的不同进行分类。按照车站与地面的相对位置可以分为：地下车站、地面车站、高架车站；按照运营性质可以分为：中间站、区域站（及折返站）、换乘站、枢纽站、联运站和终点站；按车站站台形式分为：岛式站台、侧式站台及岛侧式混合站台等。

地下车站由车站主体（站台、站厅、辅助用房）、出入口与通道、通风道和地面风亭等三大部分组成。高架站一般由列车形式的轨道梁结构和车站其他建筑结构组成。

（2）区间

区间是连接两个相邻车站的行车通道，主要包括区间隧道和高架区间。区间隧道包括行车隧道、独线、折返线、地下停车线、联络隧道、水泵房及其他附属构筑物。超长区间隧道，需要在中部建造通风井。

（3）车辆段和综合基地

车辆段是车辆停放、检查、整备、运用和修理的管理中心所在地。综合基地是为了保证轨道交通正常运营而设立，主要包括综合维修中心、物资总库、培训中心和必要的生产或设施场所。

（4）轨道

轨道是指路基或结构面以上的线路部分，由钢轨、轨枕、连接零件、道床、道岔和其他附属设备组成的构筑物。一般地铁正线及辅助线钢轨均采用 60kg/m 的 U75V 热轧轨。

2. 地铁工程的设备系统

地铁设备部分包括建筑设备（常规设备）和轨道交通系统设备组成。建筑设备包括建筑电气、给排水系统、环控系统、电梯和扶梯系统、防灾报警系统（FAS）、消防系统、人防系统、环境与设备监控系统（BAS）等。轨道交通系统设备是指车辆、通信系统、信号系统、供电系统、电力监控系统（SCADA）、屏蔽门/安全门系统、自动售检票系统（AFC）、旅客信息系统（PIS）以及车辆系统和控制（OCC）与地铁网络指挥协调中心（TCC）。

第二节　我国地铁工程建设管理综述

一、地铁工程建设中的常见问题

由于建设周期短、工程量巨大、参与建设的企业较多、周遭环境繁杂、施工流程繁复以及专业技术水平较强等多种特性都是地铁工程建设的主要标志。所以地铁工程建设过程中必然会存在许多不同程度的风险，比如，基坑垮塌、地面沉降、周遭建筑开裂等都是最为常见的风险问题，若是无法对这些问题做出及时的处理，必然会为建设企业带来不同程度的经济损失，并且还会对施工者的生命安全造成影响。在对地铁工程展开建设时，危险施工主要涉及深基坑开挖、暗挖法建设以及承压水控制等多项内容是，尤其是在具有较强繁杂性的底层，若是遇到透镜体、沼气以及承压水层等多种现象，若是无法对建设技术与施工参数尽快地做出调整，那么则极易导致施工风险事故的状况出现。由此可见，在对地铁工程展开建设时，必须要按照建设项目的具体内容与特性，借助高效与完善的控制方法展开建设管理工作，才可以确保地铁工程的正常建设不会受到不利影响。

二、强化地铁工程建设管理的有效举措

1. 注重思想，确定管理目标，完善安全管理结构

地铁工程建设管理者应该对地铁工程存在的风险进行全面的了解，安全事故极易发生的现象，主要是由于实质上本身就存在极易造成安全事故发生的建设流程。风险是任何行业与工程都客观存在的，而地铁工程也是无法避免的，然而若是在思想上给予其高度的关注与重视，采取有效的措施进行防范或是处理，那么便能够对风险影响范围进行有效的控制，甚至是避免风险问题发生。而安全管理目标主要是借助完善与高效的措施或是方式，及时获取工程建设进度的信息资料以及建设情况，并灵活掌握，由此强化安全事故发生的防范水平与控制水平，防止重大安全事故的出现，将安全风险影响范围控制在最小。

而完善安全管理结构需要最好以下几方面工作：

首先，对于规划环节而言，必须要地区环境的具体情况以及地质条件展开全面的实地勘察，并进行合理的判断与分析，对地铁工程建设中极易发生的风险问题是否可以规避、建设安全是否可以获得保障展开深入研究，尤其针对站位以及线位的选取必须谨慎选取。

其次，对于设计环节而言，需要在全面掌握地质环境以及岩土特性的基础上，设计出达到安全需求以及客观条件的图纸设计，并且设计过程中还需要对地铁工程建设结构的可靠性与建设的可实施性进行全面的考虑。与此同时，还需要对工程所处环境展开全面的调查，积极采取有效措施，确保建设安全与环境安全不受到影响，并合理制定监控量测规划方案等，全面改善设计方案，强化设计水平，积极站在设计层面针对风险问题探讨应对策略。

然后，对于建设环节而言，需要制定更具可操作性的建设组织设计，严格根据设计文件以及相关标准规范展开建设，并对工程风险展开全面的分析，积极采取有效错失哦，编制完善的专项建设方案。除此之外，还需要针对工程建设安全创设健全的管理制度，合理制定完善的设监控量测规划以及执行方案，安排专门的工作者负责监管，严格根据流程展开各项建设，尽可能的实现信息化建设。并且还应该不断提升建设过程管理力度与水平，强化监理工作。

最后，建设企业应该根据法律法规履行职责，按照基建流程，尽可能的展现出整体协调的作用，进而为建设企业的安全建设提供有力的建设条件，不断地强化建设环节的安全监督水平，对建设环节的每一个流程进行严格的监管。

2. 全面贯彻法规条例

在对地铁工程展开建设时，需要建设和完善工程建设质量安全风险管理机制，各种重大的地铁建设项目都需要严格根据法规条例强制实施。而政府也需要对地铁工程设计、建设施工以及监督管理等多项资质认定工作进行严格的控制，并积极提升对各个参见方应该履行职责情况的监督检查力度。除此之外，为了促使地铁工程建设能够在有条不紊、健康的状态下正常进行，合理编制地铁工程建设相关的法规条例也是极为必要的。

3.科学编制地应急预案

之所以造成安全事故的出现，主要是由于多个环节在很长一段时间之内都存在一定的问题，最终对地铁工程建设的安全性造成严重的影响，为施工者与建设企业来带无法挽回的损失。因此，需要针对各种极易发生的问题，给予机制上的安排，其中这句好涉及施工者麻痹大意。在安全事故所涉及的各类因素之中，若是合理借助相应的措施进行处理，那么都能够最大限度的对影响范围进行严格的控制，甚至是避免安全事故的发生。有了应急预案，若是发生任何突发问题，参见方都能够根据应急预案妥善处理，进而避免事态扩大。针对地铁工程风险问题的处理而言，需要做到以下几方面：首先，相关管理者必须要对地铁工程的具体情况进行全面的僚机。其次，全面贯彻安全建设思想，编制完善的应对措施。然后，开展专项设计，严格根据施工图纸设计展开建设，严格遵循建设流程与制度。最后，展开竣工评估，保证工程建设质量。

第三节　地铁施工

一、地铁工程施工过程

一般地铁施工的总体程序包括前期工程（房屋拆迁、管线迁改、绿化改移、交通疏解等工程）、施工准备、车站及区间土建工程施工、段场施工、机电设备安装、单机和联动调试及试运行等工作。地铁工程施工的主要内容可以简单分为地铁土建工程及地铁设备工程施工两个方面。

1.前期工程

由于地铁线路、地铁车站一般布置在市区内，需要临时或永久占用场地，场地上不可避免地存在已知的或未探明的建构筑物、管线、植被等，而且这些建筑构筑物、管线等一般时间久远、错综复杂。地铁施工中的永久和临时工程往往需要对建（构）筑物拆除、改建，需要管线进行加固、拆除、改移等，植被需要迁移或废除。地铁施工必须采取交通疏导的方式，对有影响的道路采取临时封闭、倒边通行等措施，前期工程涉及的产权单位和管理部门众多、各方利益不易协调。占用道路或场地对城市交通及市民生活产生极大影响。前期工程施工中人为或意外原因不可避免地发生断水、断电、断气、交通拥堵、环境污染等问题。上述问题都严重影响到各方的利益和市民的正常生活，因此前期工程推进难度非常大、推进速度缓慢。

2.施工准备工作

地铁工程施工如其他土建工程一样需要进行必要的施工准备工作，主要包括场地交接、测量放样、场地围挡及出入口设置、水电接驳和管网布设、修建道路、建设生产生活设施(办公室、宿舍、现场材料堆放区、加工区、机械设备布置等)、资源准备、技术准备等内容。

由于地铁工程多位于人口密集的市区,施工场地非常狭小;交通影响大、环境要求高,文明施工要求高,施工场地的布置则显得尤为重要;场地内管线与建(构)筑物非常复杂,不可避免地会存在一些管线、建筑物没有被发现。为避免意外事故的发生施工前一定要对场地内及场地周边的建构筑物、管线等进行详细调查、实地开挖暴露检查,并且施工中始终要重视存在未知管线及建(构)筑物的可能性和严重影响。

3. 地铁土建及设备施工

地铁土建工程施工主要是指地铁工程的各种建(构)筑物土建结构及装修施工,在结构施工时机电工程开始预留与预埋工作,在装饰装修阶段时与装修与机电设备工程交叉作业。

一般地铁车站施工时主要包括围护结构施工、土方开挖和降排水、主体结构及附属结构施工、土方回填等工序。车站结构的施工方法主要包括明挖顺挖法、盖挖法、逆做法及暗挖法。地铁区间的施工方法主要包括盾构法、浅埋暗挖法等。其中盾构法主要包括盾构井施工、盾构隧道端头加固施工、盾构运输与安装,盾构调试、始发、掘进、换刀及到达等工序。采用暗挖法施工隧道的主要工序包括竖井、工作风井、联络通道及泵房等附属结构施工、隧道土方开挖、超前支护、初期支护、防水层及衬砌施工。

场段等建筑工程基本采取常规建筑工程的施工工艺,主要包括地基与基础、结构、装饰与装修、机电设备安装等施工。

4. 设备调试及试运行

地铁设备调试主要包括单系统调试、多系统联动调试及试运行演练等阶段。各系统完成后首先进行单机调试,再进行本系统的调试,进而扩展到全系统的整体调试。

系统总联调即指各设备及系统间的联合调试,在所有子系统的基础调试完成后,启动各子系统,模拟运营的带负荷运行,以检验各子系统间的接口关系、性能、运作,检验能否满足各种可能出现的设计预宜情况和运营要求,并从整体上检验城市轨道交通大系统运作的可用性、稳定性、安全性。设备运营演练是对系统总联调的功能验证,实现地铁工程人与机、人与人之间和谐高效管理的外延,也是地铁工程由建设验收向运营移交的过渡阶段。

5. 地铁工程施工的特点

(1)线路长、工点多,建设规模大

一般一条地铁线路的地铁工程都在数公里到几十公里,呈线性。地铁工程包括车站、出入口、车站风道、风井、区间隧道等工程。车站、区间等施工工点散落,每个车站即是一个施工工点,区间工程需要根据工期、地质条件等因素选择具体工法,也需要设置区间的盾构始发和接收场地,矿山法需要设置竖井。

地铁工程施工需要规划、文物保护、人防、电力、热力、电信、市政、交管、质监、安监等部门以及周边社区、街道的沟通与协调。另外还有内部各专业队伍需要协调。

（2）周边环境复杂，地质条件多变、影响因素多

地铁工程多属于地下工程，一般要穿越城区，地下的建（构）筑物、各种管线的错综复杂；地质条件和水文环境多种多样，存在诸多不利的地质环境因素。而且施工工点一般多处于交通繁忙、人流量大的繁华地带，施工与城市运行必然互相影响。

（3）施工场地狭小，施工条件差，前期工程影响大，材料运输困难

地铁工程的施工场地需要占用城市道路、绿化用地及不同权属的场地，征地和占地困难，造成施工场地非常狭小或迟迟不能提供，渣土、加工场、临时堆场等布置受限，施工临时设施的场地无法满足。地铁工程往往因为征地拆迁、管线迁改等问题没有解决，被迫修改设计或变更工法，对工期和造价都有重大的影响。各种材料的运输给本来拥堵的城市交通雪上加霜，让道路不堪重负，城市对重型车辆的限行规定，使其只能在规定时段进行材料运输，施工难度增加。地铁施工时内部的水平和垂直运输受到作业空间限制，施工作业环境恶劣、效率低。

（4）施工难度大、风险源多、风险高

现场的水文地质情况、周边环境、气候条件及施工水平等都决定着工法的选用。施工工法多样、技术难度高。复杂的环境使地铁工程具有高风险性。地铁工程施工除了对周围环境带来振动、噪音、水、大气污染及废弃物的污染外，还容易造成建筑物沉降、倾斜甚至倾倒，周边管线下沉、断裂，造成漏水、漏气，道路塌陷等风险，如发生问题或事故则造成巨大损失、影响深远。在城市中施工影响市民生活、出行和工作，扰民问题严重。

二、地铁土建主要施工方法

地铁土建工程施工包括地面工程和地下工程施工。地面部分主要有高架区间和高架车站。高架区间结构形式多采用简支梁或连续梁结构体系，在特殊地段也采用悬臂结构体系等其他体系。高架区间的施工流程主要包括：基础施工、承台施工、梁体施工、桥面系及附属工程施工，其中梁体施工方法主要有支架法原位浇筑和预制安装法。段场房屋建筑工程一般采用比较常规的房屋、厂房施工工艺和方法。

根据开挖方式不同，地下工程有不同的施工方法，主要有明挖、盖挖、暗挖、盾构等。由于设备的更新改造、新技术的进步，使得不同施工方法又有不同的分支。根据工程的性质和规模、工程地质和水文、周围及场区内地面和地下障碍物情况、施工设备和资源条件、相关方要求及造价、工期等条件或因素进行综合考虑选择适合的施工方法。

1. 明挖法

明挖法是从地表向下开挖至基底，再由下而上的顺做施工结构和防水，最后回填土方。在地面交通和环境条件允许的地方通常采用明挖法施工，此种方法造价低、工艺简单，是

地铁工程施工的首选方案。明挖法施工基坑一般分为放坡和有围护结构两类。明挖法施工的关键在于支护与土方开挖。

明挖法的优点：施工作业面多、工艺简单、速度快、质量易于保证、工程造价低。明挖法缺点：施工需要占用道路或场地，会影响交通、会对城市生活造成较大影响；施工过程的噪音、震动、粉尘、废弃物都对周边环境和社区有非常不利的影响；特别是基坑周边建（构）筑物、管道及地下水等的影响比较大。

2. 盖挖法

采取明挖法修建地铁时，往往占用道路和场地，影响交通和市民生活，而且施工场地也可能受限，而盖挖法是一种有效解决的途径。

盖挖法是在地表上首先施工基础及基坑围护结构，由地面开始向下开挖至一定深度后，封闭顶部，恢复上部原来用途，其余的下部工程在顶盖下完成。根据结构的施工顺序（顺做、逆做），盖挖法又可以分为盖挖顺做法、盖挖逆作法、半盖挖法等。

盖挖顺作法是在地表施工完基础和围护结构后，将路面铺盖体系（一般是钢筋混凝土梁板或钢析架）安装于围护结构上后，恢复道路交通或场地，再向下进行开挖和加设横撑，直至设计基底。再由下而上，顺做施工主体结构，最后回填土并恢复原貌。盖挖逆作法也是在地表和盖挖顺作法一样，需要在地表施工完成围护结构及中柱或桩及路面铺盖体系，上部恢复交通或场地，在盖（顶）板覆盖下开挖土方、施工结构，而施工顺序与顺做法正好相反，即自上而下逐层开挖并建造主体结构直至底板完成。

盖挖法优点：可以尽快恢复路面，从而对交通及环境影响小；围护结构变形比较小、可以有效控制周围土体变形和地表沉降、有利于保护临近建构筑物和管线；基坑底部土体稳定、隆起小、施工安全。盖挖法缺点：作业空间小、工效低、工期长；施工比较烦琐，混凝土结构的水平施工缝处理比较困难，钢管柱加工、吊装、就位要求精度高；同时盖挖逆作法施工难度大、费用较高。

3. 浅埋暗挖法

矿山法是一种传统的施工方法。它基于这种松弛荷载理论依据，按分部顺序采取分割式分块开挖，要求边挖边撑，所以支撑复杂，木料耗用多。喷锚支护的实践的出现后发展成新奥法。浅埋暗挖法是源自新奥法的原理，采用多种辅助施工措施加固围岩，利用围岩的自稳能力，开挖后立即支护，抓紧封闭成环，使支护与围岩协同作用，有效地抑制围岩过大变形的一种综合技术。其原理是：利用土层在开挖过程中短时间的自稳能力，采取适当的支护措施，使围岩或土层表面形成初支结构，主要适用于黏性土层、砂层、砂卵层等软弱地质条件。

浅埋暗挖法中，区间隧道根据开挖方式的不同，有全断面开挖法、台阶开挖法、环形开挖留核心土法、单侧壁导洞法、眼镜工法（双侧壁导洞法）、CD（中隔墙）法、CRD（交叉中隔墙）法等；城市地铁车站等多跨隧道多采用柱洞法、侧洞法、中洞法、PBA（洞桩）

等工法施工。浅埋暗挖法根据实际需要创新较多，因此施工工法变化比较多。

由于对地表沉降要求严格，需要对地层进行预支护和预加固，主要措施有超前小导管预注浆、开挖面深孔注浆、管棚超前支护等措施。

浅埋暗挖施工优势在于占地少、不影响城市交通、无污染、噪声小，解决了因地面交通、管线、建筑物等条件限制不允许使用明挖法施工或线路埋深大，用明挖法施工费用高等问题。缺点是：施工风险高，开挖界面和方式受到围岩稳定性的限制；地下水、有毒气体对施工影响大，易发生坍塌、地面沉陷等问题和事故；工作面狭窄、施工条件差；功效低、工期长、造价较高。一般矿山法适用于围岩好、自稳能力好的地质条件，必要时需采取爆破开挖（钻爆法）。常用的成套化设备包括喷浆台车、混凝土台车、高空作业车、炸药台车、凿岩台车等。

4. TBM 法及盾构法

（1）TBM 法

TBM（Tunnel Boring Machine）是一种靠旋转并推进刀盘，通过盘形滚刀破碎岩石，使隧洞全断面一次成形的机器。TBM 法，掘进、支护、出渣等施工工序连续作业，多系统集成隧道施工整体装备，具有安全、速度快、环保、综合效益高等优点，可实现传统钻爆法难以实现的复杂地质条件的深埋长隧洞的施工。

欧美将全断面隧道掘进机统称为 TBM，日本则一般统称为盾构机，细分可称为硬岩隧道掘进机和软地层隧道掘进机。中国则一般习惯将硬岩隧道掘进机称为 TBM，将软地层掘进机称为盾构机。

优点：掘进效率高，施工速度快，约为钻爆法的 4-6 倍；开挖施工质量好，形成的洞壁光滑，尺寸一致，超挖量少，减少了支护工程量；自动化、信息化程度高；节约人工劳动，工效高；对岩石的扰动小，相对安全；改善开挖面的施工条件，无爆破作业，保证了施工人员的健康和安全；非爆破开挖，尘土、气体、噪音污染少，减少辅助洞室，减少地表破坏等。

缺点：地质和断面适应性较差；不适宜中短距离隧道的施工；运输难度大，对施工场地有特殊要求；掘进机结构复杂，对材料、零部件的耐久性要求高，设备购置及使用成本大，施工费用昂贵。

（2）盾构法

以盾构机为核心的一套完整的建造隧道的施工方法称为盾构法。盾构法施工是以盾构作为施工机械在地面以下暗挖修筑隧道的一种施工方法。

盾构机包括钢筒或框架压入地层中构成保护机械外壳和壳内各种作业机械、作业空间。盾构机即可以承担地层压力，又能自行推进。盾构是一种集开挖、支护、推进、运输、衬砌、注浆为一体化的大型施工机械。它在地层中推进时，前方切削装置进行土体开挖，通过盾构外壳和管片支撑四周防止围岩坍塌，渣土由运土设备运输，千斤顶于后部继续加压顶进，拼装管片，在管片后注浆，最终形成隧道结构。盾构法施工主要技术包括：盾构机选型、参数设计、盾构始发、掘进、到达、开仓换刀技术、地表沉陷及地层移动控制技术等。

按盾构断面形状可将分为：圆形、拱形、矩形、马蹄形等。圆形因其抵抗地层中的土压力和水压力较好，衬砌拼装简便，可采用通用构件，易于更换，因而应用较为广泛。

盾构法的主要优点：施工作业多数在地下进行，不受地表环境的限制，对地面交通、河道航运、地下管线、建（构）筑物、铁路等周边环境影响小，噪声和振动小；盾构作业有序，结构比较稳定，开挖和衬砌安全，掘进速度快；自动化作业程度高，施工不受风雨等气候条件的影响，施工易于管理；施工人员也相对少，施工劳动强度低；地质条件差、地下水位高的地质条件不受限制；地表占地面积小，减少地上、地下的大量拆迁，征地费用少。

盾构法的缺点主要有：对于断面多变、隧道曲线半径过小、地层岩石强度高、有构筑物或孤石等特殊问题时，适应能力差，施工难度加大；遇到如沼气、甲烷等有害气体施工困难；要求盾构上方有足够的覆土厚度，若隧道覆土太浅，则盾构法施工难度加大，安全性降低；盾构法隧道上方一定范围内的地表沉陷问题难以完全防止，特别在饱和含水松软的土层中，技术措施要求高；盾构机液压系统、自动控制系统、自动监控等系统操作复杂，要求专业熟练人员操作，人员素质要求高；盾构机购置费用、整体施工费用高，一次性投资大；盾构机始发和到达条件要求高；盾构施工中采用全气压方法，对劳动保护要求较高，施工条件差；空洞、开挖掌子面的稳定、地表沉降是盾构需要解决的问题。

5.沉管法

沉管法适用于水下隧道，分段预制将隧道管段，浮运至隧道轴线处，沉放在预先挖好的地槽内，水下连接管段，移去临时止水措施，回填基槽，安装隧道内部设施，形成一条水下通道。按照管身材料可分为：钢壳和钢筋混凝土壳。

沉管隧道适用于软土地基、河床或海岸较浅的场所。沉管断面形状可圆可方，选择灵活。工序可平行作业，彼此干扰相对较少，工厂化、流程化预制管节，管段预制质量容易控制。尤其适用于比较宽阔水域下构筑水下穿越，经济性好。但缺点是应用受到限制，而且受到气象、水文条件的制约较大，对航运也存在一定程度的影响。

第四节　地铁绿色施工

一、绿色施工概念解析

1.绿色施工的内涵

国内对绿色施工的定义基本相同，按照北京市地方标准《绿色施工管理规程》

（DB11/513-2008）及《天津市绿色建筑施工管理技术规程》（DB29-200-2010）文件定义为：绿色施工是建设工程施工阶段严格按照建设工程规划、设计要求，通过建立管理体系和管理制度，采取有效的技术措施，全面贯彻落实国家关于资源节约和环境保护的政策；最大限度节约资源，减少能源消耗；降低施工活动对环境造成的不利影响，提高施工人员的职业健康安全水平，保护施工人员的安全与健康。

2011年10月实施的国家标准《建筑工程绿色施工评价标准》（GB/T 50640-2010）中，对绿色施工定义为：在保证质量、安全等基本要求的前提下，通过科学管理和技术进步，最大限度地节约资源，减少对环境负面影响，实现"四节一环保"（节能、节材、节水、节地和环境保护）的建筑工程施工活动。

通过上述定义可以分析出以下几点：

（1）绿色施工的基础和前提是保证质量和安全

绿色施工的目标是综合性的，它应符合建设工程的目标：即时间、质量（安全）、费用，符合规划和设计要求也是质量的要求。在这个意义上与传统施工别无二致，但绿色施工是在保证质量安全后的再一次升华。

（2）绿色施工的目标是节约资源、降低消耗、减少环境污染

绿色施工强调的"绿色"概念，是人类对资源和环境问题的统一认识，体现的是"以人为本""生态平衡""环境保护"，绿色施工是"可持续发展"理念的一种表现。

（3）实现绿色施工的途径：科学管理与技术进步

科学管理和技术进步二者相辅相成，单纯依靠其中之一都会影响绿色施工的最终实现。科学管理包括使用管理思维，对工、料、机、法、环等要素的全面管理，从事前、事中、事后对时间、质量、安全、环境、费用等目标实现的全面控制。技术进步是采用新技术、新材料、新工艺、新设备等，进行创新，改善劳动环境，降低劳动强度，减少和避免质量、安全和环境事故，提高施工综合效率。

（4）绿色施工是一种状态，它具有相对性、动态性、持续改进性

绿色施工受到施工管理能力和技术水平的制约，有很大的差异性，其目标和指标是不断进化的，需要通过加强管理和技术创新使绿色施工水平不断提升。

2.绿色施工与绿色建筑

（1）绿色建筑的概念和内涵分析

《绿色建筑评价标准》（CGB 50378）定义绿色建筑：是指在建筑的全寿命周期内，最大限度地节约资源（节能、节地、节水、节材）、保护环境和减少污染，为人们提供健康、适用和高效的使用空间，与自然和谐共生的建筑。

绿色建筑是对从选址到设计、施工、运营、维修、改造和拆除的整个建筑寿命周期的环境责任和资源效率的建造和使用过程，也被称作可持续建筑或高性能建筑。绿色建筑的目的是要减少整体建筑环境对人类健康和自然环境的影响，包括有效地使用能源、水和其

他资源；保护居住者的健康和提高员工的生产效率；减少浪费、污染和环境退化。

通过上述概念可以总结出绿色建筑的内涵：

1）绿色建筑是一种建筑，也是一种活动过程，以促进人、建筑、环境的和谐为目标，在建筑的全寿命期内减少对人类和自然环境的不良影响，这些影响包括人类的健康、资源能源的耗费、环境污染和环境退化。广义的环境包括人、动物、建筑、自然环境。和谐是兼顾人类生存发展、建筑功能的实现、环境的可持续等三个方面的和谐，与"以人为本"，"天人合一"等理念不谋而合，是对人类生存和发展理论的延伸。而且这种和谐是相对的，不是绝对的。

2）绿色建筑的实现手段是负担环境责任，提高资源和能源效率。美国环境保护署（U.S Environmental Protection Agency，缩写为 EPA）的定义与《绿色建筑评价标准》的定义有所不同。后者的定义相比较浅显，易于接受，符合我国目前的推广需要。

人类追求物质文明和精神文明，要求幸福和舒适，很大程度上背离节约，建筑尤其如此。建筑的目的是为了给人类舒适、安全的工作生活空间。这种舒适和安全的标准不断提高，靠节约不能完全实现。资源效率并不是简单意义上的节约，节约是减少使用，提高资源效率是要人类为了生存和发展需要利用资源，用更少的投入实现多产出，或者通过可替代的资源，实现资源利用效率最大化，当然节约是资源效率提高的最直接的方式。环境包括自然环境和社会环境。人类与环境息息相关，人类是环境的一部分，人类依靠环境才能生存；环境对人类有反馈作用，人类与环境产生物质和能量的交换和转移。人类与环境既对立又统一，即有矛盾，也相互作用、相互促进，人类可以改变环境，环境也可以改变人类。

3）绿色建筑不只要求结果，而且重视过程，建筑全寿命周期都要求实现环境保护和资源效率。全寿命周期是指从规划（包括选址、分析、评估）、立项、设计、施工、运营、拆除的全部过程。整个生命周期都要实现环境责任和资源效率，因此，绿色建筑是个系统、动态、全面的过程。不同阶段对整个寿命周期的整体环境和资源效率的贡献的比例也不同。规划与设计时间虽短对后面影响巨大，施工阶段注重的是人的建造活动对资源和环境的影响。运营阶段时间长，是整个周期中的绝对关键环节。由于全寿命周期都要实现，关联到几乎所有社会群体和人员，这样实现广义的绿色建筑、广义的绿色理念和绿色行动。

（2）绿色施工与绿色建筑的关系

1）绿色施工的提法来源于绿色建筑，绿色施工是绿色建筑不可缺少的一部分。绿色建筑是全寿命周期的绿色，绿色施工则是其中一环。

2）在内涵和外延方面，绿色建筑比绿色施工要广

绿色建筑要求实现绿色施工，绿色施工是绿色建筑的前提之一，成为绿色建筑一定要绿色施工，绿色施工不一定最终成为绿色建筑。绿色建筑的关键环节是在设计和运营阶段，施工阶段对整体影响较小。

建筑活动不仅包括施工，还包括施工前的规划、勘查、设计等活动。绿色建筑的内涵远超出绿色施工。

3）绿色建筑与绿色施工目标和影响范围不同。从定义上分析，绿色建筑是以建筑物成为绿色产品和绿色运行结果为目标，而绿色施工是实现绿色的施工过程。绿色建筑即强调形成结果和全过程；而绿色施工更强调过程应用。绿色施工的影响范围是施工阶段所使用的资源、能源，以及施工阶段影响的环境和人；绿色建筑不但包括施工阶段，还包括交付使用及运营阶段，范围更广，作用更大。

4）绿色建筑比绿色施工要求更广泛。绿色建筑要求全寿命周期，实现绿色建筑需要多学科和多专业的共同作用，包含了规划、设计、施工、运营、拆除等全过程绿色管理和技术，而绿色施工仅是通过绿色施工过程的管理和技术实现。

5）绿色建筑和绿色施工出发点相同，都考虑资源高效利用和环境保护。

3.绿色施工与清洁生产

联合国环境规划署工业与环境规划中心（UNEPIE/PAC 将清洁生产定义为：是一种新的创造性的思想，该思想将整体预防的环境战略持续应用于生产过程、产品和服务中，以增加生态效率和减少人类及环境的风险。对生产过程，要求节约原材料与能源，淘汰有毒原材料，减降所有废弃物的数量与毒性；对产品，要求减少从原材料提炼到产品最终处置的全生命周期的不利影响；对服务，要求将环境因素纳入设计与所提供的服务中。美国环保局的定义：清洁生产又称为污染预防或废物最小量化。《中国 21 世纪议程》的定义：清洁生产是指既可满足人们的需要又可合理使用自然资源和能源，并保护环境的实用生产方法和措施，其实质是一种物料和能耗最少的人类生产活动的规划和管理，将废物减量化、资源化和无害化，或消灭于生产过程之中。2012 年起执行的《清洁生产促进法》中说明：清洁生产为不断采取改进设计、使用清洁的能源和原料、采用先进的工艺技术与设备、改善管理、综合利用等措施，从源头削减污染，提高资源利用效率，减少或者避免生产、服务、产品使用过程中的污染物的产生和排放，以减轻或者消除对人类健康和环境的危害。

综上所述，清洁生产的基本内涵是对产品和产品的生产过程、产品及服务采取预防污染的策略来减少污染物的产生。清洁生产包括节约资源与能源，尽量不使用有毒原材料，且减少有毒物质的数量和毒性，从生产、运输、储存原材料到处置产品，不断减少环境影响。

可以看出清洁生产与绿色施工既紧密联系，又有区别。清洁生产是绿色施工的理论基础之一，绿色施工主要应用于建筑施工阶段，而清洁生产则不仅指产品的生产阶段，还包括产品及产品的服务过程，清洁生产涵盖的阶段更广泛。绿色施工和清洁生产的目标中都有预防污染、减少废物的含义。清洁生产的提出主要针对化工、制造等领域，并扩展到整个工业领域，特别是以工厂制造过程为主。建筑施工生产具有流动性、单件性、地区性、复杂性、周期长、影响大等特点，与其他一般的产品制造不同。清洁生产应用范围更广，绿色施工是清洁生产应用于建筑领域的体现。

4.绿色施工与文明施工

按照建设行业通用的定义：文明施工是指在工程建设和建筑物及构筑物拆除等活动中，

按照规定采取措施，改善施工现场作业环境，维护施工人员身体健康，减少对周边环境及市容环境卫生影响的施工活动。文明施工以保持施工现场良好的作业环境、卫生环境和工作秩序为目标。文明施工工作主要有：合理布置和规范场容，保持环境整洁、卫生；科学合理的组织施工，使生产有序进行；减少施工对周边社区和环境的影响；保证现场安全和职工职业健康。

可以看出文明施工与绿色施工都要求环境保护，这是二者的共同点，但绿色施工要求资源的高效利用，文明施工中要求生产有序进行这一点存在交集，绿色施工强调的更深入，更严格。文明施工的"文明"还是对现场场容、场貌以及施工人员体现的行为表现的要求，更注重的是表观，而绿色施工更注重内容和实质，这个概念上绿色施工并未完全包含"文明施工"的概念，但随着概念的不断扩充，或者广义的绿色施工，应该与文明施工是一致的。目前绿色施工和文明施工不完全相同，因此，在有关规定上有所不同。

5. 绿色施工与节能减排

节能节减排是我国结合具体情况提出的比较直白简明的提法和要求，是对各行业的要求。绿色施工仅针对建筑施工阶段，绿色施工有节能减排的内容，很多要求和指标与节能减排都是一致的。节能减排是绿色施工的一个重要部分，绿色施工还提出了水、土地、材料等资源的高效利用等方面的要求。对于施工企业来讲，节能减排与绿色施工有一定的重复性。节能减排则提到了国家政策层面，国家已经制定了节能减排方面的法律和法规，对各行业、企业都有明确的指标和要求。目前绿色施工在行业层面推进比较多，从推进范围和力度上，节能减排要大于绿色施工。

二、建筑工程绿色施工管理和评价

目前我国对绿色施工依据的文件主要有：住建部200年9月发布的《绿色施工导则》《建筑工程绿色施工规程》（GB/T50905-2014）、北京市标准《绿色施工管理规程》（DB11-513-2008）、天津市标准《天津市绿色建筑施工管理技术规程》（DB29-200-2010），上海市《建设工程绿色施工管理规范》（DB/TJ7-2129-2013）及其他省市的一些标准和管理规定，上述标准和有关要求规定的主要内容大同小异，下面对施工项目如何实现绿色施工进行阐述。

1. 绿色施工管理

（1）绿色施工因素识别和绿色施工管理目标确定

根据有关行业、企业规定确定"绿色施工"的总目标、创优目标，对各施工阶段的绿色施工因素和要求进行辨识和识别，制定项目绿色施工的具体指标。环境保护可采取ISO14000的体系要求进行风险辨识和管理。

绿色施工因素识别、评价：用环境因素分析和危险源辨识的方法，对施工现场绿色施工影响因素进行分析，再通过归纳法对绿色施工影响因素进行分析和归类，制定与之对应的治理措施。绿色施工影响因素分析可以按照影响因素识别、影响因素评价、对策制定等步骤进行。

　　绿色施工指标主要包括：能源消耗指标；水资源消耗指标和水利用目标；主要材料的损耗率指标及材料回收利用目标；节地及土地保护的要求；施工扬尘、光污染、噪音、污水和其他污染控制指标要求；建筑垃圾再利用的指标和周边环境的要求。并将目标、指标分解到各施工阶段和各施工区域。

　　（2）建立绿色施工管理组织体系

　　项目部建立绿色施工管理小组。组长由项目经理担任，项目部技术、质量、安全、材料、设备、预算及现场管理人员组成。设专职管理人员，负责绿色施工日常工作及能源、资源、检测统计和资料管理工作。建立绿色施工责任制度，将绿色施工的责任落实到每个人，同时绿色施工管理与其他方面的管理相互结合。

　　制定绿色施工管理的有关制度，如绿色施工责任制度、专题会议制度、教育培训制度、检查评估制度、资源消耗统计制度、资料和档案管理制度、奖惩制度、宣传制度等。

　　（3）编制绿色施工专项方案或策划

　　施工前，根据绿色施工目标及指标要求编制绿色施工专项方案或施工组织设计，明确具体管理措施与技术措施。包括目标、指标、责任分配、资源配备、制度要求、检查评定、具体措施等。绿色施工组织设计或专项方案、策划按照企业内部审批制度，由企业技术负责人批准后实施，并向有关单位报批。

　　（4）绿色施工实施、检察、持续改进

　　按照动态管理、持续改进的要求，从增加绿色施工意识和氛围入手，做好过程教育和培训，实施绿色施工技术，加强口常管理，及时进行监测和分析对比，纠正违反绿色施工要求的现象，持续改进，协调好项目管理各目标的综合实现。

　　2. 绿色施工评价

　　绿色施工评价目的是为了过程中及最终衡量工程绿色施工目标的实现情况，总结绿色施工工作，制定对策，从而实现绿色施工持续改进。目前现行的标准有《建筑工程绿色施工评价标准》（GB/T50640-2010）。

　　（1）评价框架体系

　　《建筑工程绿色施工评价标准》（GB/T50640-2010规定绿色施工评价框架体系应由评价阶段、评价要素、评价指标、评价等级构成。

　　评价阶段分为：地基与基础工程、结构工程、装饰装修与机电安装工程。

　　（2）评价的基本要求

　　从PDCA各环节对绿色施工管理提出要求。

　　（3）评价方法

　　评价在项目部自检基础上进行。结合企业、项目的具体情况确定，最少做到每月一次，每个阶段不少于一次。评价方法从要素评价、批次评价、阶段评价和单位工程评价逐项递进。

三、地铁绿色施工因素分析

（一）地铁施工中资源能源耗用

地体工程投资巨大，投入并耗费了大量的资金、资源和能源。

地铁工程多在地下修筑，各地区的工程地质和水文情况差别较大，为了保证地下工程的安全性，减少和避免风险，地铁工程施工中采取了多种工艺和措施。同时地铁工程作为百年的民生工程，对设计上安全、坚固、抗震、防水的要求则会更高。

1. 能源消耗和浪费

地铁工程施工采用的能源以电能为主，部分车辆和设备采用燃油作为动力，生活中也会采用煤气、天然气和液化气等。

地铁工程的施工用电主要包括动力用电、照明用电、生活用电等。地铁施工过程中机械化作业程度非常高，施工设备种类多、总容量大、耗电量大，而且往往需要大型设备联合作业。地铁施工主要设备有盾构机及凿岩设备、土方开挖和运输设备、起重吊装设备、各种桩基及成槽设备、钢筋加工设备、焊接设备、混凝土设备、降排水设备、土体注浆和加固设备、喷锚设备、各种台车等。据测算，施工设备用电达到总用电量的 80% 以上。

地铁工程的各施工作业点呈线性分布，一般情况下每个车站、每个盾构井、暗挖竖井都需要有电源接入，而且使用时间长达 3-5 年；为保证在地下正常作业，地下工程照明、降排水、通风等设备以及盾构机等大型设备数量多，几乎全天运行，因此，耗电量巨大，而且对运转保证率的稳定性和要求非常高，否则易造成安全事故。地铁施工人员办公和生活场所需要各种生活和办公电器，主要用途有通风、空调、照明、加热等。

根据统计，一般明挖法地铁车站施工需要的工点容量达到 800kw，地铁换乘站达到 1200kw 或以上；盾构施工时一台盾构机（含配套）达到 1000kw，配套的龙门吊最大每台近 200kw，电瓶车达 400kw。一条地铁线路往往几十个工点同时施工，因此，用电点负荷非常大，对市政电网压力巨大。盾构机在地铁中大量使用，盾构机是大功率设备，耗电量大，而且存在无功损耗现象，实现盾构机的节能，效果将十分明显。

地铁施工中，老化落后的施工设备仍有一定数量使用，由于忽视对机械设备的更新换代造成了能源的极大浪费。由于安全、环保等原因，除了一些设备仍采用柴汽油外，施工机械多数使用电源驱动，使地铁施工成为电力消耗大户。由于施工人员节电、节能认识的不到位、管理和控制措施不到位，施工中电能的浪费比较严重。

2. 土地资源使用

地铁工点多，每个车站、竖井、区间都需要场地用于机械设备停放、运行的工作面和场内交通，用于半成品和材料加工和存放场地；由于安全、消防、环保等要求，也需要必要的操作距离和空间；为了施工人员工作的便利，还需在现场设置施工驻地临建，满足现场管理和便捷工作的需要，虽然这种驻地临建不一定是现场必须，但从费用和便捷性来说，在现场设置驻地整体效益往往比租用外部场地或房屋好，因此，一般的思路是在现场设置项目部驻地临建。

粗略估计，一个标准双层车站场施工用地至少需要 5000 平方米左右、一个盾构场地需要 3000 平米；一个铺轨基地需要 3000 平米以上，这其中不包含生活和办公区临建占地。现场需要设置钢筋及钢架加工场，目前虽然可以采取工厂化加工制作、现场装配的思路，但推进的力度不够，实施的比较少。

基坑和隧道开挖都要产生大量渣土，含有岩石、泥土、水、废浆及垃圾等，不能作为种植土使用，而这些渣土体量巨大，需要充足的空间和大面积的场地来堆放。一个 20 米深，一万平米的普通车站，土方开挖量达 20 万立方米；隧道断面面积近百平米；一条地铁的总开挖量达到数百万立方米。

由于城市规划和城市建设工作缺乏比较长期的统筹，地铁车站往往需要布置在城市繁华地带或中心区，可利用的空间少之又少，特别是对于道路、场地、管线，牵扯到不同层面的利益，地铁工程施工占地往往非常受限，并经常拖延和无法提供，从而直接影响施工进度。车辆段和停车场一般红线用地面积大，施工场地一般不会存在问题。

地铁临时占用道路、场地的时间一般较长，而且需要对道路和场地进行多次改道或封闭，从而给市民生活、出行带来了较大不便，一定程度增加了城市管理和城市生存的成本，地铁施工占地对城市的影响是巨大的。相比明挖法施工车站，盖挖法或暗挖法，占用场地少，对交通影响小，但增加了建设成本。因此，既要合理利用土地资源，还要保证必要的施工场地，需要综合分析和考虑，做好总平面布置和规划。

地铁工程的建设耗费了地下空间，而地下空间也并非取之不竭的，地下空间的合理开发和利用成为城市发展的新课题。

3. 水资源使用和浪费

地铁工程施工中用水主要包括生产、生活及消防用水。生产用水主要指现场施工用水、施工机械、运输机械和动力设备用水以及附属用水等，还包括制作混凝土、砂浆等材料及其他成品半成品的消耗，现场养护、冲洗模板、地面降尘、绿化环保等也需要用水。机械设备用水耗费多、占比大。生活用水主要是指施工人员生活办公用水，主要包括饮用、餐食、洗衣、冲厕、冲洗等用途。地铁工程施工用水的主要水源以市政自来水为主，其他替代水源（非传统水源）使用非常少。

由于施工条件和具体规模不同，施工用水表现非常不均衡。商品混凝土、商品砂浆生产用水主要集中在搅拌站等非现场。现场生产用水主要是用于现场制作的少量混凝土、砂浆、水泥浆、泥浆等的制备。地下工程中桩基、连续墙、隧道施工中，喷锚护壁、土体加固、堵漏等都需要大量的泥浆、水泥浆（包括灌浆材料）等材料，需要耗费大量的水。机电安装过程中，各种管道需要用水进行冲洗、消毒和试压工作，而这些水往往因为没有被重复利用而流失掉。

地下工程在施工过程中采取降排水措施，以满足施工现场工作面无水的需要，现阶段采取的普遍工艺是以堵和排为主。而控制型降排水及回灌措施并没有得到足够的重视，地下水从地层内抽出被排至地表，并没有得到循环利用，从而造成地下水资源的大量流失，进而引起地表塌陷、地下环境污染等一系列的环境问题。在城市中施工，存在施工与其他用途争水的问题；而且还会发生施工作业破坏了市政管网或水源地而造成大量水流失或污染，既造成了巨大的浪费，还严重影响周边社区正常运行。

由于施工人员意识和用水管理的原因，地铁施工中存在较多浪费水的现象。主要表现在：降排水工程直接排走大量地下水；雨水和废水没有处理和利用；施工作业人员节水意识单薄；施工用水无定额，随意挥霍；供水设施跑、冒、滴、漏、长流水等现象非常多见；现场没有污、废水处理措施或污废水处理措施不能有效运行，而直接排出，造成环境污染。

4. 材料消耗

建材工业对环境的影响是直接而巨大的，据统计：我国建材工业生产耗能占全国能耗的比重为 9% 左右，占工业能耗的 15.8%，万元产值能耗近 5 吨标煤。传统建材在制造和使用阶段能耗巨大。在我国的建材生产中使用的原材料主要是木材、黏土、砂、石等，破坏了大量的土地、矿产、森林资源。制造水泥、石灰与传统墙体材料时，每年排出的二氧化碳量达 6.6 亿吨，占全国工业排出量的 40%。一些原材料具有放射性，导致室内放射性污染问题，引起人体免疫功能下降、诱发疾病的发生。

地铁工程所需要的主要材料包括构成工程实体的材料、辅助性材料、周转性材料。构成工程实体的材料按用途分主要有基础及结构材料、墙体材料、屋面材料、装饰装修材料、机电建筑功能材料等，按照化学成分可以分为有机材料、无机材料及合成材料。其中水泥、钢材、混凝土和防水材料消耗最多。有些材料虽然实际不构成工程实体，但对施工期间的安全、质量、环境起到保证作用，如土体注浆材料、盾构后背注浆材料、设备用油等。构成实体及辅助性材料往往一次性消耗，是非周转的。周转性材料不构成工程实体，包括在施工过程中被多次使用、反复周转的工具性材料、配件和用具等，如模板、架料、钢架、扣件、贝雷架、轨道等。每次周转都会造成一定的损坏或损耗。

在盾构掘进过程中，配套使用的泡沫、设备润滑黄油、盾尾油脂等消耗巨大，消耗量与盾构参数的选择直接相关。

地铁施工费用中材料费用总造价的 60% 以上。地铁工程是百年工程，不但要保证地铁结构的耐久性、安全性，还必须采取如支护、封闭、加固等临时措施，因此，工程材料、设备、措施上的费用占比更高。由于工程现场情况、施工资源及施工能力的不同，不同施工方法可能带来完全不同的效果，各种材料的消耗数量及最终效果也差别巨大。

地铁施工中产生的垃圾往往直接废弃、填埋，并没有被利用，如基坑及隧道的土石方、混凝土支撑等临时结构、建筑材料的余料等。

地铁所使用的各种材料对建成后地铁的运营、维护及使用有直接的影响，很多材料并非节能、环保的"绿色建材"。

各施工企业在安全防护设备和用具上开始推行"三化"标准（标准化、工具化和定型化），但仍有一定数量的施工单位没有实现"三化"，造成临时设施的浪费。

（二）地铁施工环境因素分析

地铁建设前需要进行环境影响评价，对规划和建设项目实施后可能造成的环境影响进行分析、预测和评估，提出预防或者减轻不良环境影响的对策和措施，进行跟踪监测。

地铁建设期内对环境的影响主要有：能量损耗型，包括噪声、振动、电磁环境；物质消耗型，如污水、废气、固体废物等。对生态影响主要表现两种：城市社会环境的影响为主，如居民出行、征地拆迁、土地利用、城市交通、社会经济等影响；城市自然生态环境影响（如城市绿地、城市景观等）。

1. 施工准备期环境影响

施工准备期，是指主体施工单位进场前进行场地和现场条件的准备工作，一般涉及房屋拆迁、管线迁改、树木绿化伐移、道路疏解等工作，包括建构筑物拆除、管道开挖和铺设、树木伐除或移栽、破除道路、修建道路等活动，需要进行一定数量的土石方和拆除作业，从而破坏了原有环境，对城市交通和居民出行造成障碍。由于部分房屋拆迁，公用设施管线的迁移、干扰或被破坏，可能影响城市正常运转秩序。

前期施工造成扬尘或道路泥泞，影响空气质量和城市景观；拆迁建筑和绿化等造成水土流失，产生大量的固体废弃物；施工造成的噪音、震动、粉尘及交通拥堵，干扰居民正常出行、工作和生活。

2. 地铁施工期环境影响

（1）对生态环境、城市景观影响

施工场地建设及基坑开挖，设备、材料、土石方运输等施工活动将占用和破坏植被及城市道路，造成地表植物的损失，增加城市道路负荷，一定程度上影响部分地区交通车辆的通行；工程弃土如不加防护，将会造成水土流失。因交通阻滞造成的损失包括交通阻塞的时间损失、燃料消费和排出废气的增加等。

（2）声环境影响

地铁施工使用多种机械设备，在土石方挖运、拆除破碎、打桩、连续墙施工、钢筋加工、混凝土浇筑、爆破作业及其他施工作业时等都会产生噪音，噪音主要来源于机械运转和各类物体的摩擦或碰撞。施工作业噪声对施工人员、周边居民影响较大。

采用钻爆法施工时，产生了爆破震动、爆破噪声和冲击波。

由于施工封闭交通，造成交通阻塞，也可能引起城市交通噪声的升高。

（3）环境振动影响

振动主要由机械运转产生，如车辆行驶、钻孔、打桩、夯实、碾压、锤击、振捣、挖土机和空压机等设备的运行；盾构机作业产生的振动一般低于环境振动标准，可以不考虑。

空压机、柴油打桩机、振动打桩锤等机械设备产生的振动较大，其中最大振动为打桩机，距振源 10-20 米范围内的居民生活和休息将受到影响，尤其在夜间施工对周围居民影响更明显。隧道、竖井或基坑采用爆破施工时，爆破产生振动和冲击。

（4）施工期大气环境影响

施工期大气污染主要来源于以燃油为动力的施工机械和车辆废气、施工过程中开挖、爆破、回填、拆迁及粉料装卸过程中产生的扬尘，车辆运输中引起的扬尘等；施工机械因燃油排放的尾气排放总量不大，对周围空气环境影响不明显；施工过程中使用的挥发性恶臭、有毒气味的化工材料如油漆、黏合剂、沥青等都会污染周围环境空气。

（5）施工期水环境影响

施工对水环境的影响可以分为对地表水和地下水的影响。地面污水、废水主要来自雨水冲刷、施工废水和生活污水。建筑施工废水包括基坑开挖、地下连续墙施工、桩基作业、注浆作业、隧道盾构施工等过程中产生的泥浆水、注浆液、机械设备的冷却水和冲洗废水；生活污水包括施工人员的盥洗、食堂和冲厕用水。地表径流污水主要包括雨水地表径流冲刷浮土、砂石、垃圾、弃土产生的含有泥沙和污染物的污水；污水增加管网的泥沙量，堵塞管网、污染环境。车站和隧道施工大面积、长时间降水，造成建（构）筑物管道发生沉降；由于改变了区域地下水的动力流，造成地下水流失、周边水体枯竭，污染物进入地下水或周边水体。

（6）渣土和建筑废弃物影响

基坑和隧道开挖都要产生大量渣土，含有岩石、泥土、水、废浆及垃圾等，不能作为种植土使用，而这些渣土体量巨大，需要充足的空间和大面积的场地堆放，导致了土地的过量占用。如果这些渣土和废弃物处理不当，随意弃置，可能会侵占耕地、堵塞河道、沟谷，发生边坡失稳、滑坡、泥石流和崩塌等地质灾害，造成堆放场地原有生态系统的破坏。

桩基、连续墙、盾构施工产生大量的泥浆。废弃泥浆量大、降解难度大、耗时长，泥浆添加剂可能含有有毒、有害物质，造成较严重的环境污染。

3. 地铁施工期环境安全风险

环境安全风险源主要是指在地铁等地下工程建设中，工程结构所穿越的复杂的地质水文条件及建构筑物、管线等。如软土、流沙、岩溶、硬岩、断裂、涌水、空洞、富水地层、河流、湖泊等特殊地层条件和水文地质条件。地下管道、暗河、桥桩、人防、地下通道等地下既有建（构）筑物和市政基础设施，也有线路、道路、地下建筑物、构筑物、基础、文物等。

（1）对文化建筑和文物的影响

文物建筑、文化遗产是全民族、全人类的共同财富，具有稀缺性、脆弱性和不可再生性，一旦破坏无法复原。

北京、西安、南京、洛阳、开封等历史文化名城有很多的文物建筑和历史遗迹需要保护，需要解决好轨道交通建设和文物保护之间的矛盾。

（2）对建（构）筑物及地下管线的影响

地铁车站、区间在降水、土方、支护作业过程中，会破坏周围地层土体原始平衡状态造成地层损失，从而引发沉降、开裂、周边建筑物倾斜、管线爆裂等风险。若发生上述问题，又进一步恶化环境，使风险加剧，风险的叠加将造成更大的危害。

地下工程施工引起的地面建筑物的损害包括直接开挖、间接开挖损害两种。当建筑物位于开挖的主要影响范围内时，所受到的损害称为直接开挖损害；当建筑物离开挖的主要影响范围较远时，由于开挖施工而对建筑物产生的间接损害称为间接开挖损害。常见的几种开挖损害形式为：沉降损害、倾斜损害、地曲率损害、水平变形损害等。

地铁车站、竖井等基坑工程深度都在10米以上，深者可达数十米。基坑工程的施工一般可分为三个阶段，即围护体的施工阶段、基坑开挖前的预降水阶段及基坑开挖阶段，基本由围护、支撑或拉锚、止水、降水、排水、开挖等多个紧密联系的施工工序组成，其中任何一个环节出现问题都可能引发周边环境损害和破坏。

4.地铁施工职业健康的影响

地铁工程施工空间封闭、工序多、施工线长。施工空间的受限性施工工序的多样化，导致职业性有害因素多，有施工工艺、自然环境、施工环境产生的有害因素。既有粉尘、噪声、放射性物质和其他有毒有害物质等的危害，也有高处、密闭空间、高温、高湿作业等产生的危害；同时地铁施工劳动强度大、劳动时间长的危害就更为突出。

隧道和地下工程中往往有瓦斯、硫化氢等有害气体，也可能存在腐蚀性液体，温度高，气压低，放射性等危害。钻孔、爆破、装渣、运输、喷射混凝土、钢筋安装、电气焊、注浆、混凝土、模板等作业都不同程度地存在粉尘、噪音、油污、振动、有害气体、高温、弧光辐射、液体侵蚀等危害。照明和焊接作业产生的强光，对施工人员和周边居民也造成影响。

（三）地铁工程绿色施工推进情况分析

1.绿色施工全面推进不足

城市轨道交通工程作为政府主导的民生工程，受到广泛关注。地铁前期工程多属于临时性工程，施工单位认为不需要像永久性工程那样重视绿色施工，此阶段的监管也是个盲点。

在我国，建筑垃圾利用率不足15%。地铁工程产生了大量的废弃土方、废弃泥浆、废弃建筑垃圾，现阶段多数是废弃到弃土场和垃圾场，由于费用、距离等原因，部分渣土、垃圾随意倾倒污染了环境；即使废弃到指定土场或垃圾场，也带来了上述场地的环境保护问题，治理成了负担。废弃物可以是废物，也可以转换成有用资源，而多数地方政府并没有认识到弃土资源的有效利用，在政府规划和统筹、引导和监督方面存在缺失，使绿色施工不彻底。

由于地铁工程风险大、不确定因素多的特点，导致在资源节约和材料利用方面远不及房屋建筑工程，地铁工程更重视环境安全问题。目前多数工程设计、施工并非由一家完成，设计时往往没有考虑到施工单位的水平和能力，设计趋于保守。而施工单位的经验并没有发挥，造成设计与施工相脱节，施工单位由于抢工及经济等方面的原因，施工过程并未完全按照设计和规范执行。传统的设计、施工分别承包模式，不利于工法优化和创新。采取设计施工总承包模式有利于综合考虑风险，选择最适宜的工法进行绿色设计。

地铁施工中部分技术和工艺落后，不能满足绿色施工要求。地铁工程技术复杂、大型设备多、使用材料多，而许多材料、设备，难以满足节能、环保要求。在矿山法（或浅埋暗挖法）隧道不良的作业环境镇中，通风、排水、降噪、减振等需要投入一定的设施和费用，而施工单位往往为节约成本不愿意投入，造成隧道内外环境不良，严重损害施工人员及相关人员的健康。盾构施工是一种绿色、安全的施工方法，机械化程度高，但对盾构机进行优化和改造，费时费力且技术难度大。

2.绿色施工认识不足和偏差

地铁工程战线长、工点多、工法多、参与单位多，各单位对绿色使用的认识仍存在很多误区。如只停留在绿色施工的表层工作，忽视绿色施工的实质；重绿色施工技术亮点塑造，而视全过程、全员的绿色施工管理；重绿色施工做法，忽视绿色施工意识；重单一目标实现，忽视项目的工期、质量、安全、绿色、成本的综合目标均衡实现等。

由于地铁施工技术性强，环境条件、经济因素、资源情况各有不同，工法及方案的选择多样，导致了选择不同的工法、工艺、设备会带来不同的结果，因此，若从单一工法考虑绿色施工则不一定能实现真正绿色施工。目前绿色施工的认识仍未重视方案、工法的选择，这会造成重大的影响。

往往由于场地无法提供或推迟提供等原因而需要抢工、赶工，造成工期压缩，需要增加资源投入量，建设各方都以保工期为首要目标，往往不计成本，不可避免的忽视节能、节水、节地、节材和环境保护等方面的推进；赶工时存在很多不安全、不文明、不符合环保要求的行为，导致安全环境事故发生率增加。

地铁工程与普通房建工程相比，突出的特点是不可预见因素多、环境和安全风险大、控制困难，发生事故影响大、损失大，因此，若没有真正重视施工中的风险管理，确保不发生环境和安全事故，而简单的考虑"四节"和一般的"环境保护"，则显得"捡了芝麻，丢了西瓜"，没有真正理解绿色施工的实质。

3. 信息化和工业化推进缓慢

信息化施工是指利用计算机、网络和数据等信息化手段，对工程项目实施过程进行信息存储、处理、分析及反馈的施工模式。建筑工业化是以现代化工业生产方式，在工厂完成建筑构配件制作，在现场安装的建造模式。工业化和信息化施工水平代表了未来施工行业的发展方向。

目前地铁工程主要较多开展信息化监测、地铁项目管理、安全风险控制等，但并未达到全行业应用。BIM 技术在地铁工程中应用也刚刚开始，没有实现全寿命周期的应用。

地铁工程空间受限、现场作业多、作业量大、时间长、作业条件较差，工人劳动强度较大、风险大。工业化方面推进也比较缓慢，预制装配技术、钢筋集中配送技术等有研究但没有在全行业推广的成果。

四、地铁工程绿色施工管理及技术

（一）地铁工程绿色施工管理

参考《绿色施工导则》《建筑工程绿色施工规范》，根据地铁施工的特点，地铁工程绿色施工管理的主要工作包括施工组织管理、人员安全和健康管理、环境保护、节材与材料资源利用、节水与水资源利用、节能与能源利用、节地与施工用地保护六个方面组成，并突出地铁工程的具体特点。

地铁工程施工绿色施工管理是不断的 P、D、C、A 过程，包括体系管理、策划管理、实施管理、检查和评价管理、人员安全和健康管理等方面。

1. 体系管理

（1）建立绿色施工管理体系，并制定相应的管理制度，包括方案制度、环境调查制度、补充勘查和详细勘查制度、教育培训制度、会议制度、检查评价制度、考核制度、奖惩制度、投诉处理制度、信息管理制度、应急演练和应急反应管理制度等。

（2）建立绿色施工管理组织机构，确定各单项绿色施工、检查和监督责任人，在岗位责任制明确绿色施工责任。

（3）绿色施工体系与项目部的安全文明施工、公关、成本体系充分结合，避免发生体系的割裂而不利于工程开展。

（4）项目部配备计量、检测、监测仪具，或委托有资质的单位进行检测和监测工作。

（5）绿色施工技术纳入项目科技创新和攻关体系进行管理。

（6）项目部建立绿色施工、环境监控的信息管理系统。

2. 策划管理

（1）开工前，编制《绿色施工专项方案》或《绿色施工策划》等方案。绿色施工策划或方案包括目标、体系、制度、措施及检查评价、持续改进要求等，对影响绿色施工因素进行分析，并制定实施对策和评价方案。

（2）绿色施工策划或方案包含准备阶段、土建施工阶段、机电和装修阶段、机电调试、试运营和移交阶段等施工全过程；绿色施工策划涵盖工、料、机、法、环等各环节，即人员、机械设备、材料、周转设施、工法和技术措施等控制要点。

（3）绿色施工策划中提出车站、区间施工等的工法优化及施工组织优化的总体思路，以便日后根据实际情况加以深化和调整。

（4）绿色施工策划中涉及环境保护和环境风险管理的内容按照《城市轨道交通地下工程建设风险管理规范》编制专项方案。包含风险因素识别和评价，确定管理目标和管理方案、实施和效果验证、应急演练和应急响应等要点。

3. 实施管理

（1）对施工全过程实施动态管理，加强对施工准备（人员、材料、设备、现场、技术等方面）、现场施工、设备调试、试运行和移交等各阶段的管理和监督。

（2）根据绿色施工要求进行图纸会审和深化设计。

（3）结合工程项目的特点，在施工场地内外对环境保护、节能减排等进行相应的宣传，营造良好绿色施工气氛。

（4）定期对施工人员进行绿色施工要求和知识培训，提高广大员工绿色施工和环境保护意识。

（5）根据国家法律、法规要求对环境和安全风险实施动态管理、信息化施工，充分利用监测数据，对风险进行实时分析、判断，对各类施工风险动态跟踪与及时控制，制定突发事件的应急预案，储备应急物资和设备，进行应急演练，及时处置突发事件。

（6）推广使用绿色施工新技术，做好分析和总结。结合实际情况，不断优化工法，选择最适合的工法，对传统工艺进行改进或创新。采用符合绿色施工要求的新材料、新工艺、新技术、新机具进行施工。对不符合要求的施工工艺、设备、材料予以限制和淘汰。

（7）建立机械设备保养、限额领料、材料盘点、建筑垃圾再利用台账和记录。建立绿色施工有关的过程记录、过程检查、试验、分析等环节的资料及声像档案。采集和保存过程管理资料，见证资料和自检评价记录等绿色施工资料。

（8）定期进行检查、检测，检查绿色施工的实施情况，测量绿色施工目标的完成情况和效果，为持续改进提供依据。

（9）建立绿色施工协调机制，设立投诉台账，积极处理各种投诉。

（10）人员安全与健康管理。

1）针对粉尘、毒气、辐射、振动、噪音、高温等职业危害制定行之有效的防范措施，为施工人员配备劳动保护用品，保障施工人员的职业健康。

2）合理规划布置施工场地，避免施工活动对生活及办公造成不良影响。

3）建立卫生、保健、防疫、急救等制度，配备专职或兼职医务人员。安排施工人员定期体检、实行特种作业专业准入制度、建立应急准备和演练制度等。

4）保障正常工作与生活环境的卫生和健康秩序。以人为本，加强对施工人员的食宿条件与环境卫生和防疫等管理，使施工人员的生活和工作条件不断获得改善。在施工现场设置完备的安全防护措施，不断地改善施工人员的工作条件，减少安全风险。

4. 评价管理

（1）建立内部和外部评价制度，参照《建筑工程绿色评价标准》、结合地铁工程实际，重新设置检查项目，根据各单位意见修改后形成适合地铁工程绿色施工的评价标准。地铁工程绿色施工评价标准，应涵盖不同工法和工点的全过程，增加环境保护指标的权重，结合环境风险控制的要点设置检查要点，突出隧道、车站的工法特点，在绿色施工创新的采用及效果方面设置加分项。

（2）评价采取定性和定量相结合的方式。重点检查绿色施工的效果和绿色施工目标的完成情况和措施。

（3）项目部根据评价情况，采取改进措施。

（4）检查和评价资料应收集、存档。

（二）地铁工程绿色施工要点

1. 施工结合气候和环境条件

施工单位必须掌握当地的气候条件以及施工区域的地质、水文、影响物等周边环境特征，结合气候、地质、水文、影响物等周边环境条件，因地适宜地选择施工方法（开挖支护方法、降排水方法、工法、技术措施等）及机械设备，在现场组织实施中严格检测，减少对周边环境的干扰，避免破坏环境事件发生，同时力求节约、经济及高效。

2. 环境保护

（1）环境保护管理措施

1）环境调查

施工前，对施工范围、周边建（构）筑物和管道进行详细勘察、编制调查报告。查明建筑物的平面位置及与基坑的距离关系、产权单位、使用单位、用途、层数、高度、结构、基础、历史及现状、裂缝情况、沉降与倾斜情况、有关竣工图等。对于隧道、通道、桥涵等构筑物，应查明其产权单位、使用单位、平面位置、建造时间、埋深、材料、尺寸、沉降情况等；对于管线应查明其产权单位、使用单位、平面位置、直径、材料类型、埋深、接头形式、压力、输送物体、建造时间等。与相关的主管部门沟通，掌握其保护要求，必要时通过专门的房屋结构检测与鉴定，对结构的安全性做出综合评价。环境调查可以委托专业单位进行，对于可能发生纠纷和争议的应在各方见证情况下留存有关证据。

2）施工前进行地质详勘和地质补勘工作，以便详细掌握地质和水文条件。

3）推行环境管理体系，进行环境因素识别和评价、确定环境目标和指标、制定环境管理方案、实施和运行、过程检查及效果验证。

4）按照风险辨识、风险估计、风险评价、风险控制（风险预警和预案）、风险监控进行环境风险管理。

5）编制环境管理方案，环境应急预案、监测方案，配备环境监测工具，储备应急物资和器材，进行应急演练。

6）合理选择施工方案、机械设备，合理选择施工参数，利用施工全过程信息化手段指导施工。

7）在施工现场醒目位置设置环境保护标识和宣传。

（2）扬尘和废气控制

1）运送土方、垃圾、设备及容易散落、飘洒、流漏的物料时，必须采取措施封闭严密，保证车辆清洁，不能污损场外道路。施工现场出口设置洗车设施。

2）施工现场设封闭式垃圾站。施工场地、道路应采取洒水、抑尘措施。

3）对易产生扬尘的材料应采取覆盖防尘措施，如水泥、粉煤灰、膨润土、灌浆料细散颗粒材料、易扬尘材料应封闭堆放、存储和运输。

4）土石方作业区内扬尘目测高度应小于 1.5 米，结构施工、安装、装饰装修阶段目测扬尘高度应小于 0.5 米，不得扩散到工作区域外，封闭空间加强排风。

5）基坑、土方作业阶段，采取洒水、覆盖等措施。喷射混凝土采取降尘工艺。

6）拆除前做好扬尘控制准备工作。机械拆除，采取洒水、设置隔挡等措施。选择风力小时进行爆破作业，爆破拆除前，可采取淋湿、预湿、蓄水、喷雾、搭设防尘排栅等措施进行综合降尘。

7）在装卸和运输易扬尘材料以及搬运建筑垃圾时，采取表面覆盖、洒水等措施。清理灰尘和垃圾时尽量使用吸尘器，避免使用吹风器等易产生扬尘的设备。建筑垃圾清理应搭设封闭性临时专用道或采用封闭容器吊运。

8）机械剔凿作业时采用局部遮挡、掩盖、水淋等防护措施；

9）对现场易扬尘的作业如切割、打磨、吹扫、油漆、打凿、清扫等作业，采取有效降尘措施，如洒水、地面硬化、围挡、密网覆盖、封闭等。

10）隧道等密闭施工空间需采取强排通风及除尘过滤净化措施。喷射混凝土施工宜采用湿喷或水泥裹砂喷射工艺，并采取防尘措施。

11）隧道及地下空间内，采用电力运输设备取代内燃机械、改变施工工艺、减少电焊作业等控制措施减少有害气体排放。

12）选择废气排放达标的设备，并定期检查。施工车辆、机械设备的尾气排放应符合国家和地方的排放标准。

13）施工现场供应热水、采暖采用电、气清洁燃料，不使用煤作为燃料。厨房油烟使用净化设施。

14）避免在施工现场融化沥青或焚烧油毡、油漆、废弃物，避免焚烧其他产生有毒、有害和臭味物品。

15）室内装饰装修材料应按有关规范要求进行甲醛、氨、挥发性有机化合物和放射性等有害指标的检测。

（3）噪音与振动控制

1）对施工现场噪音进行监测和分析，合理安排作业时间，减少夜间施工。夜间施工作业符合国家和当地规定，并办理有关手续。

2）实施封闭式施工，对噪音控制要求较高的区域应采取隔声防护措施。

3）对噪音进行实时监测与控制，噪音排放不得超过《建筑施工场界环境噪音排放标准》及当地主管部门的具体规定。

4）使用低噪音、低振动的施工机具，如无声振捣设备；对施工机械采取隔音与隔振措施，避免或减少施工噪音和振动，如阻尼消声器、微孔消声器等；机械设备定期保养维护，机械不用时停机关闭。

5）施工车辆进出现场，不宜鸣笛。施工现场采用对讲机传达命令。

6）建构筑物拆除时采用高效机械设备和方法，低粉尘、低噪音作业。

7）土石方爆破施工前，进行爆破方案的编制和评审；应采用降噪、防尘和飞石控制措施。在城镇或人员密集区域，宜采用噪声小、对环境影响小的爆破方案。

（4）光污染控制

1）根据现场和周边环境采取避免或减少施工过程中光污染的措施。

2）选择满足照明要求又不刺眼的新型灯具。夜间室外照明灯加设灯罩，光照方向应避免照射非施工范围。

3）电焊作业和大型照明灯具采取遮挡、防电弧光外泄措施。

（5）水污染控制和资源保护

1）施工现场设置排水、排污设施，雨污分流排放。施工现场污水排放达到国家标准《污水综合排放标准》的要求。委托有资质的单位进行废水水质检测，提供污水检测报告。使用非传统水源和现场循环水时，根据实际情况对水质进行检测。

2）在施工现场设置相应的污水处理设施。排水、排污管道设置过滤、沉淀措施；食堂应设隔油池；固定厕所设化粪池；隔油池和化粪池应做防渗处理，并及时清运、消毒。施工现场采用移动式厕所，并由专业人员定期清理。

3）岩土勘察和基础工程施工中采取措施避免地下水污染。

4）采用隔水性能好的边坡支护技术和措施，尽量减少地下水抽取，必要时采取回灌措施，同时保证回灌水的水质。

5）油料和化学溶剂等物品设专门库房存放，地面做硬化防渗漏处理。集中收集处理废弃的油料和化学溶剂，不得随意弃置。

6）易挥发、易污染的液态材料，使用密闭容器存放。

7）施工机械设备使用和检修时，控制油料污染，清洗机具的废水和废油不得直接排放。盾构使用环保可降解的油脂、泡沫，以降低对环境造成污染。泥浆排放应符合当地规定。

8）采用无污染、耐候性好的材料，减少涂料浪费和对环境的污染。防火涂料喷涂施工时，应采取防止涂料外泄的专项措施。

（6）建筑垃圾控制

制定建筑垃圾减量计划，分类收集、集中堆放、定期处理、合理利用，实现减量化、资源化、无害化。

1）垃圾分类存放、及时处理。对有毒、有害的废弃物应采用专业方法单独贮存，并设置醒目标识。施工现场设置封闭式垃圾容器或垃圾房，集中收集、分类存放、集中运出。

2）建筑垃圾的回收利用率达到30%以上。对于可以回收利用的碎石、渣土、混凝土渣等建筑垃圾，可用于地基填埋、处理、铺筑临时道路等用途。

3）现场清理时，应采用封闭式运输，不得将施工垃圾从窗口、洞口、阳台等处抛撒。

5）施工使用的乙炔、氧气、油漆、防腐剂、注浆材料、堵漏材料等危险品、化学品的运输、贮存、使用时采取隔离措施，污物排放应达到国家现行有关排放标准的要求。

6）对施工过程产生的泥浆设置专门的泥浆池或泥浆罐车储存。

7）选择不用或少用泥浆的机械设备。采取泥浆分离措施，泥浆循环使用。

8）废电池、废墨盒等有毒有害废弃物应封闭回收，不应混放。

9）模板脱模剂应选用环保型产品，并专人保管和涂刷，剩余部分应及时回收。

（7）土壤保护

1）保护地表环境，防止土壤受到侵蚀或流失。采取建立地表排水系统、边坡加固、植被覆盖等措施。施工结束后，对破坏的植被进行恢复或合理绿化。

2）确保沉淀池、隔油池、化粪池等不发生堵塞、渗漏、溢出等现象。及时清掏沉淀物，并委托专业单位清理和运输，

3）电池、墨盒、油漆、涂料等有毒有害废弃物回收后交给有资质的单位处理，不能混于建筑垃圾外运而污染土壤和地下水。

4）施工完成后应对场地进行及时恢复。

（8）地下设施、文物和资源保护

1）施工前进行实地调查和勘察，制定保护方案和计划，保证施工场地周边建（构）筑物、管道设施安全运行。

2）施工过程中若发现文物，应暂停施工、做好现场保护，并通报主管部门处理。

3）有古树名木保护的，工程开工前，应获得主管部门的批准文件。需要迁移古树名木的，按规定办理移植手续，由专业人员组织实施。需要原地保留的名木古树，划定保护区域，采取有效的避让和保护措施。

4）当不能避让地上文物，应制定执行经文物主管部门审核同意的原址保护方案，确保其不受损害。

3. 节能和能源利用

（1）节能总体要求

1）合理制订能耗指标。改善能源结构，提高能源利用效率，选择如电、气等高效环保能源，减少煤炭使用。

2）根据负荷情况，选取容量与电力负荷相适应的变压器，使其工作在高效低耗区内。变压器采用补偿装置。

3）使用节能、高效、环保的施工设备和机具，采用补偿技术节约用电。选用变频技术的节能施工设备、节能灯具。

4）分区用电，对各区域和各大型设备分别设定用电控制指标，分区控制、分区设表计量。施工机具按照"一机、一闸、一箱、一漏"配备；对临时用电进行定期计量、核算、对比分析，并采取预防与纠正措施。

5）合理安排施工顺序和工作面，减少机具数量，不同区域尽量共享资源。优先选择耗用电能的或其他能耗较少的施工工艺。

6）避免设备负荷过低或超负荷使用现象。多用轻质材料，减少材料在运输、装卸、使用过程的能耗。

7）优化线路选择和线路布置，尽量减少配电箱与用电设备的距离，降低无用损耗。

8）根据地质和环境情况，分析、优化并合理选择盾构机掘进技术参数。

（2）施工机械设备节能

1）建立健全施工机械设备、维修保养管理制度，对机械用电、用油等按时登记台账、定时分析。完善设备档案，做好维修保养工作，保证机械设备高效低耗运行。

2）选择功率与负载相匹配的施工机械设备，避免非正常运行。

3）减少用电设备无功损耗，提高用电设备的功率因数。宜采用功率因数高的用电设备，可选用有补偿电容器的用电设备。

4）采用节能、节电型机械设备，如逆变式电焊机和手持电动工具等。机械设备宜使用节能型油料添加剂，考虑回收利用、节约用油。隧道内尽量采用电驱动设备，避免燃油造成空气污染。

5）机械设备运转时由专业人员值班，做到随用随开，在满足安全的情况下人离机停，减少空载运转。使用自动控制时，经常检查控制系统的有效性，及时处理不正常情况。

6）联合厂家对盾构机、成槽设备等大型机械设备进行节能研究。盾构施工时，要求操作人员严格控制各系统使用的情况，对不使用的设备及时关闭。利用减磨修复技术，延长盾构机各齿轮系统在恶劣工况下的使用寿命。选择适合地质条件的盾构机和刀片，及时进行换刀。

7）在土石方开挖前进行挖、填方的平衡计算和分析，综合考虑土石方在场内实现有效利用、最短运距和工序衔接，弃土尽量调配使用、就近消纳。

（3）临时设施节能

1）根据当地自然气候条件，合理选择临时设施的体形、朝向和间距，使其获得良好的日照、通风，并符合防火要求。在南方施工时，根据需要在其外墙窗设遮阳设施。

2）采用节能型材料，作为墙体、屋面；限制降温和取暖设施的使用时间及耗能符合要求。推广采用简易安装的装配式集成板房。

3）尽量利用自然通风，合理配置取暖通风设备量，分时段使用，设专人监督管理。当临时规模较大时可采用集中供冷（供暖）、分户控制的方式，避免浪费。

4）选用节能型用电设施，规定使用时间，采取声控、光控、时控等限电、限时措施，分段、分时使用。

（4）临电及照明

1）选择使用节能型电缆线和节能灯具、高效光源；尽量采用声控、光控、时控等非人为干预措施，做好电缆线路的保护，避免破坏。

2）合理配置和管理生活照明和其他电器，严禁使用电炉、非节能型的大功率用电器具，严禁乱接乱拉电源线路。

3）临电线路合理设计、布置，按电流和安全防护要求选择电缆断面。

4）照明设计以满足最低照度并保证安全为原则，在疏散通道处设置应急灯和应急指引。

5）隧道、地下车站及生活区浴室和卫生间等潮湿区域采用低压照明技术。

6）采取折射、反射等方法，尽量利用自然光照明。

（5）能源利用

结合当地气候，充分利用当地的自然资源，采用重力势能、光能、风能、地热、热能等可再生能源作为替代能源。

4.节地及土地资源利用和保护

（1）用地规划和总平面布置

1）选择节地型施工工艺、设备，减少占用土地。结合现场条件及施工要求等因素合理确定临时设施的布置，临时设施尽量轻量化、可移动，临时设施的占地面积按用地指标所需的最低面积设计。

2）在安全及文明施工、环境保护要求的前提下，规划合理施工场地平面，做到紧凑、不浪费边角场地，做到地尽其用。施工总平面管理做到科学、合理、有序。

3）有条件的可以利用原有建（构）筑物、道路、闲置场地作为施工使用。结合工程情况，利用原有的房屋、厂房或在满足安全的情况下使用已建成的建筑物，减少和避免大量的临时建筑拆迁和场地搬迁。

4）临时办公和生活用房应采用经济、美观、占地面积小、对周边地貌环境影响较小，易拆装、拼装简单快捷的装配式结构，尽量采取多层搭设。

5）临建生活区与生产区应分开布置，并设置围挡、围墙等分隔设施。施工场地应与周边设置有效的隔离措施，如连续封闭的轻钢结构预制装配式活动围挡。临时占道时需保证交通和行人安全。

6）需要时采取基坑上加盖设置场地和道路的方法，解决场地问题。

7）施工现场搅拌站、仓库、加工厂、作业棚、材料堆场等布置应尽量靠近路边，以减少运输距离。

8）钢筋及钢架加工优先采用集中加工、集中配送方式。

9）施工现场道路按照永久道路和临时道路相结合的原则布置，有效利用已有的出入口道路。

10）合理存储建筑材料，采取 JIT（just in time）方式管理材料。按使用时间的先后顺序，统筹分类堆放、易于取出、避免材料堆放杂乱、不便取用及浪费场地空间。

（2）用地保护

1）优化基坑设计和施工方案，减少土方挖填工程量。土方力争在场内平衡再利用，减少土方弃置数量。

2）红线外临时占地时，避免占用农田或耕地，尽量使用荒地、废地等。完工时，及时恢复原地形、地貌，必要时进行绿化改善。

3）利用或保护施工用地范围内原有绿色植被。

4）项目部用绿化替代场地硬化，减少场地硬化面积。

5）桩基、结构工程使用商品混凝土和预拌砂浆，禁止使用实心黏土砖等黏土类砌筑材料，节省土地资源。

6）集中收集、清理、处理施工和生活产生的各种垃圾。

7）选择替代或再生材料，减少对矿产资源的损耗。

（3）土地资源利用

隧道和基坑开挖产生的土方应事先合理规划弃置场地，建立防污染措施。建立统一的废渣利用系统，对弃渣进行有效利用，如制砖、填坑、填海等用途，避免二次污染。表层可以利用的耕植土应储存并加以利用。

5.节水及水资源保护利用

（1）节水总体要求

1）选择先进的节水施工工艺和设备，如旋挖钻机施工、长螺旋钻施工、全套筒钻机施工、干法砌筑等。对于需要大量用水的打桩、注浆施工时，合理选择配合比，采取循环使用和废浆控制、处理工艺、节约用水。

2）施工现场喷洒路面、绿化浇灌、冲厕、洗车不使用市政自来水，使用基坑降水、雨水、中水等非传统水源。

3）制定有效的节水、保水措施。加强节水管理，对施工人员进行节水教育。采取有效的措施减少管网和用水器具的漏损，杜绝跑、冒、滴、漏现象。

4）混凝土宜采用塑料薄膜加保温材料覆盖保湿、保温养护；当采用洒水或喷雾养护时，养护用水使用回收的基坑降水或雨水；混凝土竖向构件宜采用养护剂进行养护。

5）施工现场建立水收集处理利用系统，实现循环利用。现场机具、设备、车辆冲洗用水设立循环用水装置。

6）根据用水量设计布置现场供水管网，管径合理，管路便捷且易于保护。

7）临时用水采用节水系统和节水型产品，分区设表计量。

8）按不同工区，分别对生产区、生活区、办公区等确定用水定额指标，并分别进行计量管理。

9）在签订分包合同或劳务协议时，将用水定额考核指标纳入合同条款，定期考核。

10）对混凝土搅拌站点等用水集中的区域和工点进行专项计量考核。

11）调查施工范围及周边的给排水管道，做好保护措施。

（2）水资源利用

1）基坑降水阶段，采用地下水作为养护、冲洗和部分生活用水。现场车辆冲洗、路面喷洒、绿化浇灌等用水，优先采用中水或非传统水源，减少市政自来水使用。

2）雨量比较充沛的地区，在现场建立雨水收集利用系统。

3）有条件时提前修建施工排水、排污设施，作为施工中收集存储的设施。

4）基坑降水采用基坑封闭降水的方法。对施工排出的地下水加以利用，采用井点降水施工时，根据施工进度和水位进行自动控制。当无法采用基坑封闭降水且基坑抽水对周围环境可能造成不良影响时，采用地下水回灌措施，并采取措施防止地下水被污染。

（3）用水安全

使用非传统水源和现场循环再利用水时，按规定检测水质，做好卫生防疫措施，使其水质满足相关要求，避免对人员、工程环境造成损害。

6. 节材及材料资源利用

（1）节材管理措施

1）图纸会审时，提出节材与材料资源利用的相关内容。

2）使用绿色建材、充分利用本地资源，就地取材，减少运输成本和能源消耗。

3）选择施工方案、工法、机械设备时，力求节约材料、工艺先进、方法适合。采用节材型施工机具。

4）推广使用工厂化预制装配的工艺，进行车站结构、装修和机电施工。

5）选择绿色建材，采用高性能混凝土、高强钢筋、高强钢材等材料。选择高效模板及支架体系。做好施工组织，加强维修和保养，增加模板、脚手架等周转料的周转次数。

6）根据进度、库存情况等合理安排材料的采购、进场，减少库存。建立材料盘点制度、材料定额领料制度、材料使用奖惩制度，定期分析材料耗用情况，制定具体节材措施。建立健全材料管理与仓库保管制度，落实材料管理责任，强化收、发、存、用各阶段的管理。加强安保，避免材料被盗。

7）为避免材料发生损坏和损失情况的发生，在装卸和运输前选择适宜运输工具和装卸方法。装卸时，尽量就近装卸、合理堆放，做到整洁、有序，避免和减少二次搬运及意外损失。

8）就地取材，尽量选用200公里以内的建筑材料。

9）最大限度发挥施工效率，做到"工完料尽"，提高施工操作水平和施工质量，避免发生返工现象。

10）对废旧余料或剩余材料应有回收利用措施。

11）利用盾构产生的泥浆，经过处理后作为盾构注浆，替代膨润土。

（2）钢筋及钢材节约

1）使用电脑软件等辅助优化钢筋下料方案，通过BIM指导复杂节点的钢筋安装。

2）钢筋原材料和半成品，保证存放有序、标识清晰、储存环境适宜，采取防潮、防锈及防污染等措施；建立健全保管和盘点制度。

3）钢筋安装时，妥善保管和使用扎丝、焊剂等材料，及时收集利用散落的余废料。

4）优先选择高强钢筋、高强钢材，在结构中使用预应力技术，减少钢筋耗费。

5）推广使用钢筋工业化、工厂和加工配送技术。钢构件工厂化加工。

6）合理利用钢筋、钢材的余料、废料，用于施工措施用料或综合考虑加以利用。

7）钢结构深化设计时，结合加工、运输、安装方案和焊接工艺要求，合理确定分段、分节数量和位置，优化节点构造，减少钢材用量。钢结构加工前制定废料减量计划，优化下料，综合利用余料。废料分类收集、集中堆放、定期回收处理。

8）合理选择钢结构制作和安装方法。大型钢结构采用工厂制作，现场拼装方式，尽量使用机械安装。

9）复杂空间钢结构制作和安装，采用BIM等仿真技术模拟施工过程和状态。

（3）模板、架料等周转性材料

1）优化选择模板、架体方案，选用周转率高的模板和支撑体系。使用工具式模板和新型模板材料，宜选用可回收利用的塑料、铝合金、玻璃钢等材料作为模板。使用台车、单侧整体化模板、清水混凝土模板等模板体系。

2）选择如承插式、碗扣式等管扣一体的脚手架和支撑体系，选择早拆体系，减少材料损耗、增加周转次数。

3）对木方、模板等材料进行接头处理，重复利用。

4）加强模板、架料的维护和保养，合理调配、存放、使用。

（4）混凝土和砂浆

1）用再生或废料材料代替天然材料，如用粉煤灰替代一定比例的水泥，用石屑火机制砂代替天然砂。

2）优化混凝土、砂浆配合比，在混凝土中掺加外加剂、粉煤灰、矿粉等措施改善混凝土性能，节约水泥和水的消耗量。利用水泥富余强度，合理利用其 60d，90d 的龄期强度作为评定依据。

3）推广清水混凝土技术，减少抹灰和装修。加强质量管理，控制构件的平整度和外形尺寸，减少构件外形偏差造成浪费。地下桩基和地下连续墙施工时，选择扩孔系数小的工艺和设备。

4）使用商品混凝土、商品砂浆，砌筑时使用专用砂浆。

5）使用散装水泥、预拌混凝土和砂浆时，动态控制供应速度、频率及数量。

6）注浆材料随拌随用。混凝土和砂浆等材料定量使用，废料和余料加以利用。

7）混凝土宜采用泵送、布料机辅助浇筑，地下大体积混凝土根据场地条件，采用溜槽或串筒等浇筑方式。

（5）基坑支护材料

1）选择合理的基坑支护和止水方式，选择适宜的施工工艺，如利用支护结构作为永久结构，采用旋挖钻机、全套管桩机、长螺旋钻等机具减少围护桩混凝土损耗。

2）围护结构施工时，采取有效的措施防止孔壁坍塌。

3）优先利用支撑结构作为临时场地或便道，利用基坑土方自身的承载能力作为施工便道。

4）合理利用基坑降水。

5）采用可回收型锚索、定型型钢支撑等技术。

（6）建筑围护材料

1）选择高效节能、耐久性好的保温隔热材料和新型墙体。

2）根据建筑物的特点，优选屋面或外墙的保温隔热材料系统和施工方式，保证保温隔热效果，减少材料浪费。

3）砌体结构采用工业废料或废渣制作的砌块。砌块应按组砌图砌筑；非标准砌块应在工厂加工，按计划进场，现场切割时应集中加工，并采取防尘降噪措施。砌筑施工时，及时清理落地灰、收集再利用。

（7）装饰装修材料

1）面材、块材、卷材材料在施工前，进行总体排版，减少损耗。

2）使用人造板替代木质板材。

3）幕墙等各类预留预埋件施工与结构施工紧密结合、同期施工，避免后期补做。

4）木制品及木装饰用料、玻璃等各类板材在工厂采购或定制。

（8）机电材料

1）推广机电安装工厂化制作，现场安装。预制风管进行工厂化制作，采用新材料制作，实现既便于现场安装，同时满足保温节能要求。

2）使用 BIM 技术进行管线碰撞检查和综合管线设计，指导现场安装。采用综合管线桥架技术，将各种管线综合排布，减少空间占用。

3）管线的预埋、预留应与土建、装修工程同步进行，减少现场临时剔凿量。

4）下料时应先下大管料，再下小管料；先下长料，后下短料。变角余料进行二次利用。

5）通过二维码、条形码等对机电设备进行标志，进行存储和现场安装管理，同时也可用于运维阶段。

（8）临时或周转性材料

1）选用耐用、维护与拆卸方便的周转材料和机具。临时设施、安全防护设施实现定型化、工具化、标准化。

2）优先选用制作、安装、拆除一体化的专业队伍进行模板工程施工。

3）临时便桥或铺盖系统采用钢贝雷架等构件拼装。

4）现场临时用房采用周转式活动房。有条件的可租赁周边房屋，利用已有围墙。

5）实现信息化、无纸化办公，非重要文件均采取双面打印或利用再生纸反面打印。

6）材料包装物予以回收利用。

7）其加强油脂、油料、泡沫的消耗控制：选择环保可降解材料，按需使用。

7. 人员安全与健康管理

本着"以人为本"的原则进行人员安全和健康管理。

（1）施工现场办公区、生活区与施工区分开设置；办公区和生活区选址符合安全要求；生活办公设置应齐备：办公室宿舍、食堂、厕所、盥洗间、淋浴间、文体活动室、垃圾站等；施工现场临时搭建的建筑符合安全防护、消防等要求。施工现场进行形象策划，进行适宜绿化，营造良好的生活、办公及现场作业环境。

（2）施工现场设置符合要求的围挡、标志牌、企业标识；按政府和企业有关规定设置总平面图、工程概况、组织机构、安全生产、消防保卫、环境保护、文明施工等图牌；施工现场应明示重大风险源管理图牌。施工现场、办公区、生活区应标示应急处理流程表、疏散线路及应急指示标识。采取保护措施确保周边的建（构）筑物和管线安全；施工现场应在主要设施、出入口、临边、洞口、危险物品存放处等危险部位设置醒目的安全警示标志；不同阶段、不同季节、当气候或周边环境变化时，采取相应的安全及环境保护措施。

（3）职业健康

定期对从作业人员进行职业健康培训和体检，为施工人员配备职业病防护装备劳动保护用品并指导正确使用。合理安排作息时间，分班作业，劳逸结合，组织各种体育娱乐活动，丰富职工业余文化生活。做好粉尘、噪音、震动、有毒物品、辐射等造成职业危害的防护措施，保障施工人员的长期职业健康。如，采用低噪音、低震动的机械设备；噪音作业时，操作人员应配备耳塞进行听力保护。竖井、隧道、地下工程密闭空间作业时，应采取强制通风措施；存在有毒有害气体作业场所应佩戴防毒面具或防护口罩，进入之前应验证毒气浓度，超标应采取降低浓度措施。在粉尘的作业的场所采取喷淋措施降低粉尘浓度，操作人员应佩戴防尘口罩。焊接作业时，佩戴防护面罩、防护目镜及手套的等防护用具。

高温作业时，配备防暑降温用品，并合理安排作息时间，避开高温时段。

（4）卫生防疫

施工现场建立卫生急救、保健防疫、定期体检、职业准入等制度；

提供卫生、健康的工作与生活环境，加强对施工人员的食宿环境卫生等管理，改善施工人员的生活条件。保证施工人员食宿、办公、工作场所符合卫生标准。各种生活设施日常维护专人负责。食堂应有相关部门发放的有效卫生许可证。炊事员应持有健康证明。厕所、卫生设施、排水沟等阴暗潮湿区域定期消毒。生活区设置密闭容器，垃圾分类存放并及时清运，定期除四害。施工现场设置医务室，配备药箱、常用药品及急救器材。在发生安全事故、传染病、食物中毒等职业病时提供及时救助，并及时向主管部门报告，按照规定进行处置。

（三）地铁工程绿色施工技术创新

绿色施工技术创新主要从工法、材料、机械设备等方面进行，紧密跟随整个社会的科技进步。一方面对施工过程各环节、各要素的绿色审视和改造；另一方面通过发明、创新材料、新设备，产生符合"绿色""可持续发展"原则的新工艺、新技术、新材料、新设备。

1. 绿色工法创新方向

（1）绿色工法

选择施工方法时，要考虑场地条件、工程地质和水文地质条件、埋深、地面交通状况、施工技术与装备、工期要求，进行技术经济分析，在保证环境、安全、质量的基础上确定最合理的施工方法。

1）浅埋暗挖法

浅埋暗挖法要求是："管超前、严注浆、短开挖、强支护、快封闭、勤量测、速反馈、早处理"。其关键与辅助施工技术有降水、土体加固、超前支护、土方开挖和初支、土方运输和提升、周边建筑物或管道隔离保护、测量监测、信息化施工技术等。涉及施工环境改善（潮湿、粉尘）、人员安全和健康管理、建（构）筑物和管线保护、地下水资源保护、渣土利用、爆破防护、各工艺及设备的绿色改造等各方面的绿色施工技术。

2）盖挖逆作法

盖挖逆作法是指采取自上而下的施工顺序，借助水平结构的刚度、抗压强度对基坑产生支护作用，保证土方开挖和结构施工。盖挖逆作法对周边环境和交通影响小，但费用高、工期慢、作业条件差。其关键和辅助技术主要有降水技术、竖向支撑桩柱技术、地下连续墙施工技术、逆作法结构防水技术、土方开挖技术、周边建筑物隔离保护技术、监测技术和信息化施工技术等。涉及施工环境改善（潮湿、粉尘）、人员安全和健康管理、建（构）筑物和管线保护、地下水资源保护、渣土利用、各工艺及设备的绿色改造等绿色施工技术。

3）盾构法

盾构法已适用于各种地质条件，具有安全、不影响地面交通、振动和噪音小、对环境影响小等绿色施工特点。但盾构同样存在耗能高、操作不当易发生环境安全问题的缺点，对盾构进行绿色设计和改造，减少耗能和材料消耗，保证盾构法施工安全、环保、高效。盾构法主要从盾构选型、盾构参数选择、盾构始发、掘进、接收、盾构换刀、自动化控制和监测技术、地表沉陷和底层移动控制技术、盾构污水及泥浆处理和再利用技术等进行绿色创新、改造。

传统盾构法隧道，满足盾构的始发和接收需要先建造两个工作井。隧道的暗埋段采用明挖法施工。暗埋段明挖法施工则占用了大面积地面场地，需要进行建筑拆迁、管线迁改，城市繁忙的交通、狭窄的空间与地铁施工矛盾，"地面出入式盾构法隧道新技术"是改善这一问题的有效途径。"地面出入式盾构法隧道新技术"的核心理念是盾构机从浅埋导坑始发，然后在超浅覆土条件下施工隧道，最终到达浅埋导坑内。此种工法可省去地面开挖面积超 50%，减少拆迁量和开挖工程量对，减少施工风险，对周围环境的影响小，缩短了工期。

目前采用套筒法接收技术已在一些地铁工程中使用，在密闭的环境中作业，减少了因洞门渗漏引起的隧道沉降，保证了周边建（构）筑物和管线的安全。钢套筒接收具有安全、节省空间、施工便捷，可以多次重复使用等优点。钢套筒是一种直径比盾构略大、长度比盾构略长的筒状钢结构，一端开口；另一端封闭，开口端与洞门预埋圆钢环相连接，这样形成一个整体密闭的容器。并在钢套筒内灌入充填物，使得盾构在整个进洞过程中始终处于内外土压平衡的状态，保证理论上水土不会流失，最大限度地减少盾构进洞过程中对周边环境的影响。

4）车站和竖井等施工技术

目前常用的连续墙与车站侧墙两墙合一的方式，有利于结构安全、防水，但应对连续墙工艺进行绿色改造，选择适合的施工设备，做好接头防水，控制连续墙的垂直度及扩孔系数，减少后期施工的混凝土处理及渗漏水处理的难度和数量。

车站土方运输由于空间小、支撑阻挡等原因，工效非常低，设计和发明土方机械运输、装运系统则势在必行，提高土方施工的效率，加快工期进度，缩短风险暴露时间。

（2）降水和止水技术

控制地下水不仅要满足施工作业条件、便于施工，还应综合考虑周边环境安全、地下水资源保护等问题，包括表面抽排、地层疏干、止水帷幕、降水控制、地下水回灌、降水收集利用等技术措施。根据地质水文情况、周边环境条件选择适宜的降水和止水方案，优先选择设置止水帷幕阻隔地下水，目前主要方法包括地下连续墙、高压旋喷止水、SMW工法桩止水、帷幕注浆止水、咬合桩止水等。

（3）土体加固技术

土体加固的目的是提高土体自身强度与稳定性，提高土体的安全系数，主要方法有注浆法、旋喷注浆法、冷冻法。注浆法包括静压、劈裂注浆和化学注浆，注浆材料一般有水泥浆、水玻璃、TGRM浆液、无收缩浆液、WSS浆液、超细水泥浆、MS浆液等。

冷冻法是利用人工制冷技术、将低温冷媒送入地层，将开挖土体周围地层冻结成封闭的连续冻土墙，以便抵抗地层压力并隔绝地下水与开挖体的联系，在封闭的连续冻土墙保护下，进行开挖、施工永久支护的一种地层加固方法。上述土体加固的方法中浆液和冷媒的选择应考虑对环境的污染降到最低。

近年新兴起的"MJS"工法（Metro Jet System），即全方位超高压喷射注浆法。MJS工法是在高压喷射注浆的基础上，采用独特的多孔管和前端强制吸浆装置。多孔管由高压水管、高压水泥浆管、压缩空气管、废浆排放管、孔内压力测试管等组成。施工过程中，通过测压传感器测量的孔内压力，控制吸浆孔的开启大小、调节泥浆排出量。该工法大幅度减小对环境的影响。避免出现挤土效应，减少了地基加固施工中出现地表变形、建筑物开裂、构筑物位移等风险发生。MJS工法与传统注浆法比较，具有对周围环境影响小、多方位任意角度的施工、桩径大、桩体质量好、施工场地文明等特点、无泥浆横流、环保等优势。

（4）建（构）筑物及管线保护技术

地铁工程往往需要穿越房屋、厂房、桥梁、隧道等建构筑物及其基础，并与道路、管道、桥梁、地铁、铁路等邻近、下穿或上穿。为确保施工全和周边设施的安全，应采取隔离或保护措施。施工前首先详细调查工程条件、地质条件、既有建筑物或管线情况与安全要求。形成调查报告，再进行风险分析和评估、制定防护措施与实施方案，全过程进行监控量测指导施工，确保环境安全。采取的主要措施有注浆加固、设置隔离桩、悬吊保护、基础注浆加固、基础托换、临时支顶、管线桥等。

（5）超前支护技术

超前支护技术包括超前锚杆、超前小导管、超前大管棚等支护技术，对围岩进行加固和支护，为后续施工提供保护。

（6）绿色施工标准化配套设施

对竖井提升设备、洞内扒渣设备、出渣设备、拌和喷锚、渣土运输设备、垂直运输设施等进行绿色改造,建立隧道施工信息化系统(门禁系统、对讲系统、监控系统、定位系统)。

2.绿色材料技术

绿色材料是指在原料采购，产品制造、使用、循环利用以及废物处理等环节中利于人类健康和生态环境的材料。绿色材料包括循环材料、净化材料、绿色材料和绿色建材等。

（1）对于地铁工程，绿色材料主要体现在以下几个方面

1）不使用政府及有关部门禁止和限制使用的材料和产品；采用绿色、环保的新材料，使用人造材料代替自然材料，使用塑料铝合金、竹子、玻璃钢等制作模板；粉煤灰、矿粉替代水泥、外加剂改善混凝土性能。生产所用原料尽可能少用天然资源，而使用矿渣、垃圾、废液等废弃物，如废弃的混凝土、玻璃、木料、塑料、纸张等可再生利用；机制砂代替天然砂等。

2）采用低能耗、污染小的制造工艺和技术。

3）在产品配制或生产过程中，不使用甲醛、卤化物溶剂或芳香族碳氢等有害化合物；产品中不得含有汞、铅、铬等金属及其化合物的颜料和添加剂。

4）产品的绿色设计以改善环境、提高生活质量为宗旨，如抗菌、灭菌、防霉、除臭、隔热、阻燃、防火、调温、调湿、消磁、防射线、抗静电等。

5）产品可循环或回收利用。如采用定型钢支撑、贝雷架便桥、可回收锚索、SMW工法、钢板桩等。

（2）绿色混凝土

高性能混凝土具有良好的耐久性、适用性、工作性、稳定性和经济性。使用废弃混凝土生产再生骨料，部分或全部使用"再生骨料"生产"再生混凝土"。有资料显示，我国粉煤灰年产量已经达到 1.5 亿吨，对环境产生了巨大的负荷，掺入工业废渣，替代一定数量的水泥，不会降低混凝土的性能。再生骨料混凝土是利用旧建筑物解体后形成的垃圾，破碎后制得粗骨料与细骨料，代替部分沙石骨料而制得混凝土。

加气混凝土，比重轻、抗压强度高、隔热性能好、经济性好。

清水混凝土一次浇筑成型，不做任何外装饰，采用混凝土的自然表面作为装饰面，节约人力物力、减少垃圾产生、减低工程造价。

（7）钢筋

屈服强度 400MPa 以上高强钢筋的推广应用，显著减少了结构构件钢筋量，确保与提高结构安全性能的同时，有效地减少钢筋用量，具有很好的节材效果。

根据工程特点选择钢筋接头形式。推广使用钢筋机械连接接头技术。钢筋机械连接接头具有连接强度和韧性高、接头质量稳定可靠，适用范围广、施工方便、接头速度快、占用时间短、全天候施工、受天气影响小、无噪声和光污染、安全可靠、节能（设备功率仅为焊接设备的 1/6-1/50）、降低工人劳动强度等诸多优点。

采用一种垫板与螺帽合一的新型锚固板连接技术将锚固板与钢筋组装后具有良好的锚固性能，替代传统的弯折钢筋锚固和直钢筋锚固，是一种可靠、快速、经济的钢筋锚固手段，可以节约钢材，方便施工，解决锚固区结构钢筋拥挤、钢筋绑扎困难的问题，有利于提高混凝土浇筑质量。

（8）预拌砂浆

预拌砂浆包括湿混砂浆和干混砂浆。专业砂浆有蒸压硅酸盐专用砂浆、混凝土小型空心砌块专用砂浆、蒸压加气混凝土专用砂浆等。预拌砂浆和专用砂浆性质优良，不需或需少量现场搅拌，节省用地、节约材料，利于文明施工、绿色环保。

（9）绿色墙体材料

利用工业废料、砂、页岩等材料制成的蒸压灰砂砖、烧结页岩砖、蒸压粉煤灰砖。使用各类建构筑物、管道拆除产生的弃土、弃料及其他废弃物生产渣土砖，实现了建筑垃圾的无害化、减量化利用。

（10）预应力技术

预应力技术已发展成熟，在地铁工程中特别是高架桥梁、预制构件及基坑支护上得到应用。地铁车站结构中使用预应力主要是为了提高混凝抗裂防渗能力，已在一部分地铁车站工程中使用。在基坑支护中已广泛使用预应力锚索，主要绿色施工技术包括可收型锚索、锚索成孔技术等。

预应力技术不断创新，如波纹管成孔技术、真空灌浆技术、无黏结预应力技术、变角张拉技术、新型锚具、智能化张拉设备、新材料预应力筋（纤维加劲塑材料预应力筋）、大吨位大行程千斤顶等，预应力技术必将在地铁工程中深入使用。

3.绿色机械设备技术

绿色建筑机械产品，以环境和资源保护为出发点，不但在生产过程中符合环保要求，而且在使用时对生态环境无害或危害极低，资源利用率高，能耗很低，节约材料，还易于拆卸、工业化程度高、可回收再利用。机械化、智能化施工是解决劳动力稀缺、实现安全、环保的有效途径。

绿色机械的产品设计与制造要考虑适应环境生态发展的要求，开发研制环保、节能型产品，实现智能控制。主要手段包括：

（1）使用高效，清洁的新型能源，如蓄电池、天然气、液化石油气和天然气、柴油的混合燃料、太阳能。

（2）选择低能耗，低噪音，性能优良的发动机及其配件组件；选用可循环使用，再生且污染小的原材料，减少材料的用量和种类。

（3）在优化结构和拆卸的同时，扩大可拆解和再生部件数量及种类。

（4）使用可以完善及回收的工作介质，并使其环保化，优化密封结构，提高密封性能，采用具有良好的密封组件性能，防止液体类工作介质（如防冻剂，电解质等）的泄漏及其对环境的污染。

（5）采用人性化设计、信息化设计，做好震动、噪音等防护，实现人机一体，减小振动和降低噪音，创造一个舒适的工作环境，减少对周边环境的影响。

地铁工程施工机械设备多、大型设备多，主要有土石方设备、结构施工设备、起重吊装设备、桩基及成槽设备、隧道施工及盾构设备等，因此，地铁工程的绿色机械设备改造和创新有非常广阔的前景。大范围使用盾构机和非开挖机械设备，取代传统的明挖、浅埋暗挖法也是发展的必然趋势。

在地铁工程方面绿色机械设备应用的主要方向有：构件及材料实行工厂化生产；推广钢筋工厂化加工；采用静态泥浆护壁的旋挖工法代替泥浆反循环的成孔工法等；建构筑物拆除，采用液压钢筋混凝土夹碎机、液压劈裂机、高压水射流切割、静态爆破等新工艺方法；静力压桩机、大功率液压振动沉桩机、液压套管桩机、悬臂式挖掘机、混凝土泵等新型设备推广使用；桩基设备、成槽设备，注浆设备、盾构设备、喷锚设备等都可以进行绿色化改造；建筑垃圾处理和泥浆处理的机械等设备也逐步研制成功，已经得到应用。

在地铁隧道及车站受限空间内，解决粉尘、有害气体和噪音污染对工人职业健康的危害，需要整体绿色施工解决方案，由土方开挖、运输、提升、喷锚、通风、除尘等系统的绿色改造和创新组成。采用以电驱动取代内燃机驱动，喷锚时避免粉尘外溢，采取降尘设备吸收有害气体；再进行分离；最后排出处理后的清洁空气。

钢筋工业化加工主要设备有：全自动数控钢筋弯箍机、数控切断调直机、弯曲线、剪切、锯切、钢筋螺纹、钢筋网、钢筋笼、钢筋析架焊接等生产线等。钢筋专业化加工要求加工效率、加工质量高，对设备要求更高：较高的上料、下料、定尺、传动系统；设备稳定性高；计算机输入输出自动控制功能；具有完备的安全保护、安全防护、安全警示装置，安全性能要求高。

4. 绿色模架技术

建筑施工中的模板与支撑架的成本，约占工程总造价的30%及以上，模板和支撑架搭设和拆除，占总工时的50%以上。地铁结构工程则占比更高，发展低碳节能、绿色模架符合时代进步的需要。模架体系与机械系统、智能控制技术相结合，实现技术集成，可以最大程度的节约材料、减轻施工人员劳动强度、提高工程质量、加快施工进度。绿色模架的开发和应用，从材料选择、模架设计、模架加工、模架安装等环节展开。

目前模板主要方向有塑料模板、钢框胶合板模板、早拆模板、铝合金模板、玻璃钢模板、废渣模板、隧道台车、自动升降平台、液压滑模等。使用铝合金制作脚手架，高分子及聚玻纤维为原料制造的脚手板及防护材料，插接式脚手架、移动作业架等都有应用。

在地铁工程中绿色模架技术主要体现在：盾构管片预制过程中采用定型模板技术；隧道二衬采用台车技术；地铁车站结构采用组拼式大模板、单侧支模、早拆技术等。

5. 建筑工业化技术（预制装配技术）

建筑工业化是以构件预制生产、装配式施工为生产方式，以设计标准化、构件部品化、施工机械化、管理信息化为特征，整合设计、生产、施工等各环节，实现建筑产品节能、环保、全生命周期价值最大化的可持续发展的建筑生产方式。

新兴的"3D"打印技术，是一种快速成型技术，以数字化模型文件为基础，运用特殊材料（如粉末状金属或塑料等可黏合材料），通过逐层堆叠累积打印的方式来构造物体的技术。"3D"打印技术开始进入房屋建筑、土木工程中试验应用。

地铁工程采用工业化装配式技术，可以解决施工占地难、拆迁难、工期长、风险大的问题，是节约、环保、高效的一种绿色施工技术，极大地提高了劳动生产率、降低了工程造价。在有效解决车站构件的连接方法、防渗漏等重要环节、建立规模化工业化预制工厂以及有关标准规范的完善后，必然会促进车站结构装配式技术中得以全面推广使用，实现地铁工程的建筑工业化。

工业化装配技术已开始应用于地铁的隧道、车站等工程中，主要方向有：盖挖法铺盖系统的构件化制作、安装；轨枕、盾构管片、车站及出入口预制构件、站台板、楼梯等构件预制安装；钢筋、钢架及钢结构的工厂化制作，现场安装；在装修和机电安装阶段，部分在工厂制作成半成品，现场安装等。

隧道装配式衬砌同整体式衬砌比较，具有作业人员少、机械化作业、减轻现场劳动强度、节约材料、质量高、安全性好、环保等优点。

钢筋工业化加工：成型钢筋制品加工和配送主要包括钢筋下料优化、线材专业化加工（钢筋强化加工、带肋钢筋调直、箍筋加工成型）、棒材专业化加工（定尺切割、弯曲成型、钢筋直螺纹加工成型等）、钢筋组件专业加工（钢筋焊接网、钢筋笼、梁、柱、钢筋析架等）、钢筋制品的优化配送。成型钢筋制品加工配送有如下优点：减少现场安装作业量，减少了材料浪费、减少了现场场地占用和现场电能消耗，降低人工成本；钢筋加工质量高；节能环保。

6. 智能测量监测技术

智能测量监测控制技术可以对施工的各个阶段进行监测和控制，使之合理、安全、高效、绿色施工，同时通过监控加强现场质量安全的监督，及时反应，减少和杜绝事故的发生。安全的监测控制手段，实现无人操作、无人值守，对于有毒、有害空间，保证了人员安全。

（1）测量机器人和自动化监测技术

测量机器人是一种代替人进行自动搜索、跟踪、辨识和精确照准目标并获取角度、距离、三维坐标等信息以及影像的智能型电子全站仪系统。它是在普通全站仪的基础上集成了马达、CCD影像传感器视频成像系统，并配置智能化控制软件发展而成的。测量机器人采用了自动识别技术、实现自动识别和精确照准。测量机器人的自动化功能包括目标识别、照准、测角、测距、目标跟踪、记录。自动测量技术在国外已经广泛应用，主要用于大坝、桥梁、隧道施工监测及大型建筑物的变形监测等。

测量机器人被应用于地铁深基坑变形监测、隧道变形监测及周边构筑物的变形监测中。在基坑监测中应用具有高效、全自动、准确、实时、操作简便等特点，可以实现无人值守进行变形监测。应用于地铁隧道变形监测中，通过自动化测量机器人监测设备系统收集隧道变形数据，经过软件进行处理和分析、网络和远程通信系统传输给使用方，使有关各方掌握变形情况，而做出是否处理的决定。深基坑自动化监测采用测量机器人，采用无线通信技术，控制测量机器人自动采集监测数据并存储于监测数据库中，通过数据处理，最终输出报表或曲线图等多样的数据成果。当基坑发生区域性破坏时，通过连续进行自动化监测以及数据分析处理，实时提供有关图表，并辅助分析，以便使用者可以迅速地采取应急措施。

基坑监测的内容分基坑本体和相邻环境两大部分监测，基坑本体主要包括围护桩墙、边坡、支撑、锚杆、土钉、坑内立柱、坑内土层、地下水等；相邻环境中包括周围地层、相邻建筑物、相邻管线、道路等。监测项目包括基坑边坡土体变形监测、围护结构位移监测、围护墙侧土压力监测、墙外孔隙水压力监测、地下水位观测、支撑轴力监测、围护结构钢筋应力监测、坑内土体分层沉降观测、主体结构内力监测以及周边建筑物、构筑物和地下管线变形监测。

（2）塔机自动监测技术

对塔吊群的监测主要方式有塔吊记录仪、无线监测系统、防碰撞系统、风速测试仪等。塔吊安全监控装置的原理：通过传感器将塔机运行时需要监测的关键参数如：提升高度、小车幅度、回转角度、起吊重量和风速进行检测，将信号传输给数据采集模块。采集模块与监控主机仪表相连，处理和存储采集信息后，在液晶屏上显示实时数据，通过声光等进行报警。群塔防碰撞系统包括网络协调器、网络节点、信息流等。地面控制平台利用互联网或无线网络通信技术将塔吊群的监控数据传输到专门的塔吊监控系统服务器上，方便使用方对数据进行分析、处理，以了解塔吊的运行状态，方便塔吊的和管理，保证塔吊作业安全。

（3）超前地质预报技术

超前地质预报的主要用于隧道施工中，是对掌子面的地质情况进行预测和预报，先探测再施工，从而摸清地质情况，采取措施减少地质风险，确保施工安全避免地下水发育地段发生突水、突泥，避免地水土流失的手段。超前地质预报的方法主有：

1）地质分析法，包括地质素描法、地层分界线及构造线地下和地表相关性分析法、地质作图法等。

2）超前导坑预报法，包括平行导坑法、正洞导坑法。

3）超前钻探预报法，包括深孔水平钻探、5-8m加深炮孔探测及孔内摄影。

4）物探方法，包括TSP隧道地震波反射法、HSP声波反射法、陆地声呐法、负视速度法、地质雷达、红外探测、单孔和跨孔CT、TGP12地震波反射法等。

7. 信息化及信息模型技术

信息化是以现代通信、网络、数据库技术为基础，建立数据库，实现特定人群共享和使用数据，包括信息获取、传递、处理、再生及利用等功能，为生活、工作、学习、研究、决策提供服务，可以大幅地提升效率，为推动人类社会进步。信息化技术正在改变人类社会的生产、工作、生活、学习、交往方式，是对社会生产力的大幅提升，对人类社会发生具有深刻的影响。建筑信息化发展主要目标包括建筑业企业信息系统，建筑信息模型（BIM），基于网络的协同技术等，目前大数据、云计算、物联网已开始影响建设行业。

对于"大数据"（Big data）研究机构Gartner定义为，"大数据"是需要新处理模式才能具有更强的决策力、洞察发现力和流程优化能力的海量、高增长率和多样化的信息资产。大数据具有4V特点：Volume（大量）、Velocity（高速）、Variety（多样）、value（价值）。

"云计算"中的"云"是一种比喻说法，一般指网络。美国国家标准与技术研究院（NIST）定义：云计算是一种按使用量付费的模式，这种模式提供可用的、便捷的、按需的网络访问，进入可配置的计算资源共享池（资源包括网络，服务器，存储，应用软件，服务），这些资源能够被快速提供，只需投入很少的管理工作，或与服务供应商进行很少的交互。用户通过电脑、笔记本、手机等方式接入数据中心，根据自己的需要进行查询、运算和其他应用。

中国物联网校企联盟将定义物联网为当下几乎所有技术与计算机、互联网技术的结合，实现物体与物体之间：环境以及状态信息实时的实时共享以及智能化的收集、传递、处理、执行。国际电信联盟（ITU）对物联网定义为：通过二维码识读设备、射频识别（RFID）装置、红外感应器、全球定位系统和激光扫描器等信息传感设备，按约定的协议，把任何物品与互联网相连接，进行信息交换和通信，以实现智能化识别、定位、跟踪、监控和管理的一种网络。地铁工程中构件、材料、设备可以采用物联网技术进行管理实现高效管理。

信息化的触角已普及各个行业，建筑行业采用信息化技术进行管理，可以大幅提升管理效率，节约资源。信息化已经在地铁建设中发挥作用，"大数据""云计算""物联网"等技术必会使地铁建设过程发生重大变革。

（1）文件知识管理技术

企业和项目建立集中的文档管理和知识管理中心，组织、便捷、存储和分享关键的资料和文件，能够快速而方便的共享自己的经验、技能，访问和学习同伴的信息，从而全面提升员工的技能素质和团队合作能力，增强企业竞争力。

知识管理包括：建立知识库；促进员工的知识交流；建立尊重知识的内部环境；把知识作为资产来管理。知识库不是简单地文档电子库，首先知识有多维度的属性，这些属性都必须要结构化的维护各个知识点上。其次是知识的标签功能企业层面建立科技资源平台，实现标准、规范、规定、方案、工法等技术文件的分享。

（2）工程项目管理信息化平台系统

工程项目管理信息化和集成应用，是指采取信息化手段实现对项目的业务进行处理与管理，进行应用流程梳理整合或交换整合，形成覆盖项目管理各主要管理系统的集成管理信息系统，实现项目管理过程的信息化处理和业务模块间的有效信息沟通。主要内容包括合同管理、进度管理、成本信息管理、物资设备信息管理、质量信息管理、安全信息管理、风险管理、施工组织设计及方案、文档管理、行政管理等。地铁工程风险管理平台建设尤为重要，通过平台可以实时掌握所有危险源的风险等级，进行科学的分析，从而加快了应对速度，保障了环境安全。

很多企业都建立了 OA 平台和项目管理平台及风险控制平台，利用平板电脑、手机实现网上办公、资源共享及信息传递。

（3）建筑信息模型（BIM）技术

国际标准组织设施信息委员会对 BIM 的定义为：BIM 是在开放的工业标准下对设施的物理和功能特性及其相关的项目生命期信息的可计算／可运算的形式表现，从而为决策提供支持，以更好地实现项目的价值。在其补充说明中强调，BIM 将有的相关方面集成在一个连贯有序的数据组织中，相关的计算机应用软件在被许可的情况下可以获取、修改或增加数据。BIM 的特点：可视化、协调性、模拟性、优化性和可出图性。

在地铁中应用的 BIM 技术主要包括：基于 BIM 的深化设计技术（管线综合、碰撞检查、立体展示等）、虚拟现实和试验技术（3d、4d、5d 施工模拟、动画漫游、节能模拟、紧急疏散模拟等）、设计及方案优化技术、工程量计算和统计技术、运营维护技术（设备管理）。

（4）工地现场监控和验收系统

工地现场监控和验收系统一般由远程监控系统、远程验收系统周界红外报警系统组成。施工现场远程监控管理是利用远程数字视频监控系统和通信技术对工程施工情况、人员情况进行实时监控，通过信息化手段实现对工程的监控和管理，随时了解和掌握工程进度情况，进行远程协调、指挥工作，能够实现将施工现场的图像、语音通过网络传输到任何能上网的地点，实现与现场完全同步、实时的图像效果。

通过视频语音通信客户端软件，对工程项目进行远程验收和监控，并能实现将现场图像实时显示并储存起来。主要功能有远程视频图像监控、多画面显示、远程视频图像储存、用户权限控制、现场作业人员管理（身份识别、进出场管理、人员数量统计）、周界红外线报警系统（非法入侵报警、自动发报警信息到监控中心、电子地图现实报警位置信息）、远程监控和视频采集（视频采集、传输、存储、应用，远程访问、质量验收等具体功能）、电子图纸管理、验收报表（报表的维护、填写等功能）、多媒体交互（质量验收中心人员和现场人员远程实时交互通信）、知识中心（规程规范、企业标准库）。对施工人员进行信息化管理，除了在风险大的区域设置监控系统外，还要设置对讲通信系统、人员识别系统、人员定位系统等，提高施工安全管理水平和预警应急能力。

8.建筑垃圾、渣土处理利用技术

（1）建筑垃圾及渣土收集利用

前期拆迁和地铁施工中产生了很多建筑垃圾和渣土，处理时会带来二次污染。目前大部分废弃物和渣土未经任何处理，采用露天堆放或填埋的处理方式，因此，要投入大量的土地征用费及废弃物清运等费用，而且在挖运、堆放过程中的容易产生遗撒、粉尘、灰砂飞扬等问题污染环境，堆放场地的防护不当也会对周边环境、地下水造成所污染。建筑垃圾资源化是节约资源、保护生态的有效途径。

对建筑垃圾循环利用主要分三级：低级利用、中级利用和高级利用。低级利用主要是分拣利用和一般性回填；中级利用是地方建立垃圾处理站将建筑垃圾处理成混凝土骨料，再循环利用；高级利用主要将建筑垃圾还原成水泥、沥青、骨料等可利用资源，再次使用。

我国正处于从初级利用向中级利用进化的阶段。在地铁工程中目前得到应用的主要有基坑及隧道土方回填、制砖、建筑垃圾制砖等，随着新工艺、新设备的涌现，建筑垃圾资源化程度越来越高、越来越广。

（2）泥浆处理和循环利用

泥浆处理利用技术应用于连续墙、桩基、泥水平衡盾构等使用泥浆的工法中。泥浆的主要作用有润滑、护壁和挟带渣土等作用，使用中泥浆的参数发生变化，泥浆性能将降低，需要净化后才能重复使用，主要采取固液分离的方式，即将泥浆中的钻渣分离，泥浆继续使用。

目前主要方法有传统沉淀法、化学固化处理法、化学絮凝加机械脱水处理法等。传统沉淀法，需要场地多、环境污染大、工效非常低；用化学处理方式，成本高，存在二次污染；单纯机械分离的方法得到比较广泛的应用；化学絮凝架机械分离也开始结合使用，可以实现高效的处理泥浆，同时泥浆能够循环使用，实现绿色施工。

采用机械处理的方法是目前主要采用的技术，设备主要由振动筛、除砂器、除泥器、离心机等组成。根据泥浆处理的场合、钻渣的组成以及泥浆性能要求，采用不同的工艺组合。泥浆经机械处理后，实现泥水分离、泥浆循环使用。

第五章 地铁隧道工程

第一节 地铁隧道施工管理

一、地铁隧道施工过程中易出现的问题及防治

1. 地表沉降

施工引起的沉降主要表现在两个方面，开挖进尺长度和初期支护的施工速度。开挖进尺长则临空面大，产生沉降和发生坍塌的可能性大；开挖后初期支护施工完成的时间长，则开挖面无支护的时间长，产生的沉降就越大。为减小和防止地面沉降，在盾构掘进中，要尽快地脱出盾构后的衬砌背面的环形建筑，空隙中充填足量的浆液材料。

2. 盾构机掘进偏移

地铁隧道地层岩面起伏较大，断面内出现风化或洞体充填物的处理与周边岩面差异较大，在此情况下，刀盘工作条件恶化，受力不均，掘进速度不均，姿态不易控制，易出现盾构机头下垂、机头向上的过量蛇形、偏离轴线等情况。为了防止这种情况的发生，盾构机推进时，派专人检查、监测盾构机推进情况，主要检查管片隆起情况，盾构机前休下部与导台的结合情况以及盾构机底回填料是否饱满，同时监测人员与盾构操控手要紧密配合，使盾构沿导台中心推进。

3. 防水施工过程

初支未补平即进行防水板铺设，防水板保护不到位。纵向中埋式止水带未居中埋设，二衬端部环向中埋式止水带与纵向中埋式止水带未有效连接。环向止水带不居中，防水板搭接缝与二衬环向施工缝错开距离小于 1m。

4. 二衬渗漏

纵向水平施工缝浮浆、杂物未消除。边墙二衬钢筋预埋偏位，钢筋套筒连接头处于"同一连接区段"；钢筋保护层垫块数量不足且无强度检测报告；二衬钢筋排距不满足设计要求；二衬边墙钢筋违规采用焊接。

二、地铁隧道施工过程管理

1.地铁隧道工程管理的核心是实施有效的质量管理与过程控制，在对隧道施工过程做出正确的评价之后，对于偏差大于规定标准的状态参数必须进行调整，做出最优控制策略，进而通过一定的组织机构，运用控制和调节的机制，保证决策方案的有效实施。

2.加强技术文件分析与探讨，完善地铁工程施工管理体系。作为地铁工程施工管理的基础，施工管理体系的完善是保障施工质量的基础与关键。现代地铁工程建设施工企业应在工程中标后加强对技术文件的分析与探讨，结合地质勘探报告明确地铁施工难点与质量控制要点。在此基础上对施工管理体系进行完善，以施工管理体系的完善确保地铁工程施工质量，促进工程施工建设质量管理工作的开展。

三、地铁隧道施工风险管理

地铁隧道工程作为一项大型工程项目，存在着大量的不确定性风险因素，这些不确定性风险因素加大了地铁施工技术的难度，严重地影响着地铁隧道工程建设目标的实现。风险管理是地铁隧道工程项目管理中至关重要的一部分，且涉及面广、问题复杂、工作量大。

1.地铁隧道施工风险管理的基本内部

地铁隧道工程项目是一个投资比较大、工期比较长、涉及面广的复杂系统，在这些项目的建设过程中还会存在许多的不确定性和不可预见的因素，因而隧道工程建设中存在较大、较多风险因素。为使各风险因素对工程项目造成的不利影响降至最低，有必要在地铁隧道工程施工中实施合理有效的风险管理。通过风险规划、风险分析和风险监控，科学合理地使用管理方法、技术手段对项目涉及的风险实施有效控制，主动系统地对项目风险进行全过程管理及监控，达到降低项目风险，妥善处理风险事故不利后果的目的。

2.地铁隧道工程的风险辨识

风险辨识是进行风险分析时要首先进行的重要工作，但多被人忽视，因此，妨碍了对问题作长远、全面的考虑。当进行地铁隧道工程建设时，能引起风险的因素很多，后果严重程度各异，遗漏主要因素是不对的，但每个因素都考虑也会使问题复杂化，风险辨识就是要合理地缩小这种不确定性。

四、地铁隧道信息化管理

在地铁工程建设施工中，施工全过程的信息化管理有助于地铁工程施工的监控、有助于对施工现场各项参数与地质情况的监测。以信息化技术在地铁施工中的应用使企业能够及时了解施工现场情况、优化支护参数、监测地表移动变形等问题，进而及时调整施工方案、保障施工安全与施工质量。利用信息化管理技术提高施工质量、保障施工监测工作的开展，促进地铁工程施工管理工作的开展。

动态化控制促使建设各方高度关注客观条件的变化，是及时优化设计、施工方案的有效手段。但应把握两个要点：一是在工程量调整中必须采用配套的合同管理模式，才能避免违背招标要约和合同原则的问题；二是在隧道的勘察设计中，必须加深前期地质工作，确保初始施工组织设计的合理性，以减小动态调整的幅度。对于隧道的进度控制，应该广泛运用网络技术，摸清影响进度的关键工序和关键环节，以便有针对地采取措施，提高进度控制力度。

五、地铁隧道施工企业质量管理

强化施工企业质量管理意识，促进地铁工程施工质量管理工作的开展。在现代地铁工程建设施工中，施工企业质量意识的强化对地铁施工质量管理工作的开展、相关制度的完善都有着重要的意义。针对施工技术简单、施工企业经验丰富造成的质量意识薄弱问题，地铁工程施工企业应加强自身质量管理意识的强化。通过全员施工质量控制与管理意识的树立，为施工过程中各项质量控制管理工作的开展奠定基础，保障工程施工质量。

1. 完善管理网络，把质量、安全职责落到实处

从源头上控制质量和安全生产风险。建立人、财、物等资源向优秀经营管理者集聚的机制，充分发挥生产要素的作用，成立项目评审机构，剔除营利水平低、施工管理难度大、质量和安全生产风险高、工程款支付能力差的施工企业。

2. 强化现场管理，实行动态监控

要进行质量安全生产专项整治工作，统一思想、有序布置，排查反思、检查督办，才能很到良好的效果。专项检查中检查出来的隐患，能现场整改的整改，不能现场整改的落实专人整改。专项整治及隐患排查期间，实现现场动态管理。

3. 广泛动员，全员参与，积极开展质量安全宣传教育活动

安全教育以内部和外部培训相结合的原则，及时组织项目经理、安全员参加考核培训。组织学习安全生产法律法规。对安全员、生产骨干应具备的素质和条件，以及安全员职责和工作任务都提出明确的要求。通过培训学习，在思想上认识到从"要你安全，变我要安全"的观念。进一步提高全员的安全意识。

4. 加强质量安全队伍自身建设

加强队伍自身建设，认真学习国家相关法律法规、施工规范。

第二节　地铁隧道工程的施工方法以及相关技术

一、地铁隧道工程施工方法

目前，我国地铁隧道常用的施工方法主要有三种：明挖法、盖挖法和暗挖法。其中盖挖法又有盖挖顺作法、盖挖逆做法和盖挖半逆作法之分。暗挖法有钻爆法、盾构法、掘进机法、矿山法、顶管法和新奥法等。不同的施工方法均有各自的优缺点和施工适用范围，具体选用何种施工法要结合工程实际，分析不同方法施工的特点来综合确定。

1. 明挖法

明挖法是一种深基坑施工技术，是指直接敞口开挖基坑同时做好围护结构，在基坑内完成车站主体结构施工，最后再回填土方和恢复路面交通。该施工方法造价低、工期短、技术简单、安全可靠，常用于地形开阔、周围建筑少、交通允许中断等施工条件较好的地区。通常浅埋地铁车站和地铁区间隧道在场地条件允许的情况下，宜采用明挖法。而明挖法不足的地方就在于：需要改移降水和管线，且施工对周边环境和道路交通影响较大。因此，施工选择要慎重，在无人、无交通、管线较少的场地，此法是首选。

2. 盖挖法

盖挖法是指先施作基坑围护结构和架设临时路面，后在临时路面下方开挖土方，进行车站主体结构施工，最后再回填覆土及恢复路面。其中依据开挖和回填土方顺序的不同可具体分为顺作法、逆做法和半逆作法。该施工方法对周边环境和交通影响较小，通常适用于车站位于路中且允许短时封道、并对城市环境保护要求较高的区域。不足之处在于：场地空间狭小、出土不利、大型机械施工不便且工程造价较高（比明挖法高 20% 左右）工期也较长。由此可见，对于那些埋深较浅、施工空间狭窄及地面交通不允许长期占道的情况下采用盖挖法要比明挖法得体。

3. 暗挖法

暗挖法如同地下采矿一样，是指不挖开地面，全部在地下进行挖土和修筑衬砌结构的隧道施工方法。该法常用于地铁隧道穿越城市交通不允许中断地处，且不能采用明挖法或盖挖法时而用。它对不影响地面交通，也几乎不需要管线的改移，但与明挖或盖挖法相比，施工难度相对较大、工期较长、且造价也较高。然而对于那些经济较发达的城市，地处繁华地段的区域隧道建设，交通中断片刻就会对经济带来一定负面影响，此时综合利弊只能采用暗挖法。又由于暗挖施工方法较多，具体选用何种方法要依实际而定，笔者总结实践经验发现矿山法和盾构法应用较广，可作为施工首选。

由上可知，不同的地铁隧道施工方法使用范围及优缺点不尽相同。而城市地铁隧道工程的施工受城市道路交通、环境保护、水文地质、工程规模、施工机具、地面和地下障碍物、周围建筑物及工程造价等因素的影响。所以具体到工程实际，施工方法的选择应依据这些因素，并结合不同施工法的特点，进行全面的技术经济比较后再综合确定。通常城市地铁的兴建规模较大、距离较长，沿线遇到的情况多有不同，不同地段采用的施工方法也不尽相同。故实际中一条地铁隧道工程通常是多种施工方法的混合体。

二、地铁隧道工程施工技术措施

依据上述方法在确定了不同地段的施工方法并做好安全防护后，即可进入地铁隧道的施工阶段。由于地铁隧道工程是一项大规模的建设，各地段的施工情况不同，牵涉到的施工技术较多，需要注意的控制措施也很多。而文章字数有限不能详细一一论述，笔者就结合自身经验积累，择其几点简要论述如下：

1. 隧道超欠挖施工技术措施

施工中控制超欠挖现象是确保地铁隧道质量的首要问题。超欠挖控制得当能够有效保证开挖轮廓的圆顺和平整，减轻应力集中、避免局部塌落、加快施工进度，同时还能为喷锚支护提供良好施工条件。常见的施工控制措施有：

（1）重视控制测量的复合程序，加强施工控制测量，保证检验测量频率。

（2）开挖轮廓线时要考虑施工误差，设计预留围岩变形和拱顶沉降等因素。在设计轮廓线外要适当加大尺寸，衬砌轮廓线按设计轮廓线径向加大 5cm 考虑。

（3）因地质差引起隧道局部坍塌也是致使超欠挖的因素之一。所以，在施工中要严格进行喷锚支护，及时保证支护稳定、质量可靠，并在软弱土体地段缩短循环进尺开挖。

（4）运用科学的检测仪器，加强施工控制，减少超欠挖次数。如运用 BJSD-2 断面仪随时抽查超欠挖现象。若出现超欠挖现象要依据提供的实测断面图，详细分析原因所在，尽快采取措施解决。

2. 保护隧道基底的施工技术措施

隧道基地要具有足够的承载力，做好基地的防沉降工作至关重要。施工技术措施可按几点开展：保证基底底面无虚砟、积水及杂物等，控制基底完整无损，确保边墙底与基底顺接圆顺。确保基底开挖高程符合要求，保证每次开挖循环都用水准仪检测基底 4 到 6 点，并用激光自动断面仪测量周边轮廓断面，绘制断面图与设计断面核对。保证基底承载力符合要求，对土质基底采用动力触探、对石质基底采用现场目测鉴别法、由试验确定或设计给定击数标准等。仰拱混凝土或初期支护施工完毕后，用探地雷达对其检测，若发现随到基地有空洞等现象时，应及时采取基底注浆措施进行回填。

3. 喷射混凝土施工技术措施

喷射混凝土施工控制要从原料的养护入手，要将混凝土大堆料储放到储料棚内，避免露天堆放而使其淋雨或引起环境污染，及倒运材料时引起泥污染集料，而致使堵管或强度降低等现象的发生。施工中注意：喷射前先开风再送料，后开速凝剂阀门，确保混凝土搅拌程度以易黏结、回弹小、表面湿润光泽为标准。施工中应尽量运用新鲜的水泥（存放时间较长的水泥或将过期的水泥会严重影响喷射混凝土的凝结时间），并严禁随意增加速凝剂或防水剂掺量等。确保喷嘴与受喷面的距离、角度和喷射顺序适宜，通常是喷嘴与受喷坡面距离宜控制在 1 到 1.2 米内；喷嘴与受喷坡面垂直，有钢筋时角度放偏30° 左右；喷射顺序应自下而上，料束呈旋转轨迹运动，一圈压半圈，纵向按蛇形状移动喷射。

另外要注意：施工完毕后喷射混凝土应由专人进行喷水养护，以减少水化热引起开裂现象。若发现裂纹应及时进行观察和监测，确定开裂是否会继续发展，并找出解决措施。通常对不再继续发展裂纹的处理办法是在其附近加设土钉或加喷一层混凝土，以策安全。

4. 突水突泥的预防及处理技术措施

地铁隧道施工在易涌水地段常以堵为主，可用帷幕注浆法来封闭围岩，防止地下水涌出。对断层破碎带可采用小导管注浆对隧道四周和掌子面岩土进行固结堵水，要注意注浆加固范围应在遵循设计要求的基础上，加强初期支护防拱部及掌子面的承载力。对水量不大且含泥量不高的地段，可用以排为主，或先排后堵的施工技术措施（主要采用超前地质钻孔进行排水降压，在涌水量减小后，采用施工期间的疏导方法）。对注浆盲区或注浆后岩面渗漏水的处理宜用小导管法补注浆。

第三节　BIM 技术在地铁隧道工程施工中的应用

BIM 作为建筑行业、机械工程、电子设备等领域具有划时代意义的热点技术，在隧道建设中的应用，尚处于低水平的起步阶段。以往的建设经验表明，在隧道建设中引入BIM，可以实现隧道建设全过程信息共享、优化隧道生产方式和设计理念、提升隧道施工质量、保证隧道运营稳定，为隧道建设缩短工期和节约成本提供了有效的技术支持。而BIM 技术就是一项先进的技术方式，它能够帮助施工人员及时了解施工状态的变化；实现施工的实时可视化管理；有效地降低工程施工周期；提高施工单位的管理水平和经济效益，降低出现错误问题的概率，达到节约工程建设成本的目的。

一、BIM 技术的作用

地铁项目具备建设周期长、投资大、施工困难等特点，因此，施工单位为了保证施工质量和施工安全，需要运用 BIM 技术来实现地铁工程项目建设管理。因为 BIM 技术能够直接借助计算机建立数字化模型，构建出一个数字化、信息化、可视化的信息管理平台，能够有效地提高工程建设的管理水平，保证工程建设的质量。因此，通过引入 BIM 技术，能够分析地面的场地布置情况，做好地面的临时设施规划安排，例如，照明、消防等措施。同时，施工单位还需要结合施工进度来安排场地的规划使用，对需要变化的场地做好统筹规划管理，保证建筑物的空间布局得到优化。

二、BIM 技术在地铁隧道信息集成模式

更多招标项目要求工程建设的 BIM 模式。部分企业开始加速 BIM 相关的数据挖掘，聚焦 BIM 在工程量计算、投标决策等方面的应用，并实践 BIM 的集成项目管理。传统的项目信息管理传递效率较低，信息丢失情况普遍存在。在施工的不同阶段，信息需要结合项目对象的变化来进行无差别描述。BIM 技术能够将时间、造价、施工资源等形成有效的多维度信息管理，以集成化模式来计算施工的详细过程，减少不必要的额外消耗，推动工程施工的精密化发展。从功能要求来看，施工项目等大体量的项目需要精细建模和专业模型的整合，此时对于数据处理的要求会相对较高，BIM 平台也需要进行轻量化处理。此外，需要注意的问题在于，BIM 模型是一个展示实体，需要各种参数与属性的支撑，在施工管理的过程中也需要对现场施工数据进行采集，并将其转换为驱动模型数据源，才能发挥 BIM 技术的优势所在。所以，BIM 技术需要管理信息系统的支撑，并为企业的工作提供科学研究和决策管理的帮助。

三、BIM 技术在地铁隧道工程施工中的应用

1. 前期准备规划。前期准备规划体现在几个不同的方面。首先在人员配置方面，应该根据项目的需求差异和项目管理要求来确定合理的管理目标。配备的人员包括 BIM 组长、建模、计量和管理人员，具体的人员责任要明确到位。例如，组长的工作是协调总体工作的开展，做好现场信息沟通与数据交换的对接工作。另外在建模规则的构建方面，对于地铁项目类型的大型施工，每个模型文件建议在整合项目文件时进行项目名称的增加，且为了便于对各项工作的协同区分，可以通过对不同专业系统模型的处理来给予不同的模型颜色，便于快速进行识别。另一方面，建模人员首先需要结合施工图纸进行分析，结合图纸内容展开模型创建。创建结束后对模型进行审核，并将审核的结果交予建模人员加以修改和完善。如果材料和设备信息无法核对，那么在后期更改时的难度必然较大。此时，BIM 模型的准确度可以由建模团队分析审核意见后进行确定，结合施工蓝图确定是否要进行修改。

2. 技术方案优化。由于地铁隧道工程施工的难度较大，地质情况复杂，工程结构类型数量较多，按照设计资料的要求，区间穿越区域还会涉及地下管线与地上建筑物等各类问题，如何做好保护措施与专项方案的确定？是施工质量保障的前提。施工过程中利用 BIM

技术可以对施工方案进行设计选择，在设计阶段明确项目的全过程施工方案。例如在 BIM 模型中加入 CAD 设计图纸，便可以展示工程施工区域内的设备使用方案、供需选择要求等。所以，在获取施工方案后，可以对其进行技术优化，构建模拟信息模型，在了解工程细节的前提下利用模型进行计算，了解技术方案潜在的问题。例如，空间碰撞施工技术的应用。在实际的施工中，考虑到安装技术与温度要求，导管的架设需要保持一定的间距，如果间距不够，即便两者之间未发生直接碰撞，设计得不合理也必然导致质量问题。此时，BIM 技术可以在硬碰撞检查方面发挥作用，尤其是对设备管线与建筑结构部分的碰撞检查，通过构建三维模型，在虚拟环境下发现设计中存在的缺陷和错误，与设计单位进行沟通，减少后期结构施工的返工。

3.施工进度管理。BIM 技术与施工进度管理之间可以形成良好配合，让施工进度管理更加精密化。ITWO 平台下，施工方可以明确工期节点，在平台上直接部署施工计划与施工任务，然后将施工任务与模型进行关联，以此确定施工人员与施工设备数量，按照工程量需求来计算施工时间。通过 BIM 技术可以分析建筑的整体空间关系，提升施工布局的合理性，例如，可以通过链接各个模型，将办公设施、材料堆放地点与供电供水线路进行合理规划，按照不同的方案采取不同的布置模式，促进施工进度的合理规划。针对施工进度管理问题，项目流程和工序的控制可以直接利用 ITWO 平台来实现。在 BIM 技术下，可以对项目施工建造过程进行模拟，并让管理人员准确地掌握各个工序所需要消耗的成本与技术工种，将现场的实际进度输入模型当中，与计算数据进行对比后，模型会将进度差异以不同的颜色表示出来，以便于项目部了解哪些项目的进度出现了落后？哪些项目提前完成？对于资源配置与人员安排方面具有显著的促进作用。基于 BIM 技术的地铁隧道工程项目施工建设，能够最大程度地发挥出 BIM 技术的经济价值。可见，BIM 技术在实施过程中，不仅能够保证工程的施工质量，而且还能够提高施工的安全。因此，施工单位需要科学的使用 BIM 技术，构建虚拟仿真模型来实现工程的实时监控管理，保证工程的施工质量，避免复杂的事情简单化，简化的事情复杂化。基于地铁 BIM 技术应用在了地铁施工领域，实现了地铁工程的精细化和信息化以及可视化，有效地缩短了地铁建设的周期，有效地降低了地铁建设的成本，实现了企业的最大经济效益。

地铁隧道施工条件复杂，BIM 技术将整个施工隧道作为管理系统，综合考虑到了不同指标与不同工序之间的相互联系，为施工方案的科学合理规划提供了有效的依据。在未来的施工过程中，施工前就可以利用 BIM 模型来对工程施工进行合理指导，帮助施工方掌握项目的难点与具体流程，并协助做好工序制定与专项方案的管理，对施工过程展开动态监控，及时地对不同阶段的工程进度与施工方案进行优化。

第四节　地铁隧道工程防水关键技术

一、地铁防水施工原则

防水工程作为地铁工程的重要组成部分，其质量关系到地铁的运营和安全。施工中必须遵循以下原则：施工过程中，应结合工程水文地质条件，采用多种综合治理方法，了解和分析全封闭型等地铁的排水特性。施工中主要采用自防水技术，主要采用新型防水材料。选择高密度混凝土是为了提高自防水的可靠性。施工中注意施工缝和变形缝的处理，提高穿墙管道等特殊部位的防水施工。所用防水材料不仅应具有高防水强度和良好的性能，还要符合较高的力学性能和较强酸碱耐性及抗老化性；施工应选取无水条件，并结合降、排、截、堵等手段对各种地下水情况进行作业，以达到地方防水质量的永久性。

二、地铁施工工程防水关键技术

1. 混凝土结构自防水技术

混凝土结构自防水技术通常应用于混凝土围护结构。该技术的关键是在实际施工过程中逐步提高混凝土的密实度，有效地提高其防水效果。然而，为了提高混凝土的密实度，必须选择密实度好的混凝土原材料，确保其质量达标。此外，混凝土围护结构进行防水施工时，还应注意选用抗渗性和耐腐蚀性好的材料。此外，还能够在具体的施工过程中，合理添加减水剂与膨胀剂到混凝土当中，以实现混凝土强度的提高。在实施混凝土浇筑过程中，还能够添加适量缓凝剂来将混凝土离析的发生概率降低，延长其初凝时间。最后，完成混凝土施工后，还需重视做好混凝土的养护工作，切实根据相应要求来实施养护，切实提升整体混凝土结构的防水效果。

2. 实施附加防水施工技术

除混凝土结构防水施工技术外，附加防水施工技术也是防水技术之一。将附加防水技术应用到地铁工程施工中，采用不同防水材料，实现防水效果。依据防水部位可将其分为内防与外防，内防主要是指在工程结构中采用防水材质，如：水泥砂浆；外防材料则包括防水板、防水卷纸。

3. 变形缝防水技术

地铁工程施工过程中，隧道需要开挖，基坑开挖或给排水工程技术不到位，会导致渗水问题，变形缝的防水处理也是一个技术问题。在地铁工程中，变形缝容易出现细部渗漏，变形缝的宽度一般为20毫米左右；在防水施工中，应根据工程设计要求连续铺设柔性防水层。

在防水处理中，还可以对其应用二道防线，在变形缝设置背贴式止水带，但是二道防线要设置在混凝土模筑的外侧，防止止水带和防水混凝土之间出现突起的齿条，影响完全封闭，防水带和混凝土之间的空隙要进行真空密封，引出注浆导管 6-8m 左右。变形缝防水处理技术在地铁施工中的应用，还可以在地铁车站墙面上铺设柔性防水材料，减少地铁渗漏水对工程质量的影响。

4. UEA 无缝防水技术

地铁工程施工严格遵守相关规定，浇筑围护结构时必须设置浇筑接缝。具体设置时，每隔 30-40m 设置一个施工缝，并在完成后 2 个月填缝，以保证围护结构的施工质量。为了进一步提高防水能力，技术人员在进行防水作业时，应对混凝土结构的收缩应力增加膨胀应力，同时在后浇带处理时设置 2m 宽的加强带。在加强带的两侧设置钢丝网，防止其他强度等级的混凝土流入加强带，保证加强带的防水能力，从而达到 UEA 无缝防水效果。

在 UEA 无缝防水施工过程中，为了满足无缝防水要求，应当进一步提高防水标准，用以提高加强带防水能力。如设计前加强带混凝土中掺入的 UEA 膨胀混凝土比例约 10%，使用这一比例混凝土进行施工缝混凝土浇筑，但是到了加强带处，膨胀混凝土的浇筑比例应调整至 14%。地铁施工采用 UEA 无缝防水技术，可以实现超长的无缝结构混凝土连续浇筑，不仅能提高防水效果，还能提升工作效率，施工效果十分突出，可以积极推广其在地铁工程防水工作中应用，充分发挥 UEA 无缝防水技术优势，有效预防渗漏水。

5. 注浆管技术

注浆管是为施工缝部分产生注浆管道在两道膨胀嵌缝中设置的装置，其主要目的是达到注浆管里的浆对施工缝的空隙进行填补，更能增加其密实性。把注浆管固定在施工缝表面，通过一端导出一根注浆导管用于注浆，另一端也需导出一根注浆管用于排气，待降水停止后注浆管施工完成。注浆管的选择应该参考施工现场渗漏水量和裂缝尺寸。

6. 后浇带防水技术

后浇带防水技术在施工过程中，镀锌钢板的止水带使用的次数较多，止水带安装的位置一般是两侧接缝的中部位置；在背水面的一侧，靠近施工缝位置的平行钢板止水带的间距一般要控制在 20mm 以内，对间距的控制一定要严格，因为在 20mm 的间距内，能够埋置一些可重复的注浆管，在埋置注浆管的时候要注意注浆嘴的间距要控制在 8-13m 之间；在防水工程施工中，还要注意清理接缝表面的凿毛杂物，然后用界面剂进行涂刷，还要合理选择浇筑用的混凝土。

7. 吊装孔防水技术

在吊装孔施工过程中，为了提高防水效果，必须重视不透水段混凝土吊装孔的设计。具体设计应严格遵守相关设计规定和要求，预留混凝土层，其层厚约为 300 毫米。安装提升孔时，请安装止回阀。如果有漏水问题，拆下活动端并清理提升孔中的积水。吊装孔用焦油环氧树脂密封，通过截止阀和焦油环氧树脂的双重设置，增强防水效果，防止外部水进入管片内部，保护地铁工程施工不受影响。

第六章　地铁隧道施工安全管理

第一节　地铁工程施工安全风险管理

一、地铁工程施工的特点

首先，地铁工程的施工环境较为复杂，无论是车站还是轨道，大多位于人流密集或交通拥堵的地段，虽然在地铁工程建成后可以有效缓解该区域的交通负荷，但同时也给地铁工程的施工带来了诸多不便。比如，城市地下管道较为密集，相邻建筑物和交通设施距离较近，再加上地下河流、涵洞等因素的影响，所以地铁工程施工不仅要确保地下施工人员和设备的安全，而且要确保地面不坍塌，尽量减少对原有地下管道的破坏，这些因素都给地铁工程的施工带来很大的困难。

然后，地铁工程大多在市中心区域的地下进行，除了施工环境较为复杂外，工程工期追得紧，各种不可预见的因素较多，一旦现有施工技术和施工设备无法克服该困难，地铁工程还可能会面临临时修改路线或修改施工方法的情况，特别是在下穿交通线路的情况下，如何进行变形控制显得尤为重要，其一方面要考虑到地层结构和土质特点，另一方面要考虑到上部建筑的差异性，比如，公路、铁路或建筑物等，因此，对地铁工程的施工技术和工艺要求较为苛刻，一旦处理不当就容易引发安全事故。

最后，地铁工程的施工范围广，工程量大，施工时间要求短，这就大大提高了地铁工程的施工难度。特别是近些年，随着施工技术和新型材料的不断出现，使得地铁工程的施工速度得以提高，施工的难度也比之前大很多，这些因素就容易引发一系列的新问题。比如2011年天津地铁2号线突泥涌水导致盾构机被埋事故，直接造成地铁线路的改线施工；2013年成都地铁1号线盾构隧道偏差超限质量事故，直接造成经济损失近300万元；2014年南昌地铁1号线盾构机刀头磨破盾壳事件，虽未造成人员伤亡和财产损失，但影响到地铁工程的施工进程。

地铁安全事故的陆续发生已经给我们敲响了警钟，其不仅造成了人员伤亡情况和巨大的经济损失，在社会中造成了极大的不良影响，而且也从侧面反映出了地铁工程施工的问题，如果这些问题依然得不到重视，上述类似安全事故势必会不断出现。笔者希望以此来提醒大家吸取安全事故的教训，提高安全意识。强化施工管理，以切实保障地铁工程的施工安全。

二、地铁工程施工安全风险管理的现状分析

1. 风险管理缺乏整体规划

虽然《地铁工程施工安全评价标准》（GB 50715-2011）对地铁工程施工中的各个环节进行了整理和规范，有效提高了地铁工程施工的可行性和安全性。但是因为影响地铁工程施工安全的因素众多，加上地铁工程施工时间长、工程量大，这就使得参与地铁工程的施工单位较多，这些施工单位在相互合作和协同施工的同时，容易出现相互矛盾的情况，一旦施工单位出现意见分歧，就有可能提高地铁工程的施工风险，进而带来一系列意想不到的安全隐患。

2. 专业人才匮乏

相对于西方发达国家而言，虽然我国的基础设施建设得到了大力的开展，但是就地铁工程施工而言，其还处于摸索和起步的阶段，地铁工程施工风险管理队伍中存在人才储备不足的情况。从历史事故的调查原因中可以发现，大多数安全事故或多或少都存在疏忽大意和工作失职的情况，比如，地铁工程设计不合理，或者出现设计错误，加上会审人员没有及时发现，就容易给后续的地铁工程施工带来不可估量的问题。又如，施工现场的操作人员业务能力欠缺，因为操作失误而引发安全事故，或者监理单位工作不到位，使得地铁工程不符合工程质量要求，在投入使用后引发安全事故等。究其原因，还是在于专业人才的匮乏，特别是缺乏专业素质高，业务能力过硬，工作认真负责的高精尖人才。

3. 安全责任机制落实不到位

虽然地铁工程施工大多牵涉到设计单位、建设单位、施工单位、监理单位，但是在实际的安全责任落实方面，施工单位往往是最为主要的责任承担者，设计单位、建设单位、监理单位负次要责任。从上文的分析中可以发现，地铁工程施工的风险因素由多方引起，仅仅通过安全责任来约束施工单位行为是远远不够的。再加上地铁工程施工受到传统观念的影响，对安全风险管理还停留在经验型和事后型的粗放管理模式上，没有很好起到安全风险管理的预防控制作用，如果不能从全局考虑问题出现的根本原因，只是一味地临时应付，是杜绝不了安全事故发生的。

三、地铁工程施工安全风险管理的建议

1. 完善风险管理的整体规划

为确保地铁工程施工的安全顺利进行，就需要在施工前对整个工程项目进行研究，充分考虑到地铁工程施工中可能出现的难题和突发情况，对针对这些问题提前做好应对措施，

以有效降低地铁工程施工过程中的风险。而风险管理的整体规划可以根据单位具体的情况来进行完成，如果单位自己条件不允许，可以委托有能力的单位来对地铁工程的总目标、施工阶段进度和安全风险管理措施进行规划，确保安全风险管理的各项规章制度得以实施，便于后续的分工合作和责任落实。

2. 促进人员素质的提高

因为地铁工程施工过程中的突发因素多，这些因素给地铁工程质量带来了许多难以控制的安全问题。这也是地铁工程安全事故层出不穷的关键原因，基于此，就可以从以下三个方面来提高人员的素质，以确保地铁工程的施工质量。首先，在决策层方面，相关领导应该把地铁工程的质量和安全风险管理纳入到工程管理的重点内容中，在确保地铁工程实现经济效益和社会效益的同时，减少安全事故的发生。所以，相关领导应该加强对地铁工程施工专业知识和工程管理方法的学习，能够知人善用，把那些业务能力强、责任心强的人才提拔到技术岗位和管理岗位上来，以充分发挥出地铁工程中的人才效应。然后，在管理层方面，管理者要对安全风险管理工作的制度和岗位职责进行落实，加强各个部门之间的沟通和联系，实现对地铁工程施工安全风险的有效管理，并且通过事前、事中和事后的全方面风险管理来确保地铁工程施工的顺利进行。所以，管理者需要具备爱岗敬业的职责精神，充分掌握施工技术、质量验收的标准和现代管理理念，能够对地铁工程施工过程中的安全问题予以预防和控制。最后，在操作层方面，施工人员是地铁工程的实施者和安全风险管理的落实人，所以施工人员应该具备高度负责的精神和熟练的操作技能，这一方面需要相关领导和管理者身体力行，给施工人员树立好忠于职守和严肃认真的榜样；另一方面需要通过行之有效的管理方法来促使其工作认真负责，能够不断提高自身的专业知识和操作水平。比如，加强对施工人员的岗前培训，以提高他们的操作规范和安全意识，避免因人为因素给地铁工程施工造成安全隐患。

3. 安全责任的有效落实

为避免出现岗位责任落实不到人，或安全事故发生后相互"踢皮球"的情况发生，住房城乡建设部于 2015 年正式出台了《建设单位项目负责人质量安全责任八项规定（试行）》等四个规定的通知（建市 [2015]35 号），这四个规定明确对建设单位项目负责人、建筑工程勘察单位项目负责人、建筑工程设计单位项目负责人和建筑工程项目总监理工程师的质量安全责任进行了落实。比如，建设单位项目负责人需要负责地铁工程项目建设的全过程管理，对工程质量承担终身责任，在组织编制工程概算时，应当将地铁工程安全生产措施费用和工伤保险费用单独列支，并为勘察、设计、施工、工程监理等单位提供真实、准确、齐全的原始资料，地铁工程施工应当实行监理的工程，应当委托工程监理单位进行监理，加强对工程质量安全的控制和管理，不得违反地铁工程建设强制性标准，降低工程质量，不得以任何方式要求施工单位使用不合格或者不符合设计要求的建筑材料、建筑构配件和设备等。这就给地铁工程施工现场安全风险管理提供了纲领性的规定，需要多方进行学习和落实。

第二节　地铁隧道施工风险评估理论

地铁隧道风险评估是地铁工程风险管理的核心内容，是系统地识别工程风险和科学合理地管理风险之间重要的纽带，是决策分析的基础。风险评估的内容包括对风险进行分析和评价，对风险危害性及其处置措施进行决策。风险评估的过程可以描述为：对风险进行界定和风险辨识得出风险清单，在此基础上运用概率论和数理统计的方法进行风险估计（风险发生的概率估计和风险发生造成的损失估计），进而借此对风险等级进行评定，最后提出相应的风险处置措施。风险的辨识风险评估基础性工作，地铁施工风险事故的统计和分析为风险辨识提供数据依据。

一、地铁隧道施工安全风险评估相关理论

1. 地铁隧道施工风险概念

关于地铁施工风险的精确定义，目前学术界仍没有统一的说法。国际隧道协会（ITA）在《隧道风险管理指南》一文中定义风险为所识别的风险源发生的概率和影响后果的综合。《地铁及地下工程建设风险管理指南》一书将风险的定义为：如果存在与预期利益相悖的损失或不利后果（即潜在损失），或由各种不确定性因素造成对工程建设参与各方的损失。《城市轨道交通地下工程建设风险管理规范》一书将风险定义为：不利事件或事故发生的概率（频率）及其损失的组合。

虽然学术界学者对风险定义有所差异，但其均涉及了风险最基本的两要素，即风险发生的概率和风险造成的损失。有关风险的通用数学模型表达式如下：

$R = F(p, c)$

式中，R—风险；P—风险发生的概率；c—风险发生造成的损失。

该处地铁施工风险定义为：在地铁施工阶段，不利于安全施工的事件发生概率及事件发生造成直接或间接损失的综合。

2. 地铁隧道施工风险分析方法介绍

风险分析是风险评估的核心内容，其内容包括对风险进行界定、辨识和估计，采用定性或定量方法分析风险。风险分析方法主要有三种：定性的分析方法、定量的分析方法、定性定量结合的综合分析方法。其中，定性分析是以研究者的专业知识和实践经验为基础，对风险进行分析，得出的分析结果较为全面、且符合实际，是目前最为常用的风险分析方法。定量分析方法立足于实际的数据，用一定的手段和方法对风险进行分析，定量分析得出的结果较为客观，也更具说服力。定性定量结合的综合分析方法综合了两者的优点，在缺少数据的情况下得出的风险分析结果，分析结果具有相应的代表性。

表 6-2-1　常见的风险分析方法简介

方法类型	方法名称	说明	适用范围	优缺点
定性分析方法	专家评价法	根据事物的过去，现在及发展趋势，对事物的未来进行分析、预测	适用于对已有方案进行决策和判断，或从已有的几种方案中选择一种	优点：简单易行，能够对各种模糊的、不确定的问题做出较为准确的确定回答 缺点：受人主观因素的影响，从根本上讲还是"多数人说了算"的方法
	专家调查法（德尔菲法）	利用专家的经验、知识和智慧等分析不能数量化、带有较大模糊性的信息，通过多次信息交换而解决某个复杂问题的方法	只适用于对已有方案进行决策和判断，或从已有的几种方案中选择一种，而不能形成方案	优点：效率高，避免因权威作用或人数众多而压倒其他意见 缺点：专家不能当面交流，可能会剪除错误意见
	如果……怎么办法	该方法对凡是觉有危险性的目标，通过提出一系列"如果……怎么办"的问题，发现存在的危险、危害性及其程度	该方法即可适用于一个系统，又可以适用于系统中某一个环节，适用范围较广	优点：可以找出一个工程所存在的危险，提出消除或降低其危险的对策，结果醒目、直观 缺点：要求参与人员有扎实的专业知识和丰富实践经验，系统复杂时容易产生错漏
	失效模式和后果分析法（FMA）	从元件的故障开始逐次分析其原因、影响及应采取的对策措施	可用在整个系统的任何一级，常用于分析某些复杂的关键设备	优点：对于一个系统的失效模式进行详细分析并得到失效产生的后果 缺点：只能用于考虑非危险性失效，花费时间，一般不能考虑各种失效的综合因素
定量分析方法	层次分析法	复杂问题分解成几个级别层次和多重要素，通过较、判断和计算，得到各自的相对重要程度，最后确定项目的风险程度。	应用领域比较广阔，可以分析社会、经济以及科学管理领域中的问题	优点：有效地处理那些难于完全用定量来分析复杂问题，简洁实用 缺点：只能进行方案优选，不能生成方案，人的主观判断，选择对结果影响大
	蒙特卡洛法	首先建立一个概率模型或随机过程，通过对模型或过程的观察或抽样试验来计算所求参数的统计特征，最后给出所求解的近似值	这种方法既有对项目结构的分析，又有对风险因素的定量评价，因此比较适合在大中型项目中应用	优点：风险因素得到更具体量化，有效发挥专家作用，可用计算机计算 缺点：建模困难，没计入风险因素间影响，结果可能偏小

方法 类型	方法 名称	说明	适用范围	优缺点
定量 分析 方法	等风险 图法	这种方法把已识别的风险分为低、中、高三类。根据项目失败和成功的概率，估算项目失败的后果和成功的后果	该方法适应于对结果要求精度不高，只需要进行粗略分析的项目	优点：方便直观、简单有效，根据风险发生概率和风险后果，就可直接得到其风险系数 缺点：不易得到风险发生概率和风险后果两个变量的值
	控制区间记忆模型（CIM）	该方法用直方图代替变量的概率分布，用"和"代替函数积分，求解风险概率	该模型适用于结果精度要求不高的项目，且只适用于变量间相互独立或相关性可以忽略的项目	优点：风险因素；量化过程变得简单、直观、并且易于实现概率的加法和乘法计算 缺点：结果的精确度与所取区间大小有很大关系，若所取区间较大，得到结果精确度不高
	神经网络法	它不需要设计任何数学模型，只靠过去的经验来学习，对相应数据进行预测	预测问题，原因和结果的关系模糊的场合；模式识别，设计模糊信息的场合；组合数量非常多，实际求解几乎不可能的场合	优点：具有很强的学习能力，抗故障性和并行性 缺点：计算量很大，当样本大，神经网络所含神经元数量多时更是如此
	模糊数学综合评判法	应用模糊变换原理和模糊数学的基本理论，考虑与评价事物相关的各个因素，从而科学的得出评价结论	模糊综合评判方法适应于任何系统的任何环节，其适应性比较广	优点：简单易行，是对多因素，多层次的复杂问题评判效果比较好的方法，适用性比较广 缺点：隶属函数或隶属度的确定、评价因素对评价对象的权重的确定都有很大的主观性
	主成分分析法	利用降维的思想，把多指标转化为少数几个综合指标的多元统计方法	主成分分析法可适用范围各个领域，但运用主成分分析模型得到的综合评估值在比较相对大小时才有意义	优点：降维处理，计算简单，个别样本对主成分影响不大 缺点：评价标准的不可继承性，评价工作的盲目性，需借助较多的统计资料

续　表

方法类型	方法名称	说明	适用范围	优缺点
定性定量分析方法	事故树法	一种描述事故因果关系的有向逻辑树，它能对各种系统的危险性进行识别评价	FTA的应用比较广，非常适合于重复性较大的系统。可用于工程或设备的设计阶段、在事故查询或编制新操作方法，用于直接经验较少的风险辨识	优点：为人们提供设法避免或减少导致事故基本原因的线索，从而降低事故发生的可能性 缺点：步骤繁多，计算复杂，容易产生疏漏
	事件树法（决策树法）	是一种从原因到结果地自下而上的分析方法	可以用来分析系统故障、设备失效、工艺异常、人的失误等，应用比较广泛	优点：层次清楚，阶段明显，可以进行多阶段，多因素复杂系统中事故发展的预测 缺点：在国内外数据较少，工作量大，容易产生疏漏和错误
定性定量分析方法		变量间的相互作用关系可以通过图形的形式表现出来，决策分析提供依据及基础。	影响图方法与事件树法适用性类似，由于影响图方法比事件树法有更多的优点，因此，也可以应用于较大的系统分析	优点：计算机实现的正规数量化分析的手段，能够清晰的表示变量之间的时序关系、信息关系和概率关系 缺点：概率分布往往是根据经验得到的，或者是主观的估计，难以确切给出变量的自身的概率和变量间条件概率
		它是将决定危险事件的风险的两种因素—风险严重度（S）风险可能性（P），按其特点划分为相对的等级，形成一种风险评价矩阵，并赋予一定的加权值来定性衡量风险大小	可适用于整个系统，又可以适用于系统中某一环节	优点：简单、灵活 缺点：要参照过去经验和有关故障资料，主观性较强

3.地铁隧道施工风险分析方法选择

自从风险管理引入到工程建设领域以来，风险分析方法得到世界各学者的不断研究，发展至今已经有几十种之多。不同的风险分析方法的适用范围有所差异，所以，我们需要对地铁施工涉及的内容进行研究并找出合适的风险分析方法。大量的不确定性和模糊性是地铁工程的固有特点，因此，可考虑开展模糊数学、灰色系统理论、神经网络等理论与传统风险分析方法结合的研究，开展地铁施工安全风险评估的研究。结合神经网络分析方法的优点，综合考虑，此处决定采用BP神经网络分析法进行地铁施工安全风险概率和损失的估计。

（1）BP神经网络的介绍

人工神经网络是一种通过模仿人类大脑中枢纽系统神经元之间互相联系，采用数学和物理方法来进行计算的信息处理技术。大脑的学习过程就是神经元之间的连接强度随外部激励信息自适应的调整过程。这就是一般神经网络通用建模方法的生物学依据，在建模过程中，先构筑合适的网络结构，固定处理单元（神经元）的数目，然后通过不断改变神经元（处理单元）间的连接强度来对网络进行训练，优化网络性能，最终实现网络的应用目标。BP神经网络算法（Back Propagation，BP）是目前应用最为广泛且较成功的一种算法，它采用非线性连续变换函数，使隐含层神经元具有学习能力，从而使该网络在各方面获得了成功的应用。BP神经网络具有以下几个特点：①对于所要解决的问题，BP神经网络并不需要预先设计数学模型来进行计算，而只需给它若干训练实例，它就可以通过学习来完成，这是它的一个显著特点；②具有自适应能力，可从外部环境中获取信息来不断完善自己；③具有很强的容错性，当系统接受了不完整信息时仍能给出正确的解答；④具有较强的识别能力，善于联想、类比和推理。

（2）BP神经网络原理

BP神经网络以神经元之间的联系为基础，神经元从邻近其他神经元接受信息，同时也向邻近其他神经元发出信息，整个网络的信息处理是通过神经元之间的相互作用来完成的。BP神经网络算法（下称BP算法）的基本思想是，采用有指导的学习方式进行训练和学习，信息从输入层个神经元获取，经隐含层神经元作用，向输出层传播，在输出层的个神经元获得网络的输出信息。通过比较输出层个神经元的实际输出与期望输出，获得二者之间的误差，然后按照减小误差的方向，从输出层经各个隐含层并逐层修正各个连接权值和阈值，最后回到输入层。此过程不断重复进行，直到网络输出的误差减少到可以接受的程度，或进行到预先设定的学习次数为止。

4. 地铁隧道施工安全风险评估内容

《城市轨道交通地下工程建设风险管理规范》对风险评估定义：对风险进行分析和评价，对风险危害性及其处置措施进行决策。该处对地铁隧道施工安全风险评估研究主要从以下三方面内容进行：

（1）地铁隧道施工风险分析。对地铁施工事故进行调研，分析事故的特征和原因，同时调查研究与风险事件相关的数据和资料，并利用专家调查问卷等方式，完成对风险的界定和风险辨识，确定风险源及风险因素。在确定风险清单基础上，利用BP神经网络分析法估算风险发生概率和风险损失，完成风险估计工作。

（2）地铁隧道施工风险评价。在确定风险概率和风险损失基础上，根据《城市轨道交通地下工程建设风险管理规范》规定的风险等级标准，对风险进行等级评定。

（3）地铁施工风险控制。根据风险等级制定相应的风险处置措施及应急预案。

二、地铁施工事故统计分析

1.地铁施工事故统计

事故资料数据的收集来源包括：国家安全生产监督管理总局网站、国内外相关学术论文、地铁相关书籍、问卷调查以及事故新闻快报等。对收集事故资料的相关信息，运用柱状图、饼图、相关性分析等手段进行统计分析。

对国内各大修建地铁城市的 192 起地铁隧道施工事故进行统计，得到以下 9 种主要事故类型，按事故发生率由高到低，分别为坍塌、地表塌陷、水害、机械事故、管线破坏、其他、火灾、物体打击、爆炸等。192 起地铁隧道施工各类事故起数统计见表。为了更细致地分析隧道施工事故发生的基本规律及其损失后果，结合事故调查资料，对隧道施工事故进行详细分类，见表。

表 6-2-2　地铁隧道施工事故统计表

事故类型	坍塌	地表坍塌	水害	机械事故	管线破坏	水灾	物体打击	爆炸	其他	总计
事故个数	68	36	25	22	13	8	6	4	10	192
比例	35.42%	18.75%	13.02%	11.46%	6.77%	3.13%	3.13%	2.08%	5.21%	

表 6-2-3　地铁隧道施工事故分类表

事故基本类型	详细分类	事故基本类型	详细分类
坍塌	支护结构坍塌	水害	结构渗漏水
	基坑失稳坍塌		涌水
	坑内滑坡坍塌		渗流破坏
	区间隧道塌方	管线破坏	管线破坏
地表塌陷	路面沉降	物体打击	物体打击
	建筑倾斜	火灾	火灾
	建筑倒塌	爆炸	爆炸
机械事故	龙门吊倾覆	其他	其他
	机械坠落		

统计分析表明：地铁隧道施工事故中以坍塌和地表塌陷事故发生最为频繁，分别占事故总数的 35.42% 和 18.75%；其次是水害和机械事故，分别占事故总次数的 13.02% 和 11.46%。由于统计数据的不完全性，各事故占比与实际有一定出入，但参考工程实践和已有研究成果，其总体趋势是可靠的。

2.典型地铁施工事故影响因素分析

地铁隧道施工事故的发生原因多种多样，要从根本上减少和避免隧道工程的施工安全风险事故，就必须认真分析总结各类典型事故的原因，明确事故影响因素。

（1）坍塌

1）坍塌事故综述

地铁施工坍塌事故一般指基坑或隧道本身及其构造物在施工过程中发生的倒塌事故。地铁施工坍塌事故主要有以下类别：①基坑围护结构坍塌；②基坑钢支撑失稳引起的坍塌；③基坑内土体滑坡；④区间隧道塌方。

2）地铁施工坍塌事故原因

运用鱼骨图分析法对地铁施工中造成坍塌的原因从工程自身因素、环境因素、工程地质因素、勘察设计因素、施工技术因素、管理因素等6个方面。

（2）地表塌陷

1）地表塌陷事故综述

地铁施工地表塌陷事故一般指基坑或隧道开挖时，其周边地表沉降及由地表沉降引起的建筑倾斜甚至倒塌事故。地铁施工地表塌陷事故主要有以下类别：①路面沉降；②地表沉降引起的建筑倾斜；③地表沉降引起的建筑倒塌。

2）地铁施工地表塌陷事故原因

运用鱼骨图分析法对地铁施工中造成地表塌陷的原因从工程自身因素、环境因素、工程地质因素、勘察设计因素、施工技术因素、管理因素等6个方面。

（3）水害

1）水害事故综述

地铁施工水害事故一般指基坑或隧道开挖时，其自身结构发生渗漏水或者涌突水等事故。主要有以下类别：①结构渗漏水；②涌突水；③渗流引起基坑或隧道结构破坏。

2）地铁施工水害事故原因

运用鱼骨图分析法对地铁施工中造成水害的原因从工程自身因素、环境因素、工程地质因素、勘察设计因素、施工技术因素、管理因素等6个方面。

（4）管线破坏

1）管线破坏事故综述

地铁施工水害事故一般指基坑或隧道开挖时，其自身结构发生渗漏水或者涌突水等事故。地铁施工水害事故主要有以下类别：①市政水管（自来水、消防、污水等水管）破裂；②市政线缆（通信、交通信号等线缆）破坏；③军用线缆破坏。

2）地铁施工管线破坏事故原因

运用鱼骨图分析法对地铁施工中造成管线破坏的原因从环境因素、勘察设计因素、施工技术因素、管理因素等4个方面。

3. 事故统计分析意义

通过对国内地铁施工事故案例的统计和风险成因分析，为风险辨识提供客观有效的数据。地铁施工风险事故的统计分析，可由有效的归纳总结风险类型和风险因素，为地铁施工风险评估体系的建立提供参考。同时，为 BP 人工神经网络法在地铁施工安全风险评估的应用提供训练样本数据。

第三节　地铁隧道施工安全风险评估模型

地铁隧道施工安全风险评估模型建立流程可描述为：根据地铁施工事故调研资料，并结合专家问卷调查和相关文献资料，确定评估对象和风险因素、建立风险评估体系。采用 BP 神经网络法建立地铁施工风险概率模型和风险损失模型，估算风险发生可能性和风险损失。根据《城市轨道交通地下工程建设风险管理规范》规定的风险等级标准，对风险进行等级评定。

一、地铁隧道施工安全风险评估指标体系构建

构建地铁隧道施工安全风险评估指标体系是建立地铁隧道施工安全风险评估模型的基础工作。在地铁施工事故统计分析基础上，以某地铁工程施工安全风险为研究对象，结合现场资料调研、专家意见及其他学者研究成果，建立了地铁隧道施工安全风险评估指标体系。

1. 地铁隧道施工安全风险评估指标体系构建步骤

构建地铁隧道施工安全风险评估指标体系的步骤如下：①收集大量的文献资料，包括地铁施工事故统计分析资料、专家意见、现场调研的工程资料、相关学者的研究成果等；②根据收集的文献资料，结合地铁隧道施工特点，对地铁施工风险事件和风险因素分类分析，根据相关规范和专家意见，确定重大风险评估指标（风险事件）和风险因素指标；③将不同的风险评估指标与相应风险因素搭配组合，建立地铁隧道施工安全风险评估指标体系。

建立指标体系一般有专家评定法和数据统计分析法两种。专家评定法主要依据专家经验知识来确定指标，适用于资料有限的情况；数据统计分析法适用于具有定量评价指标的被评价对象。

2. 地铁隧道施工安全风险评估指标体系构建原则

构建一个完整、科学、合理的指标体系是得到准确风险评估结果的保证。因此，为了保证评估结果的精确合理，评估指标的选取应遵循以下原则：

（1）完整性原则。地铁隧道施工环境复杂多变、涉及的风险因素众多，在选取风险指标时，必须考虑到所有风险，才能最大限度地降低工程风险。

（2）可靠性原则。风险评估指标能够客观准确地反映工程中存在的风险，其选取必须是真实有效的，增加风险评价的可信度。

（3）代表性原则。地铁施工涉及多种风险因素，选取的风险评估指能够代表这些因素，降低评价过程的复杂度。

（4）多层次性原则。地铁施工风险因素体现在"人、机、料、法、环"五个方面，这些因素之间交叉影响，选取风险指标时应理顺关系、逐级筛选，使指标体系结构明了、层次清晰。

（5）协调性原则。风险指标的选取必须与现行规范、相关政策等吻合。

（6）可操作性原则。风险评估指标应能用定性或定量的方法对其进行量化，可操作性好，数据统计容易。

3.地铁隧道施工安全风险评估指标体系

地铁隧道施工安全风险评估指标体系由风险事件指标和风险因素指标组成。地铁隧道包括地铁区间隧道和地铁车站两部分，浅埋地铁车站施工方法常采用明挖法，区间隧道施工方法主要采用盾构法和矿山法。本节针对明挖法、盾构法和矿山法三种施工方法的特点，分别建立明挖法施工安全风险评估指标体系、盾构法施工安全风险评估指标体系和矿山法施工安全风险评估指标体系。

（1）明挖法施工安全风险评估指标体系

通过施工事故调研，并结合相关规范、专家意见和其他学者的研究成果，明挖法施工主要风险事件有：基坑失稳、地表塌陷、涌水、管线破坏、基坑降水等5项。主要风险因素可分为7类：工程自身因素、工程地质因素、勘察设计因素、环境因素、施工技术因素、管理因素、其他因素等，明挖法隧道施工风险事件和施工风险因素如下：

1）风险事件

①基坑失稳。主要指基坑钢支撑失稳引起基坑坍塌，基坑围护结构局部失稳引起的基坑坍塌，坑内土体滑坡造成的基坑结构破坏等；

②地表塌陷。主要指基坑周围路面沉降，地表沉降引起建筑倾斜甚至倒塌等；

③涌水。主要指基坑围护结构涌突水，涌水引起基坑坍塌等；

④管线破坏。主要指水管、煤气管、通信线缆等市政管线及军用线缆破坏；

⑤基坑降水。主要指车站基坑降水不及时或降水效果不好引起的基坑周围地表沉降、围护结构开裂、地基下沉等事故。

2）风险因素

①工程自身因素

a.基坑深度。基坑深度决定基坑侧向水平受力的大小，基坑深度越深，围护结构受力越大，同时施工复杂程度也增加，是决定基坑结构稳定的重要因素。

b. 基坑面积。基坑的占地面积越大，施工作业面越多、施工工期长，施工过程中易发生局部支护强度不够，支护不及时等，同时钢支撑的长度越长，越不利保持稳定。

②工程地质因素

a. 不良地质。断层破碎带、岩溶、软土、黄土、煤矿采空区、砂卵石地层等不良地质给施工造成极大困难，同时不良地层对结构受力带来不利影响。

b. 地下水。地下水越丰富，围护结构受到的水压力越复杂，同时结构受到周围水环境的侵蚀作用，容易导致结构渗漏水，甚至涌水涌泥破坏。

c 地质条件。地质条件只要指岩体的完整性，岩体完成性越差，自稳能力越差，越不利于结构的受力，是影响结构安全稳定因素之一。

③环境因素

a. 天气情况。天气的阴晴，降雨量的大小，都会引起地下水的变化，对基坑的降水和防水都会带来影响，进而引发结构受力的变化。

b. 临近建筑。临近建筑主要指地面楼房（居民楼、文物单位等）建筑物，地铁施工与邻近建筑之间的相互作用是一个复杂的土与结构的动态相互作用问题。建筑物与施工基坑的距离越小、受力越不利，结构越容易发生破坏，同时也容易引起建筑的破坏。

c. 临近江河。江河与地下水组成复杂的系统，基坑临近江河容易发生结构渗漏水、涌水等问题。

d. 临近桥梁。施工时对周围土体造成扰动，引起其应力场的变化，极易对周围邻近桥梁桩基造成不良影响，引起桥梁沉降甚至倒塌。

e. 临近管线。临近管线主要指水管、各类市政及军用线缆、煤气管道等管线，施工过程中对管线周围环境造成扰动，易引起破坏。

④勘察设计因素

a. 勘察情况。地质勘察内容越详细，勘察范围越大，越有利于设计的合理，同时勘察单位的资质越高，勘察的结果越可靠。

b. 设计合理度。设计的内容括支护类型、支护参数等，支护类型、支护参数的不合理容易引起基坑的失稳破坏。

⑤施工技术因素

a. 施工缺陷。盾构法施工缺陷主要有支护强度不足、结构防水缺陷、未按照设计施工等施工存在的缺陷。

b. 支护时机。合适的支护时机可以保证围护结构稳定、受力合理，过晚的支护时机容易引起结构受力不合理而引起地表不均匀沉降、结构开裂、甚至坍塌等问题。

c. 注浆情况。对基坑周围地层注浆可以加固地层，改善地层条件，有利于基坑周围均匀受力，同时也可以起到对水的堵截作用，注浆效果的好坏直接影响结构及其周围地层受力的合理性。

⑥管理因素

a.现场组织。合理的现场组织，施工作业有序进行，可以保证施工的顺利进行，减少盲目施工造成的事故。

b.监控量测。监控量测的数据反映结构的稳定性，当数据出现异常时及时采取相应措施控制，保证结构的稳定。精确和及时的测量是防患事故于未然的重要保证。

⑦其他因素

其他风险因素主要指自然灾害（地震、洪水、暴雪、泥石流等）、明挖法施工不常见的风险因素、不易量化的因素、影响程度小的因素以及未考虑到的因素。

（2）盾构法施工安全风险评估指标体系

通过施工事故调研，并结合相关规范、专家意见和其他学者的研究成果，盾构法施工主要风险事件有：盾构掘进风险、地表塌陷风险、涌水风险、管线破坏风险、盾构机事故等5项。主要风险因素可分为7类：工程自身因素、工程地质因素、勘察设计因素、环境因素、施工技术因素、管理因素、其他因素等。盾构法隧道施工风险事件和施工风险因素如下：

1）风险事件

①盾构掘进风险。盾构掘进掌子面塌方、盾构掘进时土体仓坍塌、盾构机对地层不适应性等等盾构机掘进引发的事故。

②地表塌陷。主要指地表路面沉降，地表沉降引起建筑物倾斜甚至倒塌等。

③涌水。主要指隧道掌子面涌水，涌水引起的隧道塌方等。

④管线破坏。主要指水管、煤气管、通信线缆等市政管线及军用线缆破坏。

⑤盾构机事故。主要指盾构机掘进过程中盾构机卡头、盾构刀盘损坏、等盾构机不能正常工作的事故。

2）风险因素

①工程自身因素

a.隧道断面。隧道断面越大，不利于隧道结构受力、施工难度越大、施工工序越复杂、施工作业面大、易发生坍塌事故。

b.隧道埋深。城市地铁隧道埋深基本属于浅埋类型，隧道上覆岩体的厚度是影响支护结构受力体系的主要因素之一。

c.隧道曲率。盾构机转弯时存在超挖现象，对隧道结构体系受力不利，同时也不利管片拼接，对盾构准确掘进也是考验。

d.隧道坡度。盾构机在坡度段掘进时易发生盾构机头部滑落或错动，导致周围土体发生扰动，引起地表变形。

②工程地质因素

a.围岩级别。隧道围岩级别是隧洞结构受力稳定的重要影响因素，由于围岩具有自稳能力，围岩级别越好，越有利于隧道结构体系受力。

b.不良地质。断层破碎带、岩溶、软土、黄土、煤矿采空区、砂卵石地层等不良地质给施工造成极大困难，同时不良地层对结构受力带来不利影响。

c. 地下水。地下水越丰富，围护结构受到的水压力越复杂，同时结构受到周围水环境的侵蚀作用，容易导致结构渗漏水，甚至涌水破坏。

③环境因素

a. 下穿建筑。下穿建筑主要指地面楼房（居民楼、文物单位等）、既有铁路等建筑物，地铁施工与下穿建筑之间的相互作用是一个复杂的土与结构的动态相互作用问题。建筑物与施工基坑的距离越小，受力越不利，结构越容易发生破坏，同时也容易引起建筑的破坏。

b. 下穿江河。江河与地下水组成复杂的系统，隧道下穿江河容易发生结构渗漏水、甚至涌水破坏等问题。

c. 下穿桥梁。地铁施工对周围土体造成不同程度的扰动，引起其应力场的变化，对邻近桥梁桩基的受力稳定性造成不良影响，引起桥梁沉降甚至倒塌。

d. 下穿管线。管线主要指水管、各类市政及军用线缆、煤气管道等管线，施工过程中对管线周围环境造成扰动，易引起破坏。

e. 穿越障碍物。地铁穿越障碍物主要有桩基、地下停车场等地下建筑，复杂的相互作用发生于地铁施工与穿越建筑之间，该过程是动态的，容易发生结构破坏等事故。

f. 小净距隧道。隧道与隧道之间距离小，施工时对隧道间共同土层扰动，引起应力重分布，不利于结构的稳定。

④勘察设计因素

a. 勘察情况。地质勘察内容越详细，勘察范围越大，越有利于设计的合理，同时勘察单位的资质越高，勘察的结果越可靠。

b. 设计合理度。设计方案、支护类型、支护参数等是设计的主要内容，设计参数的不合理容易引起结构受力不合理而引发的盾构机掘进事故、涌突水破坏等事故。

⑤施工技术因素

a. 施工缺陷。盾构法施工缺陷主要有支护强度不足、结构防水缺陷、未按照设计施工等施工存在的缺陷。

b. 注浆情况。对围岩注浆可以加固地层，改善围岩条件，有利于管片周围均匀受力。同时也可以起到对水的堵截作用，注浆效果的好坏直接影响结构及其周围地层受力的合理性。

c. 支护时机。合适的支护时机可以保证支护结构稳定、受力合理，过晚的支护时机容易引起结构受力不合理而引起地表不均匀沉降、结构开裂、甚至坍塌等问题。

⑥管理因素

a. 监控量测。监控量测的数据反映结构的稳定性，当数据出现异常时及时采取相应措施控制，保证结构的稳定。监控量测的精确性和及时性是防患事故于未然的重要保证。

b. 超前预报。隧道施工是一个动态过程，施工时需要根据隧道的具体情况修改相应的设计参数，超前地质预报的情况与实际地质情况的差异影响设计的合理度，从而对隧道结构的稳定性产生影响。

c. 现场组织。合理的现场组织，施工作业有序进行，可以保证施工的顺利进行，减少盲目施工造成的事故。

⑦其他因素。

其他风险因素主要指自然灾害（地震、洪水、暴雪、泥石流等）、盾构法施工不常见的风险因素、不易量化的因素、影响程度小的因素以及未考虑到的因素。

（3）矿山法施工安全风险评估指标体系

通过施工事故调研，并结合相关规范、专家意见和其他学者的研究成果，矿山法施工主要风险事件有：塌方、地表塌陷、涌水、管线破坏、瓦斯、岩爆等 6 项。主要风险因素可分为 7 类：工程自身因素、工程地质因素、勘察设计因素、环境因素、施工技术因素、管理因素、其他因素等。矿山法隧道施工风险事件和施工风险因素如下：

1）风险事件

①塌方。主要指开挖引起的掌子面坍塌、钢拱架破坏倒塌等隧道塌方事故。

②地表塌陷。主要指路面沉降、地表沉降引起建筑物倾斜甚至倒塌等。

③涌水。主要指隧道掌子面涌突水破坏、突泥破坏、涌突水引起的塌方等。

④管线破坏。主要指水管、煤气管、通信线缆等各类市政管线及军用线缆破坏。

⑤瓦斯。主要指由瓦斯引起的中毒、爆炸等。

⑥岩爆。主要指掌子面岩石突然爆裂引起的塌方、人员伤亡等。

2）风险因素

①工程自身因素

a. 隧道断面。隧道断面越大，不利于隧道结构受力，施工难度越大、施工工序越复杂、施工作业面大，易发生坍塌事故。

b. 隧道埋深。城市地铁隧道埋深基本属于浅埋类型，隧道上覆岩体的厚度是影响支护结构受力体系的主要因素之一。

②工程地质因素

a. 围岩级别。隧道围岩级别是隧洞结构受力稳定的重要影响因素，由于围岩具有自稳能力，围岩级别越好，越有利于隧道结构体系受力。

b. 不良地质。断层破碎带、岩溶、软土、黄土、煤矿采空区、砂卵石地层等不良地质给施工造成极大困难，同时不良地层对结构受力带来不利影响。

c. 地下水。地下水越丰富，围护结构受到的水压力越复杂，同时结构受到周围水环境的侵蚀作用，容易导致结构渗漏水，甚至涌水涌泥破坏。

③环境因素

a. 瓦斯。瓦斯隧道的施工过程中，由于存在着瓦斯突出和爆炸的隐患，给施工带来安全隐患。

b. 有害气体。隧道内的有害气体可能对施工器具造成腐蚀，给施工人员带来危害。

c. 下穿建筑。下穿建筑主要指地面楼房（居民楼、文物单位等）、既有铁路等建筑物，地铁施工与下穿建筑之间的相互作用是一个复杂的土与结构的动态相互作用问题。建筑物与施工基坑的距离越小，受力越不利，结构越容易发生破坏，同时也容易引起建筑的破坏。

d. 下穿江河。江河与地下水组成复杂的系统，隧道下穿江河容易发生结构渗漏水、甚至涌水破坏等问题。

e. 下穿桥梁。地铁施工对周围土体造成不同程度的扰动，引起其应力场的变化，对邻近桥梁桩基的受力稳定性造成不良影响，引起桥梁沉降甚至倒塌。

f. 下穿管线。管线主要指水管、各类市政及军用线缆、煤气管道等管线，施工过程中对管线周围环境造成扰动，易引起破坏。

g. 小净距隧道。隧道与隧道之间距离小，施工时对隧道间共同土层扰动，引起应力重分布，不利于结构的稳定。

④勘察设计因素

a. 勘察情况。地质勘察内容越详细，勘察范围越大，越有利于设计的合理，同时勘察单位的资质越高，勘察的结果越可靠。

b. 设计合理度。设计方案、支护类型、支护参数等是设计的主要内容，设计参数的不合理容易引起结构受力不合理而引发的掌子面塌方事故、涌突水破坏等事故。

⑤施工技术因素

a. 施工缺陷。盾构法施工缺陷主要有支护强度不足、结构防水缺陷、未按照设计施工等施工存在的缺陷。

b. 注浆情况。对围岩注浆可以加固地层，改善围岩条件。有利于管片周围均匀受力，同时也可以起到对水的堵截作用，注浆效果的好坏直接影响结构及其周围地层受力的合理性。

c. 支护时机。合适的支护时机可以保证支护结构稳定、受力合理，过晚的支护时机容易引起结构受力不合理而引起地表不均匀沉降、结构开裂、甚至坍塌等问题。

⑥管理因素

a. 监控量测。监控量测的数据反映结构的稳定性，当数据出现异常时及时采取相应措施控制，保证结构的稳定。监控量测的精确性和及时性是防患事故于未然的重要保证。

b. 超前预报。隧道施工是一个动态过程，施工时需要根据隧道的具体情况修改相应的设计参数。超前地质预报的情况与实际地质情况的差异影响设计的合理度，从而对隧道结构的稳定性产生影响。

c. 现场组织。合理的现场组织，施工作业有序进行，可以保证施工的顺利进行，减少盲目施工造成的事故。

⑦其他因素

其他风险因素主要指自然灾害（地震、洪水、暴雪、泥石流等）、矿山法施工不常见的风险因素、不易量化的因素、影响程度小的因素以及未考虑到的因素。

二、地铁隧道施工安全风险评估模型

采用 BP 算法估算风险发生的概率和损失，然后参考风险等级标准评定风险概率等级和风险损失等级，最后根据风险概率等级和风险损失等级参考风险等级标准评定风险等级。

1. 明挖法施工风险评估模型

根据前面确定明挖法施工安全风险评价体系，运用 BP 神经网络建立明挖法施工安全风险评估模型。模型建立步骤如下：

根据工程情况，选取风险评估指标并确定风险评估指标涉及的风险因素。将风险因素作为 BP 神经网络输入层，风险评估指标概率等级量化值和损失等级量化值作为 BP 神经网络输出层。设输入层神经元为 h，隐层神经元为 i，输出层神经元为 j；用 nh、ni、nj 分别表示输入层、隐层和输出层的节点数；θ_i、θ_j 分别为隐层节点 i、输出层节点 j 的阈值；w_{hi} 为输入层节点与隐层节点间的连接权值，w_{ij} 为隐层节点与输出层节点间的连接权值；各节点输入值为 x，输出值为 y，nk 为样本数目。

（1）确定输入节点内容。输入层内容为明挖法评估指标对应的风险因素量化值 $\{x_h\}$，其量化值，按照风险因素量化标准进行取值，取值范围（（0-1）。则输入层 $\{x_h\}$：

$$\{x_h \mid h=1\text{-}nh\} = \left\{\begin{array}{l} \text{基坑深度、基坑面、积坑不良地质良地质、地下质条件、} \\ \text{天气情况、临气情况、临近江河、邻近桥梁、临近管线、} \\ \text{勘察情况、设察情况、施工缺陷、支护施工、注浆、注浆} \\ \text{现场组织、监控量测、其它} \end{array}\right\}$$

输入节点数 nh 及输入内容根据评估指标内容和工程实际情况来确定，其值为各风险因素量化值，取值范围（0-1）。

（2）确定输出节点内容。输入层内容为选定的明挖法风险评估指标概率等级和风险损失等级对应的各自量化值 $\{y_j\}$，取值范围（0-1）。则输出层 y_j：

$$\{y_j \mid j=1\text{-}nj\} = \{\text{风险事件概率等级量化值，风险事件损失等级量化值}\}$$

评估指标内容根据工程实际情况确定，从基坑失稳、地表塌陷、涌水、管线破坏、基坑降水等 5 项中选择，取值范围（0-1）。

（3）运用公式计算，确定隐层节点数。

（4）建立输入层节点 nh，隐层节点 ni，输出层节点 nj 的 BP 神经网络。

（5）确定训练样本。根据地铁施工事故调研，根据事故的相关信息，对评估涉及的风险因素、事故概率（可能性）等级和损失等级进行量化，得到 BP 神经网络训练样本的输入样本 $\{x_{k,h}\}$ 和输出样本 $\{d_{k,h}\}$，（k=1-nk；h=1-nh；j=1-nj）即：

$$\{x_{k,h}\} = \left\{\begin{array}{l} x_{1,1}, x_{1,2}, \cdots\cdots, x_{1,nh} \\ x_{2,1}, x_{2,2}, \cdots\cdots, x_{2,nh} \\ \cdots \\ x_{nk,1}, x_{nk,2}, \cdots\cdots, x_{nk,nh} \end{array}\right\}$$

$$\{d_{k,j}\} = \begin{cases} d_{1,1}, d_{1,2} \\ d_{2,1}, d_{2,2} \\ \cdots \\ d_{nk,1}, d_{nk,2} \end{cases}$$

nk 为训练样本数，根据地铁施工事故调研数据而定。

（5）求解预测模型的标准 BP 神经网络。将训练样本的输入样本 $\{x_{k,h}\}$ 和输出样本 $\{d_{k,h}\}$ 归一化处理，带入 BP 神经网络进行训练，求解修正后的网络的权值 $\{w_{hi}\}$、$\{w_{ij}\}$ 和阈值 θ_i、θ_j，建立新的标准 BP 神经网络。

（6）建立预测输入样本。根据工程具体情况，将评估指标对应的风险因素量化，得到测试的输入样本：

$$\{x_h\} = \{x_1, x_2, \cdots, x_{nh}\}$$

（7）求解风险发生概率值和风险损失值。将测试样本带入标准 BP 神经网络计算，得到需预测的输出样本。输出样本值即为风险评估指标发生的概率等级量化值和损失等级量化值。

（8）风险等级的评定。根据风险评估指标的概率等级量化值和损失等级量化值，参考风险评估标准，完成各项风险评估指标的风险等级的评定。

2. 盾构法施工风险评估模型

盾构法施工风险评估模型建立步骤与明挖法施工风险评估模型相同。根据上面确定盾构法施工安全风险评价体系，根据工程情况，选取风险评估指标并确定风险评估指标涉及的风险因素。将风险因素作为 BP 神经网络输入层，风险评估指标概率等级量化值和损失等级量化值作为 BP 神经网络输出层，确定其盾构法施工风险评估模型的 BP 神经网络结构。

输入层节点内容为：

$$\{x_h \mid h = 1\text{-}nh\} = \begin{cases} \text{隧道断面、隧道埋深、隧道曲率、隧道坡度、围岩级别、} \\ \text{不良地质、地下水、下穿建筑、下穿江河、下穿桥梁、} \\ \text{下穿管线、穿越障碍物、小净距隧道、勘察情况、} \\ \text{设计合埋度、施工缺陷、注浆情况、支护时机、监控量测、} \\ \text{超前预报、现场组织、其它} \end{cases}$$

输入节点数 nh 及输入内容根据评估指标内容和工程实际情况来确定，其值为各风险因素量化值，取值范围（0-1）。

输出层节点内容为：

$\{y_j \mid j = 1\text{-}nj\} = \{$风险事件概率等级量化值，风险事件损失等级量化值$\}$

评估指标内容根据工程实际情况确定，评估指标从盾构掘进风险、地表塌陷、涌水、管线破坏、盾构机事故等 5 项中选择，取值范围（0-1）。

根据工程的具体情况，得到测试输入样本（具体工程风险因素量化值）：

$$\{x_h\} = \{x_1, x_2, \cdots, x_{nh}\}$$

利用训练好的 BP 网络预测盾构掘进风险、地表塌陷、水害、管线破坏、盾构机事故等 5 项风险评估指标的概率量化值和损失量化值，参照风险评估标准和风险等级量化标准，完成风险评估指标风险等级评定。

3. 矿山法施工风险评估模型

矿山法施工风险评估模型建立步骤与明挖法施工风险评估模型相同。根据上面确定矿山法施工安全风险评价体系，根据工程情况，选取风险评估指标并确定风险评估指标涉及的风险因素。将风险因素作为 BP 神经网络输入层，风险评估指标概率等级量化值和损失等级量化值作为 BP 神经网络输出层，确定其矿山法风险评估模型的 BP 神经网络结构。

输入层节点内容为：

$$\{x_h \mid h=1\text{-}nh\} = \left\{ \begin{array}{l} \text{隧道断面、隧道埋深、围岩级别、不良地质、地下水、} \\ \text{瓦斯、有害气体、下穿建筑、下穿江河、下穿桥梁、} \\ \text{下穿管线穿线管、小净勘察、勘察情况、设计度、施工缺陷、} \\ \text{注浆情况、支护时机监控量测、超前预报、现场组织、其它} \end{array} \right.$$

输入节点数 nh 及输入内容根据评估指标内容和工程实际情况来确定，其值为各风险因素量化值，取值范围（0-1）。

输出层节点内容为

$\{y_j \mid j=1\text{-}nj\} = \{$风险事件概率等级量化值，风险事件损失等级量化值$\}$

评估指标内容根据工程实际情况确定，从塌方、地表塌陷、涌水、管线破坏、瓦斯、岩爆等 6 项中选择，取值范围（0-1）。

根据工程的具体情况，得到测试输入样本（具体工程风险因素量化值）：

$\{x_h\} = \{x_1, x_2, \cdots, x_{nh}\}$

利用训练好的 BP 网络预测塌方、地表塌陷、涌水、管线破坏、瓦斯、岩爆等 6 项风险评估指标的概率量化值和损失量化值，参照风险评估标准和风险等级量化标准，完成风险评估指标风险等级评定。

第四节　地铁隧道施工风险评估标准及风险控制

研究制定地铁隧道施工风险评估标准，为进行风险等级评定提供参考标准。为方便建立的评估模型计算，需要将风险因素、风险等级进行量化，研究制定相应的量化标准。风险控制是风险评估的最终目的，在完成风险评定后，研究制定相应的风险控制策略及控制措施。

一、地铁隧道施工风险评估标准

地铁隧道施工风险评估标准主要包括三部分内容：风险等级分级标准、风险因素量化标准、风险等级量化标准。风险等级分级标准为风险评定等级提供标准；风险因素的量化和风险等级的量化是为方便 BP 算法计算风险发生的概率等级和风险损失等级进行的标准量化。

1. 风险等级分级标准

风险等级标准是衡量风险等级的依据，其包括风险发生可能性等级标准、风险损失等级标准和风险等级标准，《城市轨道交通地下工程建设风险管理规范》（GB 50652-2011）对地铁建设风险发生可能性等级、风险损失等级、风险等级做了详细的分级规定。

（1）风险发生可能性标准

风险发生可能性等级标准采用概率或频率表示，详细分级见表 6-4-1。

表 6-4-1　风险发生可能性等级标准

等级	1	2	3	4	5
可能性	频繁的	可能的	偶尔的	罕见的	不可能的
概率或频率值	> 0.1	0.01-0.1	0.001-0.01	0.0001-0.001	< 0.0001

（2）风险损失标准

风险损失等级标准按损失严重性程度划分五级，详细分级见表 6-4-2.

表 6-4-2　风险损失等级标准

等级	A	B	C	D	E
严重程度	灾难性的	非常严重的	严重的	需考虑的	可忽略的

1）人员伤亡风险损失等级标准

人员和第三方伤亡等级标准按风险可能导致的人员伤亡类型与数量划分五级，详细分级见表 6-4-3。

表 6-4-3　工程建设人员和第三方伤亡等级标准

等级	A	B	C	D	E
建设人员	死亡(含失踪)10 人以上	死亡(含失踪)3-9，或重伤 10 人以上	死亡(含失踪)1-2，或重伤 2-9 人以上	重伤 1 人，或轻伤 2-10 人	轻伤 1 人
第三方	死亡(含失踪)1 人以上	重伤 2-9 人	重伤 1 人	轻伤 2-10 人	轻伤 1 人

2）环境影响风险损失等级标准

环境影响等级标准按建设对周边环境的影响程度划分为五级，详细分级见表 6-4-4。

表 6-4-4　环境影响等级标准

等级	A	B	C	D	E
影响范围及程度	涉及范围非常大，周边生态环境发生严重污染或破坏	涉及范围很大，周边生态环境发生较重污染或破坏	涉及范围大，区域生态环境发生污染或破坏	涉及范围较小，邻近区生态环境发生轻度污染或破坏	涉及范围很小，施工区生态环境发展严重污染或破坏

3）经济损失风险损失等级标准

经济损失等级标准按照建设风险引起的直接经济损失费用划分为五级，工程本身和第三方的直接经济损失等级标准见表 6-4-5。

表 6-4-5　工程本身和第三方直接经济损失等级标准

等级	A	B	C	D	E
工程本身	1000 万元以上	500 万元~1000 万元	100 万元~500 万元	50 万元~100 万元	50 万元以下
第三方	200 万元以上	100 万元~200 万元	50 万元~100 万元	10 万元~50 万元	10 万元以下

4）工期延误风险损失等级标准

工期延误等级标准按段长期工程和短期工程划分，工期延误等级标准见表 6-4-6。

表 6-4-6　工期延误等级标准

等级	A	B	C	D	E
长期工程	延误大于9 个月	延误 6 个月~9个月	延误 3 个月~6 个月	延误 1 个月~3 个月	延误少于1 个月
短期工程	延误大于90 天	延误 60 天~90 天	延误 30 天~60 天	延误 10 天~30 天	延误少于10 天

注：短期工程工期为 2 年以内，含 2 年；长期工程工期为 2 年以上。

5）社会影响风险损失等级标准

社会影响等级标准按照建设风险影响严重程度和转移安置人员数量划分五级，详细分级见表 6-4-7。

表 6-4-7　社会影响等级标准

等级	A	B	C	D	E
影响程度	恶劣的，或需紧急转移安置1000 人以上	严重的，或需紧急转移安置500 人~1000 人	较严重的，或需紧急转移安置100 人~500 人	需考虑的，或需紧急转移安置50 人~100 人	可忽略的，或需紧急转移安置小于 50 人

（3）风险等级标准

根据风险发生的可能性和风险损失，地铁隧道施工风险等级分为四级，具体分级见表

6-4-8。

表 6-4-8 风险等级标准

可能性等级 损失等级	A	B	C	D	E
	灾难性的	非常严重的	严重的	需考虑的	可忽略的
1 频繁的	Ⅰ级	Ⅰ级	Ⅰ级	Ⅱ级	Ⅲ级
2 可能的	Ⅰ级	Ⅰ级	Ⅱ级	Ⅲ级	Ⅲ级
3 偶尔的	Ⅰ级	Ⅱ级	Ⅲ级	Ⅲ级	Ⅳ级
4 罕见的	Ⅱ级	Ⅲ级	Ⅲ级	Ⅳ级	Ⅳ级
5 不可能的	Ⅲ级	Ⅲ级	Ⅳ级	Ⅳ级	Ⅳ级

2. 风险因素量化标准

用 BP 人工神经网络算法求解风险发生的概率等级和风险损失等级，为完成风险估计，需要对各风险因素进行量化。地铁施工风险因素中有不少因素属于定性指标，而地下工程本身具有不确定性。因此，采用模糊数学理论对地铁施工中的风险因素进行量化，将模糊数学理论与神经网络结合，建立一种模糊神经网络评估模型。参考相关规范、文献资料，并结相关学者研究成果，按照风险因素对风险事件的影响程度赋予相应的数值，风险因素影响程度定性或者定量分为 5 个级别：1—很可能（（1.0）、2—可能（0.8）、3—偶然（0.6）、4—不可能（0.4）、5—很不可能（0.2）。风险因素影响等级量化值见表 6-4-9。

表 6-4-9 风险因素影响等级量化值

量化值	1.0	0.8	0.6	0.4	0.2
影响等级	1	2	3	4	5
影响程度	很可能	可能	偶然	不可能	很不可能

（1）明挖法风险因素量化标准

1）工程自身因素量化标准

基坑最重要的特征参数就是深度和基坑面积，基坑深度越深、面积越大、施工事故发生的概率越大。将基坑的深度和面积进行分级，然后根据等级进行量化。明挖法工程自身因素量化标准见表 6-4-10。

表 6-4-10 明挖法工程自身因素量化标准

风险因素	影响等级（量化值）				
	1—很可能 1.0	2—可能 0.8	3—偶然 0.6	4—不可能 0.4	5—很不可能 0.2
基坑深度	> 30m	23~30m	18~23m	13~18m	< 13m
基坑面积	> 5.0 万 m²	2.5~5.0 万 m²	1.0~2.5 万 m²	0.25~1.0 万 m²	< 0.25 万 m²

2）工程地质因素量化标准

不良地质以基坑周围不良地质分布规模情况来描述；地质条件主要以基坑周围岩体完整程度来描述；地下水以基坑周围水量多少描述。明挖法工程地质因素量化标准见表6-4-11。

表6-4-11　明挖法工程地质因素量化标准

风险因素	影响等级（量化值）				
	1—很可能 1.0	2—可能 0.8	3—偶然 0.6	4—不可能 0.4	5—很不可能 0.2
不良地质	大规模	中等规模	小规模	-	-
地质条件	极破碎	破碎	较破碎	较完整	完整
地下水	极丰富	富水	弱富水	少水	无水

3）环境因素量化标准

基坑施工容易受天气影响，尤其是雨水天气的影响，此处天气情况主要考虑降雨量情况；根据《建筑基坑支护技术规程》（JGJ 120-2012）规定近接影响范围，对基坑周边建筑、管线、桥梁、江河等近接距离进行来分级，以此进行量化。明挖法环境因素量化标准见表6-4-12。

表6-4-12　明挖法环境因素量化标准

风险因素	影响等级（量化值）				
	1—很可能 1.0	2—可能 0.8	3—偶然 0.6	4—不可能 0.4	5—很不可能 0.2
天气情况 /L	> 1600	800~1600	400~800	100~400	< 100
临近建筑 /D	< 0.7H	0.7~1.0H	1.0~2.0H	> 2.0H	-
临近江河 /D	< 0.7H	0.7~1.0H	1.0~2.0H	> 2.0H	-
临近桥梁 /D	< 0.7H	0.7~1.0H	1.0~2.0H	> 2.0H	-
临近管线 /D	< 0.7H	0.7~1.0H	1.0~2.0H	> 2.0H	-

注：L—年降雨量（单位：mm），D—临近距离，H—基坑深度。

4）勘察设计因素量化标准

①地质勘察情况

选取勘察单位资质、勘察详细程度、勘察费用投资等因素作为地质勘察情况的量化标准。明挖法勘察情况风险因素量化标准见表6-4-13。

表6-4-13　明挖法地质勘察情况量化标准

影响等级	量化值	量化标准
1—很可能	1.0	专业勘察乙级资质，无类似工程勘察经验，基本没勘察，只是利用类似工程经验作为依据，勘察费用占施工费用比例 < 1%。
2—可能	0.8	专业勘察乙级资质，有类似工程勘察经验，进行了较为粗略的勘察，勘察费占施工费用比例 1%-2.05%。

影响等级	量化值	量化标准
3—偶然	0.6	专业勘察甲级资质，有类似工程勘察经验，进行了较为详细的勘察，勘察费用占施工费用比例2.5%-5%。
4—不可能	0.4	专业勘察甲级资质，有类似工程勘察经验，进行了较为详细的勘察，勘察费用占施工费用比例5%-10%。
5—很不可能	0.2	专业勘察甲级资质，具有丰富的类似工程勘察经验，进行了较为详细的勘察，勘察费用占施工费用比例＞10%。

②设计合理度

合理的设计是基坑稳定的重要保证。支护类型选择不合理、支护参数过大或者过小都会导致结构受力不合理而发生破坏甚至坍塌。明挖法设计合理度风险因素量化标准见表6-4-14。

表6-4-14　明挖法设计合理度量化标准

影响等级	量化值	量化标准
1—很可能	1.0	设计依据不全，支护类型和设计参数不合理
2—可能	0.8	设计依据全面，支护类型和设计参数不合理
3—偶然	0.6	设计依据全面，支护类型和设计参数不合理
4—不可能	0.4	设计依据全面，支护类型和设计参数较合理
5—很不可能	0.2	设计依据全面，支护类型和设计参数合理

5）施工技术因素量化标准

以施工缺陷、支护时机、注浆情况等3项指标描述施工技术的水平。明挖法施工技术风险因素量化标准见表6-4-15.

表6-4-15　明挖法施工技术量化标准

风险因素	影响等级（量化值）				
	1—很可能 1.0	2—可能 0.8	3—偶然 0.6	4—不可能 0.4	5—很不可能 0.2
施工缺陷	大范围缺陷	较大范围缺陷	小范围缺陷	较小范围缺陷	无缺陷
支护时机	极晚	晚	正常	早	极早
注浆情况	极差	差	一般	好	极好

6）管理因素量化标准

①监控量测

从检测效率和测量人员资质两方面定性量化监控量测效果。明挖法监控量测风险因素量化标准见表6-4-16。

表 6-4-16　明挖法监控量测量化标准

影响等级	量化值	量化标准
1—很可能	1.0	测量频率和精度不符合规范要求；信息反馈迟缓；测量人员无资质
2—可能	0.8	测量频率和精度符合规范要求；信息反馈迟缓；测量人员无资质
3—偶然	0.6	测量频率和精度符合规范要求；信息反馈迟缓；测量人员有资质
4—不可能	0.4	测量频率和精度符合规范要求；信息反馈及时；测量人员有资质
5—很不可能	0.2	

②现场组织

现场组织风险因素量化标准见表 6-4-17。

表 6-4-17　明挖法现场组织量化标准

影响等级	量化值	量化标准
1—很可能	1.0	现场管理混乱，无管理人员，标识牌不齐全
2—可能	0.8	现场管理作业较为混乱，有管理人员，标识牌不齐全
3—偶然	0.6	现场管理作业较为混乱，有管理人员，标识牌齐全
4—不可能	0.4	现场管理作业规范，有管理人员，标识牌齐全
5—很不可能	0.2	

7）其他因素

其他因素按其影响程度进行量化，量化标准参照表 6-4-9。

（2）盾构法风险因素量化标准

1）工程自身因素量化标准

以隧道断面、隧道埋深、隧道曲率、隧道坡度这 4 项指标描述工程自身状况。根据《地铁设计规范》（GB 50157-2013 ）相关内容，盾构法工程自身因素各指标量化标准见表 6-4-18。

表 6-4-18　盾构法工程自身因素量化标准

风险因素	影响等级（量化值）				
	1—很可能 1.0	2—可能 0.8	3—偶然 0.6	4—不可能 0.4	5—很不可能 0.2
隧道断面	> 100 ㎡	80-100 ㎡	50-80 ㎡	10-50 ㎡	< 10 ㎡
隧道埋深	< 10m	10-20m	20-30m	30-40m	> 40m
隧道曲率 /R	300-350m	350-600m	600-800m	800-1200m	> 1200m
隧道坡度	30-35‰	20-30‰	10-20‰	5-10‰	< 5‰

注：R—曲率半径

2）工程地质因素量化标准

隧道围岩等级主要有Ⅰ级、Ⅱ级、Ⅲ级、Ⅳ级、Ⅴ级、Ⅵ级，围岩级别越高，地质条件越差，越不利于隧道结构受力。不良地质以基坑周围不良地质分布规模情况来描述，分为大规模、中等规模、小规模三个级别。地下水主要以围岩水量分布多少来描述，分为极丰富、富水、弱富水、少水、无水五个级别。盾构法工程地质因素各指标量化标准见表6-4-19。

表6-4-19　盾构法工程地质因素量化标准

风险因素	影响等级（量化值）				
	1—很可能 1.0	2—可能 0.8	3—偶然 0.6	4—不可能 0.4	5—很不可能 0.2
围岩级别	Ⅵ级	Ⅴ级	Ⅳ级	Ⅲ级	Ⅱ级
不良地质	大规模	中等规模	小规模	-	-
地下水	极丰富	富水	弱富水	少水	无水

3）环境因素量化标准

根据《建筑基坑支护技术规程》（JGJ120-2012）规定近接影响范围来对环境因素分级量化。盾构法环境因素各指标量化标准见表6-4-20。

表6-4-20　盾构法环境因素量化标准

风险因素	影响等级（量化值）				
	1—很可能 1.0	2—可能 0.8	3—偶然 0.6	4—不可能 0.4	5—很不可能 0.2
下穿建筑 /S	＜ 0.7H	0.7-1.0H	1.0-2.0H	＞ 2.0H	-
下穿江河 /S	＜ 0.7H	0.7-1.0H	1.0-2.0H	＞ 2.0H	-
下穿桥梁 /S	＜ 0.7H	0.7-1.0H	1.0-2.0H	＞ 2.0H	-
下穿管线 /S	＜ 0.7H	0.7-1.0H	1.0-2.0H	＞ 2.0H	-
小净距隧道 /S	＜ 0.7H	0.7-1.0II	1.0-2.0H	＞ 2.0H	-

注：S—临近距离，D—新建隧道外直径。

根据工程自身造价对穿越障碍物风险因素指标的量化，量化标准见表6-4-21。

表6-4-21　盾构法穿越障碍物风险因素指标量化标准

风险因素	影响等级（量化值）				
	1—很可能 1.0	2—可能 0.8	3—偶然 0.6	4—不可能 0.4	5—很不可能 0.2
穿越障碍	＞ 1000 万元	500-1000 万元	100-500 万元	50-100 万元	＜ 50 万元

4）勘察设计因素量化标准

盾构法勘察情况风险因素指标量化标准和设计合理度风险因素指标量化标准见表

6-4-22。

表 6-4-22　盾构法勘察设计因素量化标准

风险因素	影响等级（量化值）				
	1—很可能 1.0	2—可能 0.8	3—偶然 0.6	4—不可能 0.4	5—很不可能 0.2
勘察情况	见表 6-4-13				
设计合理度	见表 6-4-14				

5）施工技术因素量化标准

注浆情况的好坏可根据相关规范标准进行评价，施工缺陷和支护时机根据工程具体情况确定。盾构法施工技术风险因素量化标准见表 6-4-23。

表 6-4-23　盾构法施工技术量化标准

风险因素	影响等级（量化值）				
	1—很可能 1.0	2—可能 0.8	3—偶然 0.6	4—不可能 0.4	5—很不可能 0.2
施工缺陷	大范围缺陷	较大范围缺陷	小范围缺陷	较小范围缺陷	无缺陷
注浆情况	极差	差	一般	好	极好
支护时机	极晚	晚	正常	早	极早

6）管理因素量化标准

盾构法监控量测风险因素指标量化标准同明挖法，见表 6-4-16；现场组织风险因素指标量化标准同明挖法，见表 6-4-17。超前地质预报按照预报方式来衡量。盾构法管理因素风险因素量化标准见表 6-4-24。

表 6-4-24　盾构法管理因素量化标准

风险因素	影响等级（量化值）				
	1—很可能 1.0	2—可能 0.8	3—偶然 0.6	4—不可能 0.4	5—很不可能 0.2
监控量测	见表 6-4-16				
现场组织	见表 6-4-17				
超前预测	地质调查法	物探法	超前钻孔	超前导坑	综合预报法

注：综合预报法指超前导坑、地质调查法、超前导坑结合。

7）其他因素

其他因素按其影响程度进行量化，量化值参照表 6-4-9。

（3）矿山法风险因素量化标准

1）工程自身因素量化标准

矿山法工程自身因素包括隧道断面和隧道埋深等 2 个因素指标，其量化标准同盾构法量化标准，矿山法工程自身因素量化标准见表 6-4-18。

2）工程地质因素量化标准

矿山法工程地质因素包括围岩级别、不良地质、地下水等 3 个因素指标，其量化标准同盾构法，矿山法工程地质因素量化标准见表 6-4-19。

3）环境因素量化标准

矿山法环境因素包括瓦斯、有害气体、下穿建筑、下穿桥梁、下穿江河、下穿管线、小净距隧道等 7 个因素指标，瓦斯和有害气体根据其量的多少来量化，下穿情况根据《建筑基坑支护技术规程》（JGJ 120-2012）规定近接影响范围来对环境因素分级量化。矿山法环境因素各指标量化标准见表 6-4-25。

表 6-4-25　矿山法环境因素量化标准

风险因素	影响等级（量化值）				
	1—很可能 1.0	2—可能 0.8	3—偶然 0.6	4—不可能 0.4	5—很不可能 0.2
瓦斯	有	少量	极少量	-	-
有害气体	有	少量	极少量	-	-
下穿建筑 /S	< 0.5H	0.5-1.5H	1.5-2.5H	> 2.5H	
下穿江河 /S	< 0.5H	0.5-1.5H	1.5-2.5H	> 2.5H	
下穿桥梁 /S	< 0.5H	0.5-1.5H	1.5-2.5H	> 2.5H	
下穿管线 /S	< 0.5H	0.5-1.5H	1.5-2.5H	> 2.5H	
小净距隧道 /S	< 0.5H	0.5-1.5H	1.5-2.5H	> 2.5H	

注：S—下穿距离，B—矿山法隧道毛洞宽度。

4）勘察设计因素量化标准

矿山法勘察设计因素包括勘查情况、设计合理度等 2 项因素指标。勘查情况和设计合理度 2 项指标的量化标准同盾构法，见表 6-4-22。

5）施工技术因素量化标准

注浆情况的好坏可根据相关规范标准进行评价。矿山法施工技术风险因素有施工缺陷、支护时机、注浆情况等 3 项，其量化标准见表 6-4-23。

6）管理因素

矿山法管理因素包括监控量测、超前地质预报、现场组织等 3 项因素指标，其量化标准同盾构法，矿山法管理因素量化标准见表 6-4-24。

7）其它因素

其他因素按其影响程度进行量化，量化标准参照表 6-4-9。

3. 风险等级量化标准

（1）风险概率等级量化标准

用 BP 人工神经网络计算风险发生的概率等，需要对风险概率等级进行量化。根据模糊数学原理，风险概率等级量化标准见表 6-4-26。

表 6-4-26　风险概率等级量化标准

量化值	1.0	0.8	0.6	0.4	0.2
概率等级	1	2	3	4	5
可能性	很可能	可能	偶然	不可能	很不可能

（2）风险损失等级量化标准

用 BP 人工神经网络计算风险发生的损失等级，需要对风险损失等级进行量化。根据模糊数学原理，风险损失等级量化标准见表 6-4-27。

表 6-4-27　风险损失等级量化标准

量化值	1.0	0.8	0.6	0.4	0.2
损失等级	A	B	C	D	E
严重程度	灾难性的	非常严重的	严重的	需考虑的	可忽略的

二、地铁隧道施工安全风险控制

风险控制是风险评估的最终目的。针对不同的风险等级，应采用不同的风险处置原则和控制方案。参考《城市轨道交通地下工程建设风险管理规范》（GB 50652-2011）规范，各等级风险的接受准则应符合表 6-4-28 的规定。

表 6-4-28　风险接受准则

等级	接受准则	处置原则	控制方案	对应部门
I	不可接受	必须采取风险控制措施降低风险，至少应将风险降低至可接受或不愿意接受的水平	应编制风险预警与紧急处置方案，或进行方案修正或调整	政府主管部门、工程建设各方
II	不愿接受	且风险降低的所需求成本不应高于风险发生后的损失	应实施风险防范与监控，制定风险处置措施	
III	可接受	实施风险管理，可采取风险处理措施	应加强日常管理与监测	工程建设各方
IV	可忽略	可实施风险管理	可开展日常审视审查	

针对表 6-4-28 风险接受准则的内容，本节简单进行研究风险控制策略和控制措施，建立地铁施工安全风险控制体系。由于时间关系，本节选取地铁下穿既有建筑施工风险控制为例进行简要的描述，其余情况的施工风险控制措施和详细的风险控制措施有待进一步细化研究。

1. 风险控制策略

风险控制指针对客观存在的风险事件，采取相应的措施和手段对风险进行防范和控制。

风险控制策略常用的四种方式有：风险规避、风险转移、风险减轻、风险自留。

（1）风险规避。风险规避主要指采取一定方式避开风险源或放弃实施可能造成损失的活动，从而杜绝风险隐患。在地铁工程中，风险规避主要指避开不良地层、避开下穿建筑、避开穿越障碍物、不在雨季施工等规避风险源的措施。风险规避是处理风险的最有效的方法，但地铁施工阶段，由于地铁线路规划、城市空间有限等客观原因，风险规避实施起来比较困难。

（2）风险转移。风险转移指采取适当的方法和手段，将风险的后果转移到其他单位。常用的风险转移措施有：购买工程保险、业绩奖罚条款、担保性合同等。

（3）风险减轻。风险减轻指采用先进的施工技术和先进的施工工艺，降低风险发生可能性或减轻风险发生造成的损失。地铁施工阶段风险降低措施主要有对地质条件差的地层注浆加固，下穿建筑段对建筑地基加固等。

（4）风险自留。风险自留指由项目工程自身承担风险带来的损失。制定风险事故应急方案，并在风险发生时执行，减少处理风险后果的费用。

地铁进入施工阶段，由于线路规划、地下空间有限等客观事实，进行风险规避和风险转移是比较难的，更多的是采用风险减轻和风险自留等方式来应对风险。

2. 风险控制措施

地铁施工阶段的风险控制措施主要包括两方面：技术措施和管理措施。在施工阶段，技术措施是当前施工技术水平决定的，具体的技术措施结合工程自身情况和工程所处的环境而决定。管理措施由工程参与单位的管理水平决定的，通常科学的管理是对风险控制的有效方法。

（1）技术措施

通过制定合理的施工方案、采用科学合理的施工技术、使用先进的施工设备等措施，将风险源进行消除或者抑制风险发生，具体的技术措施根据工程的情况决定。

（2）管理措施

1）加强相关人员培训。地铁工程建设人员可以分为两类：技术型人员和管理型人员。对技术型人员进行涉及技术等专业知识的培训，对管理型人员进行涉及安全、质量、组织等管理知识的培训。

2）做好监控量测工作。地铁施工过程中，隧道自身与其周围环境相互作用，实时的掌握施工环境的变化情况，及时反馈分析检测数据并做出正确决定，可以有效地防范风险。依照施工现场管线的分布、建筑布局等，针对风险源位置设置合理的监测点，重点加强监测，检测内容主要涉及工程主体结构、围护结构、周边建筑、管线等变形和安全状态监测。实施监测时应该注意以下几点：

①监测的时间范围应该涉及施工的整个过程；

②监测频率、精度等要按相关规范进行，并及时分析数据、反馈数据。

3）设置应急预案。在地铁施工阶段，风险是客观存在的，为了预防和减少风险发生造成损失，应该提前设置稳妥的应急方案。建立突发事故的处理小组，小组成员由项目负责人、总工程师、设计人员、施工负责人等构成。当监测点出现异常，及时反馈并讨论分析，并提出有效的解决方法，通知现场人员做出相应的处理。

4）规范施工现场组织管理。做好现场施工组织计划，对施工现场的管理进规范化，安排专门人员进行现场施工监督管理，建立相应的奖励惩罚条例，确保现场施工有条理、有秩序地进行。

（3）下穿既有建（构）筑物施工风险控制措施

1）建立合理的施工参数

根据穿越地段的埋深，地质水文、既有建（构）筑物与地铁结构分布情况，选取合理的注浆形式和超前加固措施，确定准确的掘进参数。

2）建立严密的监控量测体系

①根据工程地质和水文地质条件、建（构）筑物的基础形式、结构种类、建（构）筑物的重要程度及其与地铁结构的距离等因素，布置沉降观测点的位置和数量。

②地面允许沉降值为 +10- -30mm，房屋不均匀沉降允许值 0.002L（L 为框架梁长），房屋倾斜不允许大于 0.004L。

③盾构通过时检测频率为每天两次。盾构通过两星期后，监测数值已趋于稳定，可每1-2 天监测一次，如果监测数值异常，应加大监测频率。

第七章　地铁车厢环境空气质量管理

第一节　地铁车厢空气环境研究理论

如今随着地铁线路覆盖面越来越广，乘坐地铁的人流量也相对大幅增加，人们对地铁车厢内的空气质量也越来越感到不满。因此，为了使人们在一个相对舒适的环境中乘坐地铁，我们需要地铁内的空气是对人体没有伤害而且相对新鲜的。而对于室内建筑的空气品质国内和国际上已经有了相对成熟的方法和标准。国外也有些国家对地铁环境进行了相对的基本规范。本节主要在室内空气品质相关理论的基础上，分析地铁车厢内评价空气质量的相关指标，并且对影响轨道交通车厢内空气质量的主要因素进行分析。

一、室内空气品质的理论基础

目前，国内和国际上尚无权威的关于规范车厢内空气质量的法规和规范。我们主要根据室内空气品质的理论基础来分析车厢内的空气质量。而室内空气质量的评价方法在这些年也有很大的变化。最初，人们对室内空气质量的评价主要采用客观评价的方法。这种方法是说，把室内的空气质量等价于一些污染物的浓度的高低。即根据人们在各种污染物下受到的影响，通过污染物的种类、浓度和时间等之间的关系，选出几种对人们影响较大的室内污染物，通过每个单项污染物来制定评价标准。这种评价方法不能对室内空气质量进行总体的综合评价，因此有些学者又提出了灰色评价等方法。1989 年，丹麦哥本哈根大学的 P.O.Fanger 教授在室内空气品质年会上提出：品质反映在人们对于环境的满意程度，如果人们对空气质量满意，那么就是高品质；反之则是低品质。ASHRAE 提出的标准 62-19898 中提出了可接受室内空气品质和感受到的可接受室内空气品质。它的定义涵盖了人的主观感受和客观指标两方面内容，使室内空气质量评价客观和主观两方面相结合。当前，室内空气质量一般采用主观调查与客观监测相结合来进行评价，评价标准也为主观感受和客观指标相结合。

我国评价室内空气质量主要借鉴于 ASHRAE 的定义，采用主观和客观相结合的方法。这样的评价方法相较于其他方法更加的全面，也更加接近真实情况。客观评价是借鉴相关行业制定的标准和规范，主观评价是通过对室内人员的调查所得到，调查方面主要为以下四个方面：在室内的人员对室内空气的不接受率；来访者对室内空气的不接受率；对不良空气状况的感受程度；室内人员收到室内环境影响而出现的症状及程度。通过综合主观、客观评价，得出结论。

二、地铁车厢内的空气环境的评价指标

我国现行的环境空气质量标准（GB3095-2012）主要以二氧化硫、二氧化氮、一氧化碳、臭氧、PM2.5 和 PM10 作为环境质量的评价指标。本次研究考虑到地铁车厢内的特殊情况和根据检测的数值结果，根据我国《地铁设计规范》（GB50157-2003）中的相关规定，地下车站空气质量应满足地下站内 CO：浓度应小于 1.5‰，可吸入颗粒物浓度应小于 $0.25mg/m^3$。风亭周围宜种植对 CO_2、NO_2、CO 等有害气体及颗粒物吸收能力强的灌木植物。车辆段内空气质量并没有具体的定义，而是要求符合相关的现行国家标准。我国 IAQ 评价指标中，规定的室内空气污染推荐卫生标准中，将室内甲醛、细菌总数、CO_2，可吸入颗粒物、NO_2、SO_2 等指标作为推荐的卫生标准。在此主要采用二氧化碳、一氧化碳、PM2.5 和挥发性有机物作为车厢内环境空气质量的评价指标。

三、影响车厢内部空气环境的主要因素分析

一般车辆空调系统的主要组成是加热系统、通风系统、加湿系统、制冷系统以及控制系统组成。通风系统将车外的新风吸入车内并和车内的回风混合，在滤清杂质和灰尘后，再输送到车内各处，使车厢内部获得合理的气流组织。同时将污浊的车内气体排至车外，使车厢内部的空气参数能够保持在一个合理的范围内。通风系统分为机械通风和自然通风两种方式，机械通风系统长期处于工作状态，通风机通过工作，在车内的送风道输送经过处理后的空气，这样达到通风换气的目的。

总体来说，影响车厢内空气质量的因素主要来自两个方面：一是车厢内各种空气污染物相互的作用；二是空调系统的设计不合理、运行或维护不及时或不恰当。

1. 车体压力影响

如果车厢的气密性不足，随着列车运行速度的加快会使车外产生的压力波传入车内。如果情况严重会使乘客的身体造成不舒适的感觉，而且地铁的隧道断面和铁路列车相比又比较小，产生的行车阻力也会相对较大。列车在行进的过程中车头部分产生空气正压力，车尾部分产生空气负压力，车厢各节贯通，这就使得车厢内产生由车头到车尾的穿堂风，使车厢内的空气在人员密度较大时得到一定的改善。

2. 新风量

新风量是指室内新鲜空气的总量。ASHREA 标准 ANST/ASHRAE62-2007 定义了最小新风量指标以便提供人们足够新鲜空气满足人们的正常生理需求。《地铁设计规范》规定：

当通风系统在正式运行时，每个乘客所需的新风量应大于等于 30m³/h；当封闭运行时，新风量应不小于 12.6m³/h。如果新风量不能满足最低新风量要求，人们长期处在新风量不足的环境中容易产生胸闷、疲劳、头痛等症状，而且还会引发神经系统、呼吸系统相关的疾病。

3. 人员密度

地铁设计时车辆是按照 4.5 人 / 平方米来设计的，可是现在由于地铁是一种相对特殊的公共交通工具，在早晚高峰时间车辆超载严重，地铁早晚高峰时间人员密度可达到 10 人 /m²。车厢内人员比较少的情况下气流相对均匀，车厢内的空气质量也使乘客感到舒适。但是在人员超载的情况下，由于车厢内人员拥挤，车厢内气流不顺畅，车厢内的空气质量无法达到健康标准，乘客会产生闷热、困倦等感觉。当人员密度大的情况下，人体的散热也会随之增加，车厢内 CO_2 的浓度增大，如果此时不能排出或者稀释，车厢内的环境又会进一步的恶化，继而造成人体的不适。

4. 污染物

影响地铁车厢内部空气质量的一个重要因素是污染物。地铁车厢内主要的污染源包括地铁内建筑材料、人体、车内设备和空调等。地铁建筑材料中保温材料和装饰材料会挥发出甲醛、苯等物质，这些物质有致癌的危险，如果人们长时间处于此种环境中会产生头疼等症状。人体散发物主要是 cot，同时在气温较高的时候，人体出汗会散发出汗臭味，也是不良气体的源头之一。这些人体的污染物如果不能得到有效的排出，对车厢内的空气质量也会产生不良的影响。地铁车厢内的空调是为了满足乘客乘坐地铁的舒适性，但是因为地铁长时间行驶在地下，限制了地铁内的通风换气，会使车厢内 CO_2 的浓度升高。空调系统如果不及时清理，也极易滋生微生物和细菌，如果长时间使用，这些细菌会随着空调运转进入车厢，对人体产生头痛、扁桃体炎等症状。同时，在隧道内的灰尘也会随着地铁车厢门的开关而进入地铁车厢，同时地铁运行中产生的 CO 等有害气体也是车厢内的重要污染物。

四、地铁车厢内空气主要污染物种类、来源及影响

地铁作为一种地下建筑，空气中会存在 CO、CO_2、挥发性有机物、甲醛和细菌等污染物。由于我国目前尚没有相关法规规定地铁站台及车厢内的空气质量标准，因此，地铁内的空气质量也常处于不适宜人们长时间停留的水平，经调查：长时间乘坐地铁的乘客会产生困倦、头晕和记忆力下降等情况。

1. 温度

温度作为乘坐地铁最直观的第一感受，是影响人们判断舒适程度的重要因素，当温度过高或者过低都会使人体产生不适，因此，地铁中温度的调节对于舒适性的判断十分重要。地铁中温度的调节主要影响因素是外界环境的温度情况和人流量的影响，当前地铁夏季温

度一般在 24℃ -26℃，冬季温度则为 18℃ -24℃，在正常情况下乘客会感觉很舒适。

2. 相对湿度

由于地铁车厢属于较为封闭的环境，因此湿度也是影响人们判断舒适程度的另一个重要因素。如果空气湿度过低会造成身体内水分的流失从而感染疾病，在干燥的环境中人们会感到口干舌燥、情绪低落，同时皮肤会感到干燥，造成皮肤损伤和不舒适。如果空气过于湿润人的机体会出现流汗不顺畅，湿度的增加也会刺激人的嗅觉，是乘客感到空气不新鲜，同时滋生细菌和霉菌。一般来说，夏季空气湿度在 30%~60%，冬季湿度在 30%~80% 时，人体感到相对舒适。

3. 二氧化碳（CO_2）

二氧化碳是地铁车厢空气的主要污染物，主要来源是人体呼出，地铁车厢内二氧化碳含量与人员密度呈正相关关系。二氧化碳本身无毒无味，但是空气中二氧化碳含量超标会使人体中枢神经受刺激，乘客会出现疲劳、头晕、肌肉无力、呼吸困难等症状，严重的还会导致窒息。研究表明，当二氧化碳浓度在 0.03%-0.04% 之间，人体的呼吸频次正常；当二氧化碳浓度≥0.5% 时，人体呼吸会略增大；当二氧化碳浓度在 1%-3% 时，人体呼吸会加深，感到呼吸急促；当二氧化碳浓度大于 3%，人体会感到不舒适并伴有头痛等症状；当二氧化碳浓度大于 5%，人体就会出现中毒症状；当二氧化碳浓度大于 10%，人体就会失去知觉，严重情况下会导致死亡。

目前的《地铁设计规范》中对地铁车厢中二氧化碳浓度的要求是不得超过 0.15%，但是在高峰时间监测显示，当车厢内人员达到饱和状态时车厢内二氧化碳浓度远远高于规范中规定的最高值。

4. 一氧化碳（CO）

一氧化碳主要来源是燃料的不完全燃烧，同时还伴随着外界一氧化碳的渗入。由于地铁和其他地面交通相比，存在着通风不畅的问题，因此，地铁内的一氧化碳不易排出。一氧化碳本身无色但是有剧毒，而且在空气中性质稳定，可以长时间积累，对人体造成很大的危害。一氧化碳与血液中的血红蛋白的结合会形成羟基血红蛋白，造成血液缺氧。如果浓度过高，血液中输氧量会下降，人体会缺氧，严重会致人死亡。

研究表明，环境中一氧化碳的最大允许值为 100ppm，在一氧化碳浓度为 200ppm 的环境中待2-3个小时人体会感到轻微的头痛，400ppm 情况下待 1-2 个小时会感到头痛、恶心，超过 800ppm 人体就会痉挛、呼吸缓慢等情况甚至昏迷、死亡。一般室内一氧化碳的含量规定为不得超过 24ppm。

5. 可吸入颗粒物（PM10）

可吸入颗粒物指的是空气中粉尘直径小于 10 微米的颗粒物，可随着呼吸进入人体的呼吸系统。地铁内 VOC 的主要来源包括：外界道路上机动车排放的尾气通过地铁空调的送风系统计入地铁车厢；地铁行进过程中的车轮与铁轨摩擦产生的细颗粒物；地铁维护过程中产生的细颗粒物；地铁站台内由外界进入的粉尘等。

可吸入颗粒物包括 PM10 和 PM2.5，由于目前雾霾天气的增加，PM2.5 逐渐受到关注。大于 10 微米的颗粒物，在呼吸时基本被鼻子过滤掉，10 微米直径的颗粒物通常会沉积在上呼吸道上，5 微米直径的颗粒物会随着呼吸进入呼吸道的深部，小于 2 微米的颗粒物可以 100% 到达支气管和肺泡。VOC 在被人体吸收之后，会累计在呼吸系统中，引发多种疾病。随着呼吸进入肺泡的颗粒物在肺泡上沉积，会引起肺组织慢性纤维化，引起慢性支气管炎、肺心病、加重哮喘，严重的甚至会危及生命。同时 PM10 中存在各种直接突变物和间接突变物，会损害遗传物质、干扰细胞正常分裂，引起癌变和畸形。

6. 挥发性有机物（VOC）

VOC 是指用气相色谱非极性柱分析保留时间在正巳烷和正十六烷之间并包括它们在内的已知和未知的挥发性有机物的总称。主要来自含水涂料、油漆、黏合剂、人造板等。挥发性有机物种类多、成分复杂而且长期低剂量释放，对人体的影响较大。如果浓度过高会刺激人体的各种器官，引起刺激性过敏反应、精神性作用等。

研究表明，当挥发性有机物水平小于 0.2mg/m³ 时，基本没有效应；当挥发性有机物浓度在 0.2-3mg/m³ 时，人体会感到不舒服；当其浓度在 3-25mg/m³ 之间，会引发头痛等症状；当其浓度大于 25mg/m³ 时，出现毒性。美国能源部、EPA 总署和加州大学对环境污染进行生命风险评价时，挥发性有机物引起的生命风险率为 0.1，和二手烟相等。

7. 甲醛

甲醛是一种物色气体，有特殊的刺激性气味，对人的眼睛、鼻子等有刺激作用，易溶于水，甲醛水就是俗称的福尔马林。地铁中甲醛的主要来源是地铁在建设的时候地铁中的建材、装饰材料、保温材料和黏合剂等释放出来的。

甲醛的主要危害表现在对皮肤茹膜的刺激，当室内甲醛浓度达到一定数值时，人体就会产生不适感。当甲醛浓度大于 0.08mg/m³ 时，会引起眼红、干痒、喉咙疼痛、胸闷气喘等症状。研究表明，当环境中的甲醛浓度在 0.05mg/m³ 以下时，人们没有不适的感觉也不会感到任何刺激；当环境中的甲醛浓度在 0.05-1mg/m³ 时，会引起人的嗅觉刺激；当环境中甲醛浓度在 0.05-1mg/m³ 时，会刺激人体神经产生一定的效应，在脑电图中可以看到光反应的改变；当环境中甲醛的浓度在 0.05-2mg/m³ 时，会刺激眼睛，引起眼红、流泪等症状；当浓度在 0.10-25mg/m³ 时，会对上呼吸道进行刺激；当甲醛浓度在 5-30mg/m³ 范围时，会对人体下呼吸道和肺部产生作用；当甲醛浓度在 50-100mg/m³ 范围内时，会引发肺水肿、肺炎等疾病；当空气中甲醛的浓度大于 100mg/m³ 时，会直接导致死亡。

第二节　地铁内污染物指标分析及影响相关性分析

一、拥挤程度对地铁车厢内各种污染物浓度的影响分析

为对比同一时段内不同污染物在不同地点的浓度及其相互影响，本次实验在同一时段对站台、室外和车厢内的气体分别进行采样，并且对采集数据进行处理。对车厢内的拥挤程度，进行了如下的定义：空闲状态一平均每节车厢内人数不超过 5 人，人员稀少；有座状态一每节车厢的平均乘客数小于座位数的 85%，乘客人数超过 5 人；无座但不拥挤状态一车厢内很难找到座位，站着的乘客相互之间距离较大，站立位置呈松散状态；拥挤状态一车厢内乘客密度较大，平均每平方米 3-7 人站立，但仍可以继续有乘客上车；重度拥挤状态一车厢内乘客数量达到饱和，平均每平方米 7.9 人站立乘客很难再上车。

1. CO_2 浓度变化关系

在不同人流量的状态下地铁站台和地铁车厢内的 CO_2 含量对比关系图。此数据取自相同时间段内站台和车厢内空气质量监测数据，并且在不同人流量下的平行数据进行比较。车厢内的 CO_2 含量随着车厢内乘客的人数而增加，而站台上的 CO_2 含量则保持在相对稳定的范围内。这是由于相比于地铁车厢这一密闭环境，地铁站台环境相对空旷且站台与外界空气流通交换频繁，因此，站台上的 CO_2 浓度保持在一个相对稳定的范围内。

而室外的 CO_2 浓度通过测量发现长期保持在一个相对稳定的浓度，这说明车厢内的 CO_2 浓度并未受到室外和站台 CO_2 浓度的影响，车厢内的 CO_2 浓度的主要决定因素为车厢内的乘客拥挤程度。

2. 挥发性有机物（VOC）浓度变化关系

通过对所测得的挥发性有机物浓度的数据进行分析，发现挥发性有机物浓度不但受到拥挤程度的影响，同时也受外界大气中挥发性有机物浓度的影响，因此，为了排除外界大气中挥发性有机物浓度对车厢内挥发性有机物浓度的影响值，我们给出如下定义：

$$K_{VOC} = \frac{N_{VOC实测浓度}}{N_{VOC大气浓度}}$$

公式中的 K 值代表车厢内该气体浓度与室外该气体浓度的比值，通过 K 值的得出排除了外界大气中该气体浓度对车厢内气体浓度的影响，从而分析车厢内拥挤程度这一指标对气体浓度的影响。

研究在不同人流量的状态下地铁站台和地铁车厢内的 VOC 含量的 K 值。此数据取自相同时间段内站台和车厢内空气质量监测数据，并且在不同人流量下的平行数据进行比较。由此图可知，车厢内的挥发性有机物浓度的 K 值随着车厢内乘客的拥挤程度而增加，而

站台上的挥发性有机物 K 值的增长程度低于车厢内 K 值的增长程度。这是由于相比于地铁车厢这一相对密闭的环境，地铁站台环境相对空旷且站台与外界空气流通交换频繁，因此，站台上的 K 值呈现较平稳的增长。

3. PM2.5 浓度变化关系

通过对所测的 PM2.5 值进行分析，发现车厢和站台的 PM2.5 浓度不但受到乘客拥挤程度的影响，同时也受外界 PM2.5 值的影响，为了排除外界空气污染物的影响，我们做出如下定义：

$$K_{PM2.5} = \frac{N_{PM2.5实测浓度}}{N_{PM2.5外界浓度}}$$

公式中的 K 值代表所测得的 PM2.5 浓度与大气中 PM2.5 浓度的比值，通过两种浓度相除，排除了大气中该种气体浓度对车厢和站台 PM2.5 的影响，通过分析数据，我们发现乘客拥挤程度的不同，车厢及站台 PM2.5 的 K 值有如下的变化。

在不同人流量的状态下地铁站台和地铁车厢内的 PM2.5 含量的 K 值。此数据取自相同时间段内站台和车厢内空气质量监测数据，并且在不同人流量下的平行数据进行比较。由此图可知，车厢内的 PM2.5 的 K 值随着车厢内乘客的拥挤程度而增加，而站台上的 PM2.5 的 K 值的增长程度低于车厢内 R 值的增长程度。这是由于相比于地铁车厢这一相对密闭的环境，地铁站台环境相对空旷且站台与外界空气流通交换频繁。因此，站台上的 K 值呈现较平稳的增长。

4. CO 浓度变化关系

在不同人流量的状态下地铁站台和地铁车厢内的 CO 含量对比关系。此数据取自相同时间段内站台和车厢内空气质量监测数据，并且在不同人流量下的平行数据进行比较。由此图可知，车厢内的 CO 含量随着车厢内乘客的人数而增加，而站台上的 CO 含量则保持在相对稳定的范围内。这是由于相比于地铁车厢这一密闭环境，地铁站台环境相对空旷且站台与外界空气流通交换频繁，因此，站台上的 CO_2 浓度保持在一个相对稳定的范围内。

二、车厢、站台与站台外空气污染物浓度对比分析

除了研究拥挤程度对地铁车厢和站台各种污染物浓度的影响外，各种污染物在车站、车厢以及站台外的浓度也进行了对比分析，具体的对比分析结果如下：

1. 车厢、站台与站台外 CO_2 浓度对比分析

将采集到的数据中不同站台、不同时间段内测得的 CO_2 室外——站台——车厢的浓度进行对比，发现规律。

室外——站台——地铁车厢内空气中的 CO_2 浓度对比图。此数据取自相同时间段内室外、地铁站台、地铁车厢内空气质量采样值。由此图可知，站台上的 CO_2 含量和室外 CO_2

含量的影响变化不大，基本在一个稳定且安全的范围内，而车厢内的 CO_2 含量值则会相差较大，这说明车厢内 CO_2 浓度主要受车厢内乘客的拥挤程度决定，外界空气中的 CO_2 含量对车厢内 CO_2 浓度的影响不大。

2. 车厢、站台与站台外 CO 浓度对比分析

将采集到的数据中不同站台、不同时间段内测得的 CO 室外——站台——车厢的浓度进行对比，发现规律。

站台上的 CO 含量的高低受室外 CO 含量的影响，但是影响程度不大，而车厢内的 CO 含量值趋于稳定，长期保持在 10-40ppm 之间，不受外界或是站台上 CO 含量的影响。这是由于室外的 CO 的主要来源为化工厂废料燃烧和汽车尾气，而站台上由于地铁站台内空气交换较慢，尤其是换乘车站内地下二层或地下三层的站台气体交换较慢，容易存在污染气体在站台内积累而不易排出的情况，因此，地铁站台上的 CO 含量比室外和车厢内都要高，而车厢内的 CO 由于车厢空调通风系统的作用，不会使车厢内存在较高含量的 CO 从而车厢内的 CO 含量较为稳定。

3. 车厢、站台与站台外 VOC 浓度对比分析

对采集的室外—站台—车厢内的 VOC 的数据进行对比分析，发现室外的挥发性有机物对站台和车厢内的 VOC 浓度起到决定性的作用，站台和车厢内的 VOC 浓度随着室外大气中的 VOC 浓度的变化而变化。

地铁站台上 VOC 的含量与室外 VOC 含量存在正相关的关系，当室外 VOC 含量趋于 0 时，站台上的 VOC 含量也趋于 0，当室外 VOC 含量逐渐升高，站台上 VOC 含量也相应升高。这是由于室外的 VOC 主要来源较为广泛，而地铁站台内的 VOC 来源主要是在同外界气体交换的过程中随着外界气体流入并伴随着少量的人体的排放和建筑材料、清洁剂的挥发，但是这部分排放量相对较少，因此，站台上 VOC 含量同外界挥发性有机物含量存在正相关的关系。

室外 VOC 与车厢内 VOC 含量存在一定的线性关系，当室外的 VOC 含量较低时，车厢内的 VOC 含量也相对较低，随着室外 VOC 浓度的升高，车厢内 VOC 的含量也有一定的升高趋势。由于 VOC 在室外的主要来源为燃料的燃烧，交通运输过程中产生的废气、汽车尾气和光化学污染等，而在地铁车厢内 VOC 的主要来源为建筑装饰材料的挥发、清洁剂和人体本身的排放。由于地铁车厢为一个相对特殊的环境，在乘客频繁进出车厢的过程中会有外界的挥发性有机物随着气体的流通从室外进入车厢，因此，车厢内 VOC 含量同室外挥发性有机物含量存在一定的线性关系。

4. 车厢、站台与站台外 PM2.5 浓度对比分析

对采集的数据进行分析，发现站台的 PM2.5 浓度与室外 PM2.5 浓度相近，室外 PM2.5 浓度对车厢内 PM2.5 浓度也有一定的影响，室外 PM2.5 浓度对站台和车厢内 PM2.5 浓度的关系图：

站台 PM2.5 的浓度值与室外 PM2.5 的浓度值基本相同。这是由于 PM2.5 的直接来源是人类燃烧化石燃料、秸秆、木柴和垃圾等；同时挥发性有机物、氮氧化物、二氧化硫等也会转化为 PM2.5，除此之外，建筑施工和道路扬尘等也会产生 PM2.5。因此，地铁车厢及站台的 PM2.5 的主要来源为外界大气中 PM2.5 的渗入，因此，站台上 PM2.5 的浓度和外界大气中 PM2.5 的浓度相差不大。

通过地铁车厢和室外空气质量的统计采样结果。地铁车厢内 PM2.5 的含量与室外 PM2.5 含量存在线性的关系，车厢内 PM2.5 的含量随着室外 PM2.5 浓度的增加而增加。这是由于 PM2.5 的主要来源为工业生产、机动车排放、燃煤、扬尘和其他影响因素，而地铁车厢内的 PM2.5 主要来源则为外界空气中的 PM2.5 随着地铁与外界的空气流通而从进入车厢，因此，地铁车厢内 PM2.5 含量的主要影响因素为外界大气中的 PM2.5 浓度。

三、车厢内各空气污染物的相关性分析

除了对各种污染物的车厢—站台—室外污染物影响因素以及拥挤程度对各种污染物的浓度影响的分析外，各种空气污染物的相关性也进行了一定的分析。具体分析结果如下表:

表 6-2-1　地铁车厢内污染性气体相关分析表

		CO_2	CO	VOC	PM2.5
CO_2	Pearson 相关性	1	.675**	.619**	.305**
	显著性（双侧）		.000	.000	.000
	N	309	309	309	309
CO	Pearson 相关性	.675**	1	.579**	.419**
	显著性（双侧）	.000		.000	.000
	N	309	309	309	309
VOC	Pearson 相关性	.619**	.579**	1	.329**
	显著性（双侧）	.000	.000		.000
	N	309	309	311	309
PM2.5	Pearson 相关性	.305**	.419**	.329**	1
	显著性（双侧）	.000	.000	.000	
	N	309	309	309	309

**. 在 .01 水平（双侧）上显著相关

通过对地铁车厢内污染性气体进行相关分析发现，地铁车厢内污染性气体 CO_2，CO，VOC 和 PM2.5 的浓度存在显著的线性相关关系。从表中可以看出，CO_2 浓度与 CO 浓度之间的相关系数为 0.675，t 检验的显著性概率为 0.000<0.01，拒绝零假设，表明两个

变量之间显著相关。CO_2 和 VOC 浓度之间的相关系数为 0.619，t 检验的显著性概率为 0.000 < 0.01，拒绝零假设，表明两个变量之间显著相关。CO_2 与 PM2.5 浓度之间的相关系数为 0.305，t 检验的显著性概率为 0.000<0.01，说明两个变量之间存在中度相关的关系。CO 与 VOC 之间的相关系数为 0.579，t 检验的显著性概率为 0.000<0.01，拒绝零假设，表明两个变量之间显著相关。CO 与 PM2.5 浓度之间的相关系数为 0.419，t 检验的显著性概率为 0.000<0.01，说明两个变量之间存在中度相关的关系。VOC 与 PM2.5 浓度之间的相关系数为 0.329，t 检验的显著性概率为 0.000<0.01，说明两个变量之间存在中度相关的关系。综上所述，CO_2、CO 和 VOC 三者之间存在着显著的相关，PM2.5 与三者存在着中度相关的关系。

四、基于地铁车厢拥挤程度的地铁空气质量分级标准

通过对以上四种气体在不同拥挤程度进行分析汇总，发现地铁车厢内的空气质量基本呈现为随着拥挤程度的增加空气质量逐步变差这一规律，而乘客由于自身健康状况的不同，对地铁内空气状况的耐受能力也会有所不同，因此，根据对地铁内空气质量数据分析结果初步制定了地铁空气质量等级，对地铁空气质量做出初步分类：

表 6-2-2　地铁空气质量人体耐受等级

对人体影响	拥挤程度	指标描述
无影响	空闲状态 有座状态	车厢内的 CO_2 含量在 1000ppm 以下，即 $2000mg/m^3$，在哮喘病人等敏感群体的容许范围以内，同时 CO 浓度小于 16ppm，在国家环境空气质量标准的安全范围值之内，同时挥发性有机物含量和 PM2.5 含量也与外界大气中该种气体含量相差不大，总体来说对人体健康无影响
轻微影响	无座但不拥挤状态 拥挤状态	车厢内的 CO_2 含量在 1700~3200ppm，即 $3400\sim6400mg/m^3$，此时的人群不满意率已达到 20% 以上，超过了哮喘病人等敏感群体的容许范围但是在一般容许范围 $7371mg/m^3$ 以内。同时 CO 浓度虽然大于国家环境空气质量标准中的安全范围，但是小于空气中 CO 最大容许浓度，同时，PM2.5 浓度低于室外大气中 PM2.5 的浓度，总体来说，对人体健康有轻微影响，但危害不大
较大影响	重度拥挤状态	车厢内的 CO_2 浓度平均值为 4200ppm，即 $8400mg/m^3$，此浓度已经超过室内空气中 CO_2 浓度的一般容许范围，此时的人群不满意程度超过 30%，在此浓度下，哮喘病人等敏感人群会感受到极度不适，健康良好的人群也不适宜长期在此环境中。同时 CO 浓度平均值达 29ppm，即 $37mg/m^3$，已超过国家环境空气质量标准安全范围值的两倍，虽然不至于使人中毒，但长期在此环境中依然会对人体产生不良影响。同时此时 PM2.5 的含量为大气中的 1.1 倍，在空气质量不好的情况下对人体的影响超过室外，此时乘客应该戴口罩。总体来说，在超拥挤情况下如果乘客长时间乘坐地铁，会对人体健康造成较大影响。

第三节　改善地铁空气污染的防治对策

交通环境的污染对人们的健康构成很大的威胁，因此，如何控制公共交通环境的空气质量、降低人们在乘坐公共交通工具？尤其是轨道交通工具时空气污染对人体的危害成为一个亟待解决的问题。就目前来看，解决轨道交通空气质量污染的首要任务是从源头对污染物进行控制，和从末端对污染物进行治理两方面内容。影响城市轨道交通空气质量的污染物主要有气体污染物和颗粒物两部分构成。各种污染物之间存在相互影响，相互制约的关系，因此轨道交通空气质量的治理，需要结合各种污染因素进行综合治理。控制地铁内污染物的浓度，主要是为了防止人们在高浓度污染状态下长时间停留对人体健康产生的危害，并且通过对轨道交通空气质量进行综合治理，还能进一步控制相关环境问题如光化学污染等污染问题。针对轨道交通环境中各种污染物的浓度分布特征，我们发现影响轨道交通空气质量的主要污染物是 CO_2、CO、VOC 和 PM2.5 这四类，其中绝大部分污染物的来源是外界空气中污染物的渗入和人体新陈代谢以及人员拥挤时散发的体味，地铁车厢属于一个相对密闭的空间，在拥挤程度高时空气交换的不及时，这就造成了车厢内的空气质量变差的情况。通过前面章节的研究，我们认识到了地铁轨道交通中各种污染物的来源、污染特征、分布规律等，对地铁交通环境中各种污染物的控制和治理提出了科学的依据，有助于解决城市轨道交通环境污染的问题。

一、降低大气中的污染物浓度

通过对 CO、PM2.5 和 VOC 三种污染物的研究我们发现，三种污染物的主要来源并非是地铁列车运行中排放，也不是乘客自身所排放的。因此，在早晚高峰时期地铁车厢内三种污染物超标的主要污染源是外界大气中的污染物随着空气渗入地铁车厢内而不能及时派出所导致的。而解决这一问题的主要技术措施是使车辆使用清洁能源和研发污染排放低的机动车。汽车的燃料质量直接影响着汽车尾气的污染能力，因此，加大研发清洁可再生能源的力度，提升燃料的质量，同时加强对燃料完全燃烧的技术攻关，能够明显的改善早晚高峰时期大气的空气质量，从而改善地铁车厢内早晚高峰的空气质量。

二、研发更多新型车厢空气净化装置

除了对外界大气进行综合治理外，提升地铁车厢内新风系统的空气流通能力也是解决车厢内空气污染的一个方法。由于地铁车厢是一个相对封闭并且人流密集的空间，在人流量大的情况下人体散发的体味和新陈代谢使得地铁车厢内的空气污染十分严重，而地铁的通风空调系统大多在建设中采用土建式的风道，这种风道在通风过程中令空气中的灰尘含

量大大增加，并且地铁多为地下的建筑结构，使得地铁内的交通微环境中空气更新速度慢、环境潮湿、由于水蒸气的大量聚集使得墙壁上滋生微生物、空气质量达不到国家标准。地铁车厢的空调在设计时，为了达到节能这一目的，使用的新风量很小，这使得地铁车厢内的空气污染更加严重。而当前，地铁空调的功能主要是满足温度调节这一需求，过滤设备只能过滤空气中的大颗粒物，而对人体危害更大细菌和挥发性有机物等小颗粒物风道内的微小颗粒物并不能有效地过滤。风道内的小颗粒物随着气流进入地铁的空调系统，在空调系统内滋生繁殖，通过风道又进入地铁车厢内，随着空调的循环系统不断的交叉感染，对车厢内的空气污染十分严重。另外，地铁的空调系统中空气是来自新风和回风混合空气，新风容易被外界大气中的污染物所污染，回风则容易被地铁内乘客的活动被污染。因此，如果要彻底有效地解决地铁车厢内空气污染的问题，一方面就要切断车厢内的微生物传播和繁殖途径；另一方面要在地铁空调内安装空气净化消毒装置。

目前多数地铁已经启用了具有空气净化消毒技术的空调系统，与之前其他线路的传统空调系统相比，该蜂巢型电子空气净化消毒装置的工作原理为使颗粒物的电荷改变其运动方向被捕获；在杀菌方面空气进入等离子灭菌区，高压电荷瞬间释放能量击穿微生物细胞壁，从而达到灭菌的目的。这种新的空调系统具有高效的除尘净化能力和杀菌能力，在众多地铁线路中都值得推广和借鉴。我们也在尝试利用新材料和研发地铁车厢净化装置以提高地铁车厢内的空气质量。

三、合理利用其他交通方式

除了在技术层面上对地铁车厢内空气质量进行改善以外，在控制车厢内拥挤程度方面我们也应该采取相应的措施以提高地铁车厢内的空气质量。从目前我们掌握的资料和测试数据来看，地铁车厢内的客流量峰值时在早晚高峰时期，而地铁内一周的客流量峰值出现在周五。从中可以看出：地铁的一周客流量最大值出现在周五，周一到周四客流量相差不大，周六、周日客流量大幅度的下降，客流量最小值出现在周日。根据查阅相关文献和统计资料，连接郊区与城区的地铁线路尤其出现这样的人流量规律。从中我们看出，在一些换乘车站，乘客的满载率甚至将近达到200%。因此，我们可以通过建议人们错峰出行等方式降低车厢内污染物的浓度。

由于地面公交的载客能力比较小，而且在早晚高峰道路拥挤的情况下交通准点率不高，因此，在早晚高峰时期乘客更愿意选择地铁作为首要出行工具，这就造成了地铁车厢及站台在早晚高峰时期人员拥挤，进而影响地铁车厢内的空气质量。要解决这一问题，就要贯彻公交优先的政策，提高公共交通的服务水平在全社会倡导公交优先的理念。与地铁相比，公共汽车可以在路边直接停靠，且载客量比私人交通工具又要大很多。因此，可以从改善公交运行的硬件条件入手，依托城市的主干路和快速路，在市区内简称公交专用道网络体系，改善当前城市内公交运营线网的结构，建立起快线、普线和支线共同组成的具有多层次的公共交通汽车运营网络。同时，在有条件的客运交通走廊上试行大容量公交车，加快客运交通枢纽的建设，改善乘客换乘条件，提高公共交通的整体服务水平。

除此之外，还应完善城市客运交通系统的一体化，注重公交、地铁、轻轨、自行车和私家车等多种交通方式的紧密衔接和协调发展。在市郊线网规划方面，应该充分利用铁路线网的资源，目前有很多铁路资源处于半闲置的状态，对铁路资源进行必要的更新改造，根据客流量的需要规划建设通往远郊卫星城的市郊铁路干线也是缓解地铁客流压力的一种手段。

四、对空气质量敏感体质人群提出合理出行建议

根据对地铁内空气质量数据分析结果对地铁空气质量做出初步分类，初步制定了地铁空气质量人体耐受等级，在地铁车厢内呈现超拥挤状态时，建议哮喘病人、老年人和儿童等对空气质量敏感体质的人群尽量减少地铁车厢内停留时间，避开乘车高峰期进行乘车。

结　语

城镇化建设促进了一、二线城市的不断发展，随着城市人口的增加，人们对畅通出行的需求也得到了提高，因此，地铁工程得以广泛兴起。地铁工程建设也在如火如荼地进行，这极大程度解决了大城市的交通拥堵问题，方便了人们的安全出行。但是因为地铁工程的开展时间较晚，并且沿线大多经过人流密集的居住地或商圈，所以地铁工程大多是在地下进行，这不仅增加了地铁工程的施工难度和施工成本，而且容易引发了一系列安全问题。据此，就地铁工程施工现场安全风险管理做出分析，希望能够探明安全事故发生的原因及安全风险管理措施，减少因人为因素导致的安全事故的发生；降低地铁工程施工所引起的生命财产损失，以促进地铁工程的安全稳定开展。

在地铁隧道施工的过程中必须保证技术的投入，风险的管控及质量安全的管理，尤其是加强地质的检测和过程的监测，对每一个环节都要做到烂熟于心，对施工的每一个环节都能完美的达到质量要求，形成一种良性的循环，避免返工现象的发生，最终确保安全、经济、进度等方面目标的全面实现。